111 JAHRE KÖLN-NIPPES

Eine Chronik mit Photos, Fakten und Verzällcher

Reinhold Kruse

Titelbild

Die Fotografie aus dem Jahr 1897 zeigt die Neusser Straße mit der Einmündung der Nelkenstraße (links) und ihre Bebauung vor und hinter der Einmündung der Wilhelmstraße (rechts). Soweit bisher bekannt, ist sie die älteste Aufnahme einer Straßenansicht aus Nippes.

Vollständige Zeitungsartikel sind durch Fettdruck und Anführungszeichen ausgewiesen.

Zitate, Vereinsnamen und sonstige Eigennamen sind der besseren Lesbarkeit halber kursiv gesetzt.

Eine Information, die nicht genau zu datieren war, bleibt in der Randspalte ohne Datum.

Auf die Quellenangaben der Informationen wurde aus gestalterischen Gründen verzichtet; sie werden aber auf Wunsch gerne vom Autor benannt.

1. Auflage 1998
© 1998, Emons Verlag Köln
Alle Rechte vorbehalten, einschließlich das des teilweisen Nachdrucks, des öffentlichen Vortrages und der Übertragung in Medien

Gestaltung: coMedia, G. Rangeard, Köln
Druck: Druckhaus Köthen GmbH, Köthen
ISBN 3–89705–130–3

Inhalt

Grußwort

Nach dem Erfolg der bisherigen drei Bände der Buchreihe über Köln–Nippes freue ich mich über das Erscheinen des neuen Bandes *111 Jahre Köln–Nippes – Eine Chronik mit Photos, Fakten und Verzällcher* ganz besonders.

Geschichte findet direkt vor unserer Haustür statt, kann Spaß machen und unterhalten. Große und kleine Ereignisse rufen Erinnerungen wach und wecken die Neugier auf die bunte Vielfalt des Nippeser Lebens. Diese Chronik bietet sich durch ihr umfassendes Register und ihr handliches Format für individuelle Entdeckungsreisen an.

Hätten Sie zum Beispiel gewußt, daß eine Miß Germany und Miß Europa aus Nippes stammt, daß hier das erste Kino der Kölner Vororte stand und der erste motorisierte Omnibus der Kölner Bahnen fuhr?

Diese und andere Ereignisse, die für Köln möglicherweise noch größere Bedeutung hatten, lassen sich hier nachschlagen und laden an die Originalschauplätze ein. Viele der gesammelten Daten, Fakten und Dokumente der Nippeser Geschichte seit der Eingemeindung 1888 waren in Vergessenheit geraten und werden nun erstmals wieder dem interessierten Publikum zugänglich gemacht.

Ich wünsche allen Nippesern und Nippes–Interessierten viel Freude mit diesem Buch und hoffe, daß es nicht der letzte Band dieser Reihe aus dem Emons Verlag ist.

Bernhard Henrici
Bezirksvorsteher des Bezirkes 5, Nippes

Vorwort

Im Jahr 1999 jähren sich in Köln–Nippes bemerkenswerte historische Daten: 111 Jahre Kölner Stadtteil, 450 Jahre erste urkundliche Nennung von Nippes und 800 Jahre erste urkundliche Nennung von Mauenheim.

Das typisch kölsche Jubiläum von 111 Jahren bezieht sich auf die 1888 erfolgte Eingemeindung. Am 1.4.1888 verlor Nippes seinen Status als eigenständige Gemeinde. Erst im Jahr 2.999 n. Chr., also 1.111 Jahre nach 1888, läßt sich dieses Ereignis wieder auf kölsche Art feiern.

Das zweite Jubiläum steht im Zusammenhang mit dem Ortsnamen Nippes. Die erste urkundliche Erwähnung des Wohnplatzes Nippes ist aus dem Jahr 1549 bekannt. Sie erfolgte also im Jahre 1999 vor genau 450 Jahren. Damals wohnte ein *„Johann van Wermßkirchen am Nippis"*.

Der Anlaß für das dritte Jubiläum liegt 800 Jahre zurück. Im Jahr 1199 ist nach dem bisherigen Kenntnisstand der Name Mauenheim erstmals schriftlich nachgewiesen. Damals schenkte der Kölner Erzbischof Adolph I. dem Stift St. Kunibert den *„Rottzehnten zu Movinheym"*. Gemeint war damit das Gelände rund um den noch heute bestehenden Altenberger Hof an der Mauenheimer Straße. In dem Territorium der bis 1794 bestandenen Herrlichkeit Mauenheim entwickelte sich der Wohnplatz Nippes bzw. *„am Nippes"*.

Dieses Buch hat das jüngste Jubiläum zum Thema: 111 Jahre ist Nippes nun Teil der Stadt Köln. Am Samstag, dem 31.3.1888, 24 Uhr, verschwand Nippes als selbständiger Wohnort von den Landkarten. Der über viele Jahrhunderte im Norden vor der Kölner Stadtmauer und vor dem Eigelsteinertor gelegene Ort Nippes befand sich von einem Moment auf den nächsten innerhalb der Stadtgrenze Kölns. Aus den Bewohnern von Nippes waren Kölner geworden, die fortan im Stadtteil, oder wie man seinerzeit noch sagte, in der Vorstadt bzw. im Vorort Köln–Nippes wohnten. Blättert man in den Kölner Zeitungen aus jenen Tagen, so findet sich kein Hinweis auf irgendeine Festlichkeit der Nippeser aus Anlaß dieses besonderen Tages. Sie hatten wohl ob des Verlustes ihrer jahrhundertelangen Selbständigkeit keinen Grund zu jubeln und so mancher sah der weiteren Zukunft in den Armen der Mutter Colonia eher skeptisch entgegen. Würde sie ihr neues Kind annehmen, pflegen und füttern, auf daß es ähnlich prächtig gedeihen würde wie sie selber? Oder würde das Verhältnis ein eher stiefmütterliches werden?

Heute trauert wohl niemand mehr in Nippes diesem historischen Vorgang nach. Alle, die hier wohnen, fühlen sich zuerst einmal als Kölner und erst danach, wenn überhaupt, als Nippeser. Den Ur-Nippeser, also einen Bewohner des ehemals selbständigen Nippes, gibt es aus biologischen Gründen nicht mehr. Und auch den Nippeser an sich, was immer ihn auch ausgezeichnet oder was immer man ihm auch nachgesagt hat, wird man vergebens suchen. Mobilität und Internationalität als Wesensmerkmale der gegenwärtigen Gesellschaft geben den lokalen Eigenheiten kaum Chancen zum Überleben.

111 Jahre Nippes in Köln – was haben sie Nippes gebracht? Was hat sich in diesen vielen Jahren hier ereignet? Wie und wohin hat sich Nippes seither entwickelt? In diesem vierten Band meiner Buchreihe versuche ich den Werdegang des Stadtteils anhand von Photos, Fakten und Verzällcher sichtbar werden zu lassen. Der Inhalt ist eine ganz persönliche Auswahl aus meinem sehr umfangreichen Archiv. Er ergibt ein buntes Bild, das die ganze Vielfalt des Nippeser Lebens in den letzten 111 Jahren widerspiegelt. Sicher wird manche Information Fragen aufwerfen, die hier nicht beantwortet werden. Auch höre ich schon die Stimmen, die da sagen werden: aber dies und das und auch jenes fehlt. Und ich erwarte die Klagen derer, die sich in diesem Buch nicht finden werden. Bei ihnen allen hoffe ich auf Nachsicht und Verständnis. Ein kleiner Trost sei ihnen gespendet: Es wird noch weitere Bände in dieser Reihe geben, die das eine und andere Thema vertieft darstellen, Fragen aus der Vergangenheit von Nippes beantworten und Menschen nennen werden, die Nippes mitgestaltet und belebt haben.

Abschließend möchte ich noch einmal auf diesem Wege all jenen Menschen meinen Dank aussprechen, die mich bei meiner Arbeit zu diesem Buch unterstützt und mir praktisch geholfen haben. Bei Frau Christine Römlinghoven bedanke ich mich besonders.

Nippes, am 1. November 1998   Reinhold Kruse

Prolog

Am 31.3.1887 um 23 Uhr schlug das letzte Stündlein von Nippes. Gemeint ist hier die geographische und politische Verwaltungseinheit. Sechzig Minuten später war die Landgemeinde Nippes, bestehend aus den Wohnplätzen Nippes, Mauenheim und Riehl, zu einem Teil der Stadt Köln geworden. Die neue amtliche Bezeichnung für den alten Wohnort lautete nun nicht mehr Nippes, sondern Köln–Nippes. Mutter Colonia hatte ein neues Kind in ihre Arme geschlossen.
Neben der Landgemeinde Nippes nahm sie auch die

- Stadtgemeinde Deutz,
- Stadtgemeinde Ehrenfeld,
- Landgemeinde Longerich,
- Landgemeinde Müngersdorf,
- Landgemeinde Poll,
- Landgemeinde Kriel, sowie
- Teile der Landgemeinde Efferen und
- Teile der Landgemeinde Rondorf

mit deren Zustimmung und aufgrund allerhöchsten Erlasses durch den preußischen König Wilhelm I. vom 20.2.1888 an ihre Brust und unter ihre Fittiche.

Nippes bis zur Eingemeindung – Ein Rückblick

Die ersten Siedler auf dem Boden des heutigen Stadtteiles Nippes waren, nach dem bisherigen Kenntnisstand, die Römer. Nach ihnen kamen die Franken. 1199 ist erstmals die Rede von der Herrlichkeit Mauenheim, einem Territorium, in dessen Zentrum der Altenberger Hof und weitere Höfe standen. 1549 läßt sich erstmals eine Ortsbezeichnung nachweisen, auf die der Stadtteil– und Stadtbezirksname Nippes zurückzuführen ist. In einem Pachtvertrag ist *„Johann van Wermßkirchen, wyrt am Nippis"* genannt.

Die Zeit der Herrlichkeit Mauenheims mit dem Wohnplatz *„am Nippis"* ging mit der Besetzung des Rheinlandes durch die französischen Revolutionstruppen 1794 zu Ende. Sie blieben 20 Jahre und erst die gescheiterten Expansionsbestrebungen im Osten Europas führten zu ihrem Rückzug. Die siegreichen Mächte zeichneten die Landkarte Europas während des Wiener Kongresses 1815 neu. Das Rheinland und Westfalen fielen an das Königreich Preußen. Die preußische kommunale Verwaltungsorganisation sah hier ebenfalls Provinzen, Regierungsbezirke, Stadt– und Landkreise vor. Die von den Franzosen eingerichtete Bürgermeisterei Longerich blieb in ihren Grenzen unverändert und war nun zu einem Teil des Landkreises Köln geworden.

Bei der ersten preußischen Volkszählung 1816 stellte man für die zur Bürgermeisterei Longerich gehörenden Wohnplätze folgende Einwohnerzahlen fest:

Bergheim (Weiler)	40
Butzweiler (Hof)	3
Heckhof (Hof)	12
Heimersdorf (Weiler)	30
Lindweiler (Hof)	15
Longerich (Dorf)	392
Longerich (Mühle)	2
Nüsselberg (Hof)	12
Mauenheim (Weiler)	45
Merheim, linksrhn. (Dorf)	323
Niehl (Dorf)	793
Niehl (Mühle)	3
Nippes (Dorf)	273
Nippes (Mühle)	2
Riehl (Weiler)	169
Riehl (Mühle)	4
Volkhoven (Weiler)	101
Weidenpesch (Hof)	10

Zusammen lebten demnach 2.229 Menschen in der Bürgermeisterei Longerich.

Bis etwa zur Mitte des 19. Jahrhunderts war Nippes der bäuerlich geprägte Wohnort. Eine 1843 durchgeführte Bestandsaufnahme ergab für Nippes folgendes Ergebnis:

Männliche Einwohner	251
Weibliche Einwohner	237
davon:	
Juden	12
Evangelische	1
Römisch–Katholische	475
Privatwohnhäuser	70
Schulhaus	1
Fabrik	1
Ställe/Scheunen	87
Pferde	38
Ochsen	3
Stiere	2
Kühe	102
Jungvieh	30
Schafe	150
Ziegen	11
Schweine	87

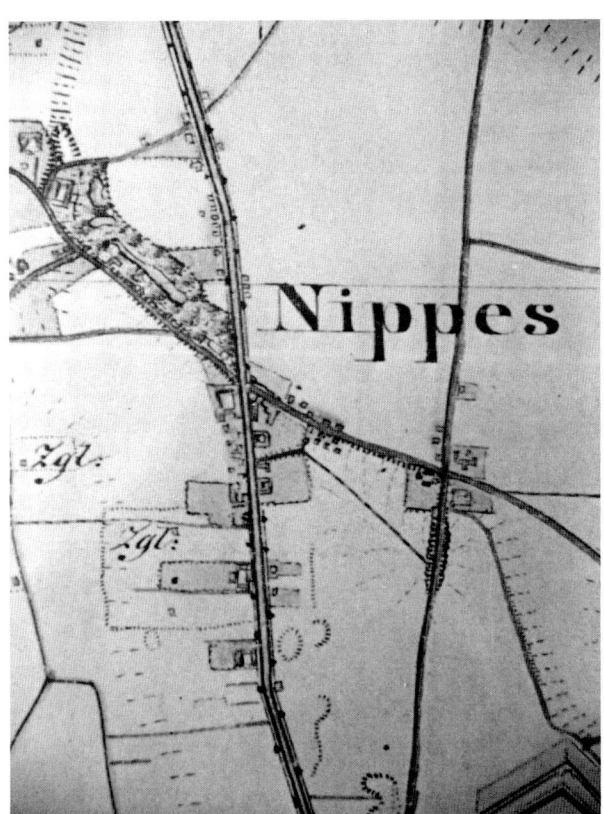

Ausschnitt aus einer Karte von 1845.

Der Sitz der Bürgermeisterei Longerich befand sich bis 1862 in Longerich. Mit Wirkung vom 3.4.1862 verlegte die Regierung Köln das Amtslokal von Longerich nach Nippes. Seit 1858 hatte Wilhelm Eich das Amt des Bürgermeisters inne.

Mit Wirkung vom 1867 beschloß die Kölner Regierung eine Korrektur der Grenzen der Bürgermeistereien Longerich und Müngersdorf. Im Bereich der heutigen Kempener Straße, Holbeinstraße, Lohsestraße und Neusser Straße hatte sich in den 40er Jahren des vorigen Jahrhunderts ein weiterer Wohnplatz gebildet, den man offiziell Vor–Nippes nannte, der aber zur benachbarten Bürgermeisterei Müngersdorf gehörte. 1842 zählten zu ihm 4 Häuser mit insgesamt 14 Personen. Vor–Nippes wurde, da es entwicklungsgeschichtlich und auch geographisch mehr zu Nippes gehörte, mit Wirkung vom 1.1.1867 von der Bürgermeisterei Müngersdorf getrennt und der Bürgermeisterei Longerich einverleibt.

Ab 1877 bestand der Gemeinderat von Longerich aus 32 Mitgliedern. Die Anzahl der Räte war in dem Jahr um 6 erhöht worden. Die Zahl der geborenen Gemeindevertreter blieb unverändert bei 8 bestehen. Bei ihnen handelte es sich um die Einwohner mit großem Landbesitz innerhalb der Gemeinde.

Am 1.1.1886 wurden die Ortschaften Nippes, Mauenheim und Riehl von der Gemeinde Longerich abgetrennt. Sie bildeten von nun an eine eigene Gemeinde, blieben aber im Verband mit der Bürgermeisterei Longerich, die jetzt aus den Gemeinden Longerich und Nippes bestand. Der Grund für die Trennung lag darin, daß Nippes mit den Mauenheimer Höfen und Riehl mehr und mehr städtische Züge entwickelt und die übrigen Ortschaften ihre ländlichen Verhältnisse beibehalten hatten. Die Interessen der Bewohner gingen daher oft weit auseinander.

Ein Jahr später erfolgte die Trennung der beiden Gemeinden. Neben der Bürgermeisterei Longerich gab es ab dem 1.1.1887 auch die Bürgermeisterei Nippes, umfassend die Orte Nippes mit den Mauenheimer Höfen und Riehl. Wilhelm Eich wurde die kommissarische Verwaltung der neuen Bürgermeisterei übertragen. Damit war er nun für beide Bürgermeistereien, Longerich und Nippes, zuständig. Das Standesamt der bisherigen Bürgermeisterei Longerich wurde aufgelöst und je ein eigenes für Longerich und Nippes eingerichtet. Das Nippeser Bürgermeisteramt mit dem Standesamt befand sich unter der Anschrift Neusser Straße 28 (ab 1889 Nr. 242), Ecke Wilhelmstraße.

Bereits im Jahr 1886 hatte der Gemeinderat den Antrag auf Erhebung der Gemeinde Nippes in den Stand der Städte an den Provinziallandtag der Rheinprovinz in Düsseldorf gestellt. Der Verwirklichung dieses sehr aussichtsreichen Begehrens kamen jedoch die Eingemeindungswünsche der Stadt Köln dazwischen. Nicht die Stadtgemeinde Nippes, sondern die Landgemeinde bzw. Bürgemeisterei Nippes wurde Köln zwei Jahre später einverleibt.

Bis 1888 hatten sich rund 60 Unternehmer in Nippes angesiedelt, da die Stadt Köln ihnen dazu innerhalb ihrer mittelalterlichen Stadtmauer keinen Platz mehr bieten konnte und sie die Standortvorteile im Umland nutzen wollten, wie z.B. einen geringeren Steuersatz, billigeres Bauland und bessere Verkehrsanbindungen. 1888 waren hier rund 30 Fabriken vorhanden, z.B. die Auer –Mühle, die Gummiwarenfabrik Clouth, die Schuhfabrik Bartels & Florenzer, Kretzer & Wirtgen (Harzprodukte), Theegarten (Seifenherstellung), Henning & Naumann (Feldschlößchenbrauerei), Coblenzer (chemische Fabrik). Und nicht zuletzt gab es hier seit 1860 das stark expandierende Eisenbahn–Ausbesserungswerk der Rheinischen Eisenbahngesellschaft an der Bahnstrecke Köln–Krefeld zwischen Werkstattstraße, Geldernstraße und Kempener Straße.

Aufgrund der Arbeitskräftenachfrage, der hohen Geburtenrate sowie der zunehmend besseren medizinischen Versorgung und hygienischen Verhältnisse wuchs die Einwohnerzahl von Nippes von 496 im Jahr 1855 auf 14.647 im Jahr 1887.

Dies bedeutete innerhalb von gut 30 Jahren eine Vermehrung um fast das 30fache, eine ungeheure, eine explosionsartige Entwicklung. Die hohen Wachstumszahlen waren eine Herausforderung für die Kommune. Gewaltige Aufgaben hatte die Verwaltung zu erledigen. Straßen- und Bauland war zu erschließen. 1877 wurden die vorhandenen, wenig oder gar nicht befestigten Straßen kartographisch aufgenommen und auf den Karten mit Baufluchtlinien versehen. Noch erfolgte die Versorgung der Bevölkerung mit Trinkwasser über öffentliche und private Brunnen (Grundwasser). Anfang der 80er Jahre hatte der Nippeser Gemeinderat bereits über die Versorgung mit Trinkwasser durch Leitungsrohre nachgedacht. Ebenso wollte er das Problem der Abführung des Brauchwassers einer hygienischeren Lösung zuführen. Noch wurde es oberflächig über die Gossen den insgesamt acht vorhandenen Rieselfeldern und Schlinggruben zugeführt oder der Verdunstung und Versickerung auf den Straßen und hinter dem Haus überlassen. 1884 gab der Gemeinderat ein Gutachten zur Entwässerung von Nippes in Auftrag. Es empfahl die unterirdisch kanalisierte Brauch- wasserentsorgung.

Bis 1872 waren die Straßen von Nippes ohne Beleuchtung. Erst in dem Jahr begann mit der Gründung der Aktien-Gesellschaft für Gasbereitung durch Heinrich Auer die allmähliche abendliche Erhellung der größeren Straßen durch Gaslaternen.

Der öffentliche Nahverkehr begann im Jahre 1862 mit der Einrichtung einer Omnibuslinie zwischen Köln und Nippes bzw. dem Eisenbahnausbesserungswerk im Sechzig-Viertel. Der von Pferden gezogene Stellwagen wurde durch die Pferdebahn auf Gleisanlagen 1877 abgelöst.

Bis 1887 waren für die katholische Nippeser Jugend drei Elementarschulsysteme geschaffen: Simon-Meister-Straße (1865), Gellertstraße (1877) und Hartwichstraße (1883). Die evangelischen Schüler und Schülerinnen gingen in die Schule an der Steinbergerstraße.

Es gab zwei katholische Kirchen: St. Marien in der Turmstraße und daneben die erste, ab 1849 errichtete Pfarrkirche an der Mauenheimer Straße, heute St. Heinrich und Kunigund. An letzterer befand sich auch der erste Kirchhof, der zwischen 1851 und 1889 belegt wurde. 1869 öffnete der neue Nippeser Kommunalfriedhof an der Geldernstraße seine Pforten. Über 90% der Nippeser Bevölkerung waren Katholiken.

Ein Krankenhaus unterhielten ab 1872 die seit 1869 in Nippes tätigen Vinzentinerinnen, das St. Vinzenz-Hospital an der Merheimer Straße.

Seit dem 1.6.1863 hatte Nippes eine erste Poststation, ab 1877 endlich auch eine freiwillige Feuerwehr und einen Wochenmarkt an der Neusser Straße.

Die Bevölkerung setzte sich im wesentlichen aus Beamten und Arbeitern, insbesondere der Eisenbahn, Geschäftsleuten und Freiberuflern, Dienstleistern, Handwerkern und Tagelöhnern zusammen. Die Landwirtschaft bot immer weniger Arbeitsplätze. Aufgrund eines noch nicht ausgebauten sozialen Sicherungssystems gab es auch Not und Elend, worüber die kirchlich–karitativen und vereinsorganisierten Initiativen und Aktivitäten Auskunft geben.

Das gesellschaftliche und gesellige Leben im damaligen Nippes spiegelt das üppige Vereinswesen wider. Bis 1888 hatten sich folgende Vereine gegründet:

Kranken–Unterstützungs– und Sterbecassen Verein St. Bonifacius (1863)
Quartett–Verein (1869, Gesang)
Krieger– und Kameradschaftlicher Verein (1871)
Verein für Volksbildung (1874)
Liedertafel (1874)
Schützengilde (1876)
Gesellschaft Casino (1876, Theater)
Gesellschaft Erholung (1876, Theater)
Sängerbund (1878)
Turn– und Fechtverein (1878)
Marianische Jünglingskongregation (1879)
Männer–Gesang–Verein (1883, Vereinigung von Liedertafel und Sängerbund)
Pfarr–Cäcilien–Verein (1884)
Zitherspieler–Verein (1887).

Bürgermeister–Amt *(Neußer Straße 28.) (Fernsprechverbindung 572)*
Bürgermeister: Wilh. Eich.
  I. Beigeordneter: Wilh. Contzen.
  II. Beigeordneter: Otto Weiler.
  Polizei–Commissar: Damberg.
  Bürgerm.–Secretair und Standesbeamter: Tissen.
  Polizei–Wachtmeister: Rodenkirchen.
  Polizei–Secretair: Esser.
  Polizeidiener: Erkelenz, Hauke, Keßner, Kotterbach.
  Feldhüter und Hülfspolizeidiener: Klöckner.
Communalbaumeister. *Eduard Kühn in Nippes, Radialstraße 5.*
Steuerkasse. *Steuerempfänger: Jackson. (Köln, Gereonskloster 12.)*
Gemeindekasse. *(Neußerstraße 22.) Gemeinde–Empfänger: Rech.*
Grundsteuer–Kataster. *Steuer–Inspector: Willmeroth II. (Köln, Ecke Hansaring und Kümpchenshof.)*
Kreis–Medizinal–Personen. *Kreisphysikus: Sanitätsrath Dr. Jacobs. (Köln, Perlenpfuhl 12.)*
Armendeputation. *Vorsitzender: Bürgermeister Eich; Pfarrer Voswinckel, Dr. Kremer, Dr. Schneider,*
  Kaplan Harff, Anton Sechtem, Jakob Contzen, Rud. Wattler, C. Gödicke, Otto Weiler.
Armenärzte.
  Dr. Kremer, Dr. Schneider.
Waisenrath.
  Dr. Vaassen, Gemeinde–Empfänger Rech.
Schiedsmann.
  Dr. Vaassen, Wilhelmstraße 2.
Amtsgericht. *(in Köln.) für Civilstreitigkeiten Abth. IV, für Vormundschaften Abth. V, VI für Strafsachen*
  Abth. VIII. Amts–Anwalt: Weber in Köln.
Katholische Geistlichkeit.
  Pfarrer: Krüth.
  Vicare: Harff, Morschbach, Schlick.
Evangelische Geistlichkeit.
  Pfarrer Voswinckel.
Post– und Telegraphen–Amt. *(Heinrichstraße 3.)*
  Amtsvorsteher: Postmeister Vogel.
  Postassistent: Tücks.
  Postgehülfen: Bilstein, Höschler, Kämper.
  Landbriefträger: Esser, Lang.
  Postschaffner: Braun.
Katholische Elementarschulen. *Localschulinspector: F. W. Hartwich.*
  (I. System.)   Lehrer: Betz, Duell, Heinen, Lierz, Lippelt, Rudolph, Schmitz
          Lehrerinnen: Felten, Gürtler, Marx I, Marx II, Münch, Seinsche, Starke.
  (II. System.)   Lehrer: Bürgel, Flock, Göller, Obermauer, Schneider, Zingsheim.
          Lehrerinnen: Dresen, Greven, Juris, Knopp, Müller, Nachtsheim, Reiners.
  (III. System.) Lehrer: Benner, Hartmann, Kaufung, Kerzmann, Orth, Strang.
          Lehrerinnen: Eppenich, Schmitz I, Schmitz II, Schulz, Schuhmacher, Wiest.
Evangelische Schulen. *Localschulinspector: Pfarrer Voswinckel.*
          Lehrer: Brakenbusch, Hagenguth, Kortenhaus, Reiffen.
          Lehrerinnen: Brenner, Rahtz.
Hospital der Schwestern vom h. Vincenz v. Paul. *(Klosterstraße 1.)*
  Oberin: Schwester Amalie Stiebor.
Linksrhein. Eisenbahn–Station. *1. Stations– und Expeditionsdienst 2. Bahnbewachungs–Dienst*
Gasfabrik. *Besitzerin: Actiengesellschaft für Gasbereitung in Nippes. (Fernsprechverbindung 442)*

Kopf der Eintragungen unter Nippes im Kölner Adreßbuch von 1888. In ihm sind zum letzten Mal die Einwohner von Nippes gesondert auf zehn Seiten aufgelistet. Ab der Ausgabe für 1889 sind sie unter Köln zu finden.

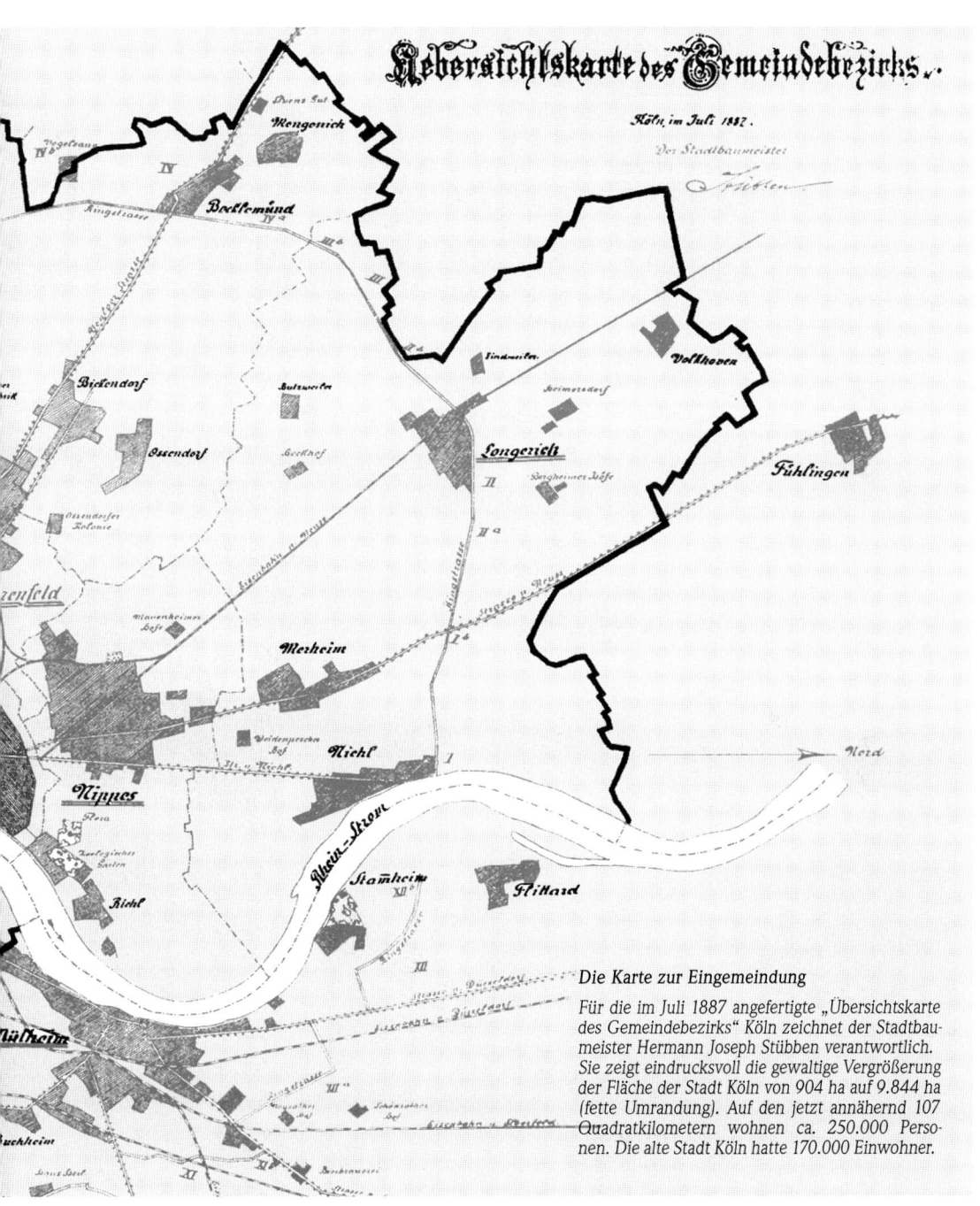

Die Karte zur Eingemeindung

Für die im Juli 1887 angefertigte „Übersichtskarte des Gemeindebezirks" Köln zeichnet der Stadtbaumeister Hermann Joseph Stübben verantwortlich. Sie zeigt eindrucksvoll die gewaltige Vergrößerung der Fläche der Stadt Köln von 904 ha auf 9.844 ha (fette Umrandung). Auf den jetzt annähernd 107 Quadratkilometern wohnen ca. 250.000 Personen. Die alte Stadt Köln hatte 170.000 Einwohner.

Nippes im Kaiserreich (1888–1918)

Die Nippeser sind nun Kölner und Großstädter. Köln ist die drittgrößte Stadt im Königreich Preußen und durch die Eingemeindung zur sechstgrößten im 1871 gegründeten Deutschen Reich geworden.

Von nun an fallen Entscheidungen für Nippes im Kölner Stadtrat. Nippes wird zwei Sitze zugestanden. Die ersten Stadträte aus Nippes sind: der Liberale Wilhelm Eich, jetzt Bürgermeister a. D., und Dr. Franz Pilgram vom Zentrum.

Die mit der Eingemeindung im gesamten Köln wirksam werdende neue Verwaltungsorganisation läßt der Kölner Oberbürgermeister Friedrich Wilhelm von Becker als amtliche Bekanntmachung am 28.3.1888 veröffentlichen (§3 und §8 des Eingemeindungsvertrages, s.S. 247f.). Danach ist das gesamte eingemeindete Gebiet jetzt in fünf Bezirke eingeteilt:

1. Köln-Deutz
2. Nippes, umfassend die Bürgermeistereien Nippes und Longerich
3. Ehrenfeld,
4. Lindenthal und
5. Bayenthal, das dem Kölner Innenstadt-Bezirk zugeordnet wurde.

In den Bezirken 1–4 verbleibt das jeweilige Standesamt in dem bisherigen Amtslokal. Im Nippeser Standesamt an der Neusser Straße wird Peter Tissen aus Nippes, Neusser Str. 91, als Standesbeamter und Kommunalempfänger Mathias Rech aus Nippes, Neusser Str. 22, als Stellvertreter bestellt. Das Standesamt in Longerich wird geschlossen.

Neben den Standesämtern werden in den Bezirken 1–4 örtliche Verwaltungsstellen eingerichtet, um „*den Verkehr der Einwohner mit der Gemeindebehörde zu erleichtern.*" Die Stadt bietet ihren neuen Bürgern mit dieser dezentralen Verwaltungsstruktur kurze Wege in Verwaltungsangelegenheiten.

Die örtlichen Verwaltungsstellen werden von den Standesbeamten und ihren Stellvertretern geführt. Die Dienststunden sind die gleichen wie in Köln: wochentags von 8 3/4 bis 12 3/4 Uhr und nachmittags von 3–7 Uhr. Außer den standesamtlichen Geschäften sind den Verwaltungsstellen noch die folgenden Aufgaben übertragen: An- und Abmeldungen der Gewerbesteuer und Hundesteuer, Erledigung der Armen-, Einquartierungs- und Beerdigungssachen, Aufnahme der Verwarnungsprotokolle in Schulversäumnissachen. Amtliche Bekanntmachungen für den erweiterten Stadtkreis werden weiterhin über den Stadt-Anzeiger der Kölnischen Zeitung verbreitet.

Die neuen Steuerbezirke decken sich mit den Grenzen der Standesamts- und Verwaltungsstellenbezirke. Die Empfangsstellen führen offiziell die Bezeichnung *Stadtkölnische Zahlstelle* mit dem Zusatz ihres Bezirkes und ein dementsprechendes Dienstsiegel. Der Steuerempfang in Nippes erfolgt durch den bereits genannten Mathias Rech.

Er muß die Gemeindesteuern, die Schulgelder, Gebühren und Abgaben jeder Art vereinnahmen. Auszuzahlen hat er alle den *Stadtkölnischen Zahlstellen* aufgetragenen Ausgaben, insbesondere die Gehaltszahlungen für Rechnung der Stadtkasse Köln.

Das eingemeindete Gebiet wird in vier Baubezirke eingeteilt. Für den Baubezirk Nippes ist der Kommunal–Baumeister Eduard Kühn aus Nippes, Radialstraße 5, zuständig. Im gleichen Haus hat die 18. Polizei Sektion, eine von insgesamt 21 Kölner Sektionen, ihr Amtslokal. Ihr Einzugsbereich umfaßt das Gebiet der früheren Bürgermeistereien Nippes und Longerich. Vorsteher ist der zum Kommissar beförderte Wilhelm Rodenkirchen. Das Feuerlöschwesen, Nachtwachtwesen und der Feldschutz werden dem Branddirektor Brüllow in Köln unterstellt.

Unverändert bleiben aber die übergeordneten gesellschaftlichen Verhältnisse: man lebt in einer Monarchie unter der Regentschaft des preußischen Königs und deutschen Kaisers Wilhelm I. (bis 9.3.1888) bzw. Wilhelm II. (vom 15.6.1888 bis 10.11.1918); man feiert weiterhin Kaisers Geburtstag am 22.3. (Wilhelm I.) und 25.1. (Wilhelm II.). Es besteht das Dreiklassenwahlrecht bei den Landtags– und Stadtratswahlen, das sich an Haus– und Grundbesitz sowie dem Einkommen orientiert. Männer sind erst ab 21 Jahren, Frauen überhaupt nicht zu Wahlen zugelassen. Der nationalliberale Reichskanzler Bismarck steht noch bis 1890 an der Regierungsspitze. Er hatte die Sozialistengesetze erlassen (1878), den Kulturkampf (1872-1887) geführt und die Sozialversicherung (1883 Krankenversicherung, 1884 Unfallversicherung, 1890 Invaliditäts– und Altersversicherung) begründet.

Die Sozialdemokratie kann nach der Aufhebung der Sozialistengesetze 1890 gegenüber dem Zentrum und den Liberalen immer mehr an Boden gewinnen.

Die erste Veröffentlichung des Standesamtes Nippes vom 19.4.1888 im offiziellen Organ für amtliche Bekanntmachungen, dem Stadt–Anzeiger zur Kölnischen Zeitung.

Standesamts-Bezirk Nippes.

Geburten. (2. April.) Johann, S. v. Wilh. Lintermann, Tagel., Longerich. - Wilhelmine Elise, T. v. Ed. Reichardt, Schlosser, Nippes. - Mathias, S. v. Egid. Schmitz, Tagel., Merheim. - Anna, T. v. Math. Thalen, Tagel. - Emilie, T. v. Wilh. Wichelhaus, Tagel., beide zu Nippes. — (3.) Kaspar, S. v. Peter Schäfer, Tagel., Longerich. - Joseph, S. v. Phil. Bock, Tagel. - Jakob, S. v. Karl Egerding, Hülfs-Bremser. - Anna Elisabeth, T. v. Joh. Vollbach, Maurer, - Friedrich Wilhelm, S. v. Joh. Landen, Pferdeb.-Kutscher, alle zu Nippes. - Wilhelm, S. v. Heinr. Deutsch, Schlosser, Riehl. - Anna Maria, T. v. Jak. Pesch, Ackerer, Merheim. — (4.) Margaretha, T. v. Joh. Hackenbroich, Fabrikarbeiter, Longerich. — (5.) Heinrich, S. v. Wilh. Schnitzler, Müller. - Hubert Joseph, S. v. Karl Christ. Hub. Baumeister, Metalldreher. — (6.) Peter, S. v. Kasp. Linnartz, Tagel. - Nikol. Christian, S. v. Nikol. Berg, Schaffner, alle zu Nippes. - Luise, T. v. Wilh. Schmitz, Fabrikarbeiter, Riehl. — (7.) Johann Heinrich, S. v. Peter Jos. Lang, Ackerer, Merheim. - Anna Maria, T. v. Joh. Münch, Tagel., Riehl. - Luise Auguste, T. v. Hub. Fuchs, Magaz.-Aufs. - Johanna, T. v. Kaspar Melchior Balth. Emil Schulin, Schlosser, beide zu Nippes.

Sterbefälle. (2. April.) Regina Lang, geb. Schlösser, 25 J. — (3.) Kath. Krämer, 19 T., beide zu Niehl. - Herm. Heinr. Gröppel, 14 J. 2 M. - Thom. Fabry, verh., 85 J. - Maria Luise Sib. Kunze, 1 J. 2 M. — (4.) Joh. Maria Kath. Breideneich, geb. Chevalier, alle zu Nippes. - Clara Hermanns, 3 J. 5 M., Niehl.

Heirats-Ankündigungen. (3. April.) Joh. Gerh. Hackelbusch, Wwr., Dreher, u. Huberta Kath. Holfen, geb. Rolin, Wwe., beide zu Nippes. — (6.) Barth. Herriger, Ackerer-Geh., u. Adelh. Hackenbroich, beide zu Merheim. — (7.) Herm. Werner, Tagel., u. Anna Maria Zimmermann, beide zu Niehl.

1888

1. 4. *Die Apotheke von
Dr. Carl Hartmann
befindet sich Neus-
ser Straße 4–6. Sie
war die erste in
Nippes und 1869
eröffnet worden.*

> Beehre mich die ergebene Mitteilung zu machen, daß ich mit dem heutigen Tage die Dr. C. Hartmannsche Apotheke hierselbst käuflich übernommen habe.
>
> **M. Frank,**
> Apotheker.
> Köln—Nippes, 1. April 1888.

3. 4.

Kölner Privat-Post.

Mit dem 1. April werden die Vororte **Ehrenfeld, Nippes und Deutz** in den Verkehr aufgenommen; die Portosätze sind die nämlichen wie innerhalb der Stadt, und zwar

Briefe und Karten 2 Pfg. Einschreibebriefe 10 Pfg.

Die Verkaufstellen für Wertzeichen sowie Annahmestellen für Einschreibebriefe sind durch Schilder kenntlich gemacht.

C. Vrancken, Hof-Spediteur, 1 Friedr.-Wilhelmstrafse. Abteil.: Kölner Privat-Post Telephon 428.

Es gilt als stillschweigende Uebereinkunft, daß diejenigen Briefe, deren Empfänger nicht zu ermitteln und deren Absender auf der Aufsenseite nicht aufgegeben sind, von uns zur Feststellung des Absenders eröffnet werden dürfen.

Die Eröffnung geschieht unter Gewährleistung strengster Discretion.

Gänzlich unanbringbare Briefe werden während 3 Monaten aufbewahrt und falls in dieser Zeit nicht abgefordert, von uns in geeigneter Weise vernichtet. Alle für das Speditionsgeschäft C. Vrancken bestimmten Mitteilungen und Güteranmeldungen können unfrankirt in die Kasten der Privat-Post geworfen werden.

17. 4. „Betrunkene haben Glück! Sonntag Vormittag fuhr ein Milchwagen von Köln nach Nippes. Auf dem Bock saß neben dem Milchbauer ein Jungkölner, der sich in der Mutterstadt seine Sonntagsfreude hatte zukommen lassen. Nach den Schwankungen, die er auf dem Bockbrett machte, war dieselbe nicht sehr klein gewesen. Plötzlich bei einem Hopser, den der Wagen machte, fiel dem Eingemeindeten die Cigarre aus dem Munde, er that einen schnellen Griff, um sie aufzufangen und schoß ihr nach in den Straßengraben. Auf einem Pferdebahnwagen, der eben des Weges kam, schrie alles vor Schrecken laut auf, denn man dachte nicht anders, als der Mann der mit dem Kopf zu unterst in den Graben schoß, müsse das Genick brechen. Man eilte sofort nach dem Graben hin. Dort lag der Vorstädter lang ausgestreckt, vor ihm der rauchende Glimmstengel. Langsam streckte er die Hand danach aus, ergriff ihn und brach dann in die Worte aus: 'Su e nixnötzig Kaliber vun er Zigaar, klatsch mich do vum Bock erav und ich han doch fünf Penning derför bezahlt!' Dann drückte er die Havanna extra muros wieder in den Mundwinkel, kletterte auf das Sitzbrett und sagte zu dem Karrenführer: 'Loß jonn, Pitter, wör ich der benäx vom Bock erav gefalle!'"

8. 6. Die Stadtverordnetenversammlung beschließt die „Errichtung von Ortsbezirken in dem eingemeindeten Stadtgebiet". Zur Begründung heißt es: „Nachdem die Eingemeindung der Vororte am 1.4. erfolgt, habe sich in dem eingemeindeten Gebietsteile ein Mangel an Orga-

nen für die Verwaltung fühlbar gemacht." Zu den Aufgaben der Bezirksvorsteher gehören u.a. die Beaufsichtigung des Feuerlösch– und Beerdigungswesens, der Nachtwache, des Flurschutzes und der Unterhaltung der Wege. Er soll seine volle Aufmerksamkeit allen Angelegenheiten des Gemeinwesens widmen. Seine Wahrnehmungen kann er in allen dringenden Angelegenheiten unaufgefordert dem Oberbürgermeister mitteilen und Vorschläge zu ihrer Erledigung machen. Er führt ein Amtssiegel und kann Unterschriften und Abschriften beglaubigen. (§4 des Eingemeindungsvertrages, s.S. 247)

Die Stadtverordnetenversammlung wählt die Bezirksvorsteher und ihre Stellvertreter in den neuen Nippeser Ortsbezirken: **14. 6.**

73. Bezirk: Vorsteher – Victor Schlesinger,   Stellvertreter – Heinrich Schmitz,
74. Bezirk: Vorsteher – J. Alb. Kremer,   Stellvertreter – Carl Gödicke,
75. Bezirk: Vorsteher – Gottfried Hennig,   Stellvertreter – Franz Rost,
76. Bezirk: Vorsteher – Franz Clouth,   Stellvertreter – Jacob Auer.

Zur Vertretung der eingemeindeten Vororte in der Schuldeputation wird auf die Dauer von sechs Jahren Dr. Andries, Lehrer und Vorsitzender des *Vereins für Volksbildung Köln–Nippes,* gewählt.

Die *Schützengilde Nippes* feiert ihr Schützen– und Volksfest. **1.–3. 7.**
u. 8. 7.

Mit großen Anzeigen wirbt die Schützengilde in den Kölner Tageszeitungen.

21

1.–3. 7.
u. 8. 7.

Die (vermutlich) älteste Fotographie aus Nippes: Vier Offiziere der Schützengilde Köln–Nippes. Das Photo entstand im Jahr 1888 aus Anlaß des damaligen Schützenfestes vom 1.–3.7. und am 8.7. Es zeigt von links: Christian Claßen (Maurermeister, Zonser Straße 28), Wilhelm Mömesheim (Wirt, Holbeinstraße 16), Jakob Römlinghoven (Werkführer, Sechzigstraße 15) und Jakob Waller (Metzgermeister, Mauenheimer Straße 1).

7. 7.   Aufgrund eines Gesetzes erfolgt die Abschaffung des Schulgeldes für Elementarschulen. Was in Nippes immer schon war (§ 12 des Eingemeindungsvertrages, s. S. 249), gilt jetzt auch im gesamten Deutschen Reich.

9. 7.   Die ersten Wasserleitungen werden verlegt. Das 300 mm starke Hauptrohr kommt im Erdreich der Westseite der Neusser Straße zu liegen. Holbeinstraße, Hartwichstraße und Niehler Kirchweg werden zuerst versorgt. (§ 4 und § 10 des Eingemeindungsvertrages, s. S. 247f.)

Kirmes zu Nippes und in Köln–Nippes.

„Köln–Nippes, 1. Sept. Unsere Kirmes, welche mit morgen ihren Anfang nimmt, scheint auch in diesem Jahre große Dimensionen annehmen zu wollen; außer einer großen Anzahl hier eingetroffener Schau– und Krambuden suchen auch die Besitzer größerer Wirthschafts–Lokalitäten den zuziehenden Kirmesgästen allmögliche Unterhaltungen und Belustigungen zu bieten. Wer da gerne tanzen will, der besuche die reichgeschmückten und frischgebohnten Säle von *Fink* und *Jünger,* woselbst am dritten Tage, Dienstag Abends, je ein Familienball der Bürgerschaft Gelegenheit geben soll, die Kirmes würdig zu beschließen; bei Nikolini findet alle drei Tage Concert von Mitgliedern der Floratheaterkapelle statt, bei *Becker* und *Thiel* Tanzvergnügen, außerdem in letzterem Lokale Aufsteigen eines Luftballons und bei anbrechender Dunkelheit Abbrennen eines Feuerwerks. Man sieht, für jede Geschmacksrichtung ist bestens gesorgt, wer aber ein gutes Glas Lagerbier erhalten will, dem sei die *Restauration Klick* bestens empfohlen."

2.– 4. 9.

„Heute gibt der Fahnenschmuck auf dem Turm der neuen evangelischen Kirche zwischen Siebachstraße und Merheimer Straße die frohe Kunde, daß der Bau durch Aufsetzen der Kreuzblume vollendet ist."

27. 11.

„Vor einigen Tagen sind nun auch die Glocken für die neue evangelische Kirche angekommen. Dieselben sind von wohltätigen Gemeindemitgliedern geschenkt worden. Am Vorabend des hlg. Weihnachtsfestes werden dieselben zum ersten Mal ihre eherne Stimme erschallen lassen und wie gehofft wird, fortan auch die sonntäglichen Gottesdienste im Betsaal einläuten bis die Kirche ihrer Bestimmung übergeben werden kann."

24. 12.

3.1. „Der *Nippeser Männer–Gesangverein* hat den Erlös seines letzten Conzertes dazu verwandt, 56 Kinder mit warmen Kleidungsstücken und Schuhen und die bedürftigsten mit vollständigen Anzügen zu beschenken. Geber und Empfänger waren glücklich."

14.2. „Die Nippeser Schuhfabrik Bartels & Comp. an der Niehler Straße hat dieser Tage ihren Betrieb eingestellt; es sind dadurch viele Arbeiter brotlos geworden."

20.3.

Nippes.
„Ueber die völlige Erlösung durch die nahe Wiederkunft Jesu Christi"
wird am Mittwoch den 20. März, abends 8¼ Uhr, in Nippes im Saale des Herrn Schweppe (Eingang nur von Eisenbahnstraße) Vortrag gehalten werden.
Christen jeden Bekenntnisses sind eingeladen. Eintritt frei.
F. Tramm.

21.4. Heute findet die letzte Beisetzung auf dem Kirchhof der ersten Pfarrkirche an der Mauenheimer Straße statt. Beerdigt wird Margarethe Contzen, geb. Braschoss, geb. am 3.5.1808. Sie war die Ehefrau von Mathias Hubert Contzen, Nippeser Landwirt (Contzenhof), Grundeigentümer und Freund und Förderer der ersten Pfarrkirche. Beide bekommen hier ein Grab auf ewige Zeiten.

22.4. Bei gutem Wetter findet am Osterdienstag die Einweihungsfeier der ersten evangelischen Kirche in Nippes statt. „Nach einer kurzen Abschiedsfeier im Betsaal begab sich die evangelische Gemeinde im Festzug mit dem Musikcorps der Feuerwehr zur neuen Kirche, woselbst ein feierlicher Gottesdienst stattfand. Die festliche Ausschmückung der Straßen, welche der Zug passirte, legte beredtes Zeugnis von dem guten Einvernehmen der verschiedenen Confessionen ab. Nachmittags versammelten sich die Festteilnehmer bei einem Festessen im Wintergarten der Flora, an welchem sich etwa 120 Personen beteiligten. Wirklicher Geheimrat Dr. Hermes brachte hierbei den Toast auf den Kaiser aus."

24.5. „Vorgestern Abend gegen 10 Uhr versuchte in Nippes ein junger Mann vorn auf einen im vollen Fahren begriffenen Pferdebahnwagen zu springen; er glitt dabei vom Perron herunter und fiel gerade vor den Wagen. Mit Anwendung äußerster Kraft gelang es dem als Kutscher fahrenden Conducteur, den Wagen zum Stehen zu bringen."

Bierbrauerei „Zur Krone"

Nippes, Neußerstraße 34.

Schöne neu angelegte Kegelbahn noch auf einige Tage in der Woche frei.

Empfehle gleichzeitig ff. obergäriges Lagerbier sowie garantirt rein eingebrautes Malzbier.

Hochachtungsvoll! **Christian Herkrath.**

Die Bierbrauerei „Zur Krone" war eine der zahlreichen Hausbrauereien, für die Nippes über Jahrhunderte bekannt war.

In der Sitzung der Kölner Stadtverordneten–Versammlung wird über die Neubesetzung der dritten Armen–Arzt–Stelle in Nippes debattiert. Die bisher drei hier tätigen Armenärzte beziehen jeder 400 Mark. Nach der Eingemeindung bekam jeder noch einmal 200 Mark Fixum für die Leichenschau hinzu. Vor kurzem hatte ein Arzt gekündigt. Der Stadtverordnete Dr. Pilgram setzt sich für die Beibehaltung der dritten Stelle ein, Stadtverordneter Eich hält zwei Armenärzte für Nippes ausreichend. Die Angelegenheit wird noch einmal zur Beratung an die Armendeputation zurückverwiesen.

Die bisherigen Kölner Verordnungen und Bestimmungen der Armenpflege mit Ergänzungen für die eingemeindeten Gebietsteile treten in Kraft. Gleichzeitig endet damit die Amtsdauer der in den betreffenden Orten bestehenden Armen–Kommissionen. Die erforderlichen Neuwahlen der Vorsteher und Armenpfleger der Armen–Deputation erfolgen in Kürze.
Aufgabe der Armen–Deputationen war die Entscheidung über die Gewährung von Geld– und Sachleistungen an Hilfsbedürftige, z.B. für Krankenhilfe und –pflege, Geburtshilfe sowie die Einweisung in Krankenanstalten, Waisenhäuser und Obdachlosenasyle und die Bewilligung von Freibegräbnissen. (§ 4 des Eingemeindungsvertrages, s. S. 247)

„Heute feiert Nippes das Kirchweihfest. Schaubuden, Karussells und Krambuden sind in Hülle und Fülle eingetroffen und bilden nur eine Fortsetzung der überreich gebotenen Vergnügungen in Riehl. Im Josephs–Saal, Tivoli und bei P. Bolder findet heute, Montag und Dienstag Tanzvergnügen und am Donnerstag Familien–Ball statt; an den Kirmestagen kann außerdem dem Tanz gehuldigt werden im Deutschen Haus und bei Theodor Lärsch. Ein großes Industrie–Kegeln mit musicalischer Unterhaltung hat zur Feier der Kirmes Restaurateur Schumacher veranstaltet, Hermann Konert an der Siebachstraße bietet seinen Gästen Musikvorträge eines mechanischen Orchesters. Schönes Wetter und der erste September werden sicher zahlreiche Kirmesgäste nach dem neuerdings mit mehr (Petroleum–) Licht beglückten neukölnischen Nippes führen."

15. 6.

21. 6.

1. 7.

1.–3. 9.

1.–3. 9.

Kirmes Köln-Nippes
Restauration
Theodor Laersch.
Während der Kirmestage findet in meinem festlich decorirten Saale
von nachmittags 4 Uhr Tanz-Vergnügen statt.
Donnerstag Abend 8 Uhr:
☞ **Großer Fest-Ball** ☜
unter Leitung des Herrn Tanzlehrers Mülschenich.
Für gute Speisen und Getränke ist bestens gesorgt.
Endstation der Pferdebahn. An- und Abfahrt alle 10 Minuten.
Es ladet ergebenst ein
Theodor Laersch.

Kirmes zu Nippes.
Gasthof z. Deutschen Haus,
☞ **Neußerstraße 20.** ☜
Während der Kirmestage empfehle meine renovirte Restauration.
Sonntag, Montag und Dienstag:
Tanz-Vergnügen und Concert.
Außer reingehaltenen Weinen verabreiche ein feines
Lagerbier der Nitdorfer Actien-Brauerei.

Mit dem Gebrauch der amtlichen Benennung Köln–Nippes tut sich mancher Nippeser noch schwer.

November   In der Nippeser Bevölkerung werden Klagen über die noch nicht in Angriff genommene Kanalisierung laut. (§ 9 des Eingemeindungsvertrages, s. S. 248)

24. 11.   Der *Volksbildungsverein* lädt in die Räume des *Tivoli* zu dem Experimental–Vortrag *„Telephon, Mikrophon und das gesamte Fernsprechwesen"* des Physikers A. Egts aus Oldenburg ein. 450 Personen folgen der Einladung.

15. 12.

Heinrich Lindener hatte sein Schuhgeschäft 1885 in Nippes eröffnet.

Eröffnung des Detailgeschäftes in Cigarren, Tabak und Weinen von Friedrich Wilhelm Krings in der Siebachstr. 17, gegenüber der Peterstraße. 1.2.

Karneval in Nippes – die Masken tanzen. 1.2.

Gründung eines Knabenhortes. In der *Schule Steinberger Straße* steht ein Raum zur Betreuung schulpflichtiger Kinder am Nachmittag zur Verfügung. April

Herr To, Mitglied der Samoaner–Gesellschaft, wird auf dem Nippeser Friedhof an der Geldernstraße nach katholischem Ritus unter Begleitung der katholischen Geistlichkeit beerdigt. Er gehörte zu einer 8köpfigen Gruppe von Kriegern von der drittgrößten Samoa–Insel Tutuila, die in Castan's Panoptikum an der Frohngasse auftreten. Aufgrund einer Erkrankung fand er Aufnahme im Vinzenz–Hospital, wo er jedoch kurz darauf verstarb. Er gehörte dem katholischen Glaubensbekenntnis an. 28.4.

„Soweit unsere Erkundigungen reichen und wir uns selbst überzeugten, ist der Vormittag des als Internationaler Arbeiterfeiertag in Aussicht genommenen ersten Mai in Köln und den Außenorten in gewöhnlicher Alltäglichkeit verlaufen. ... Ebenso wurde in der Centralwerkstätte, in der Rheinischen Gummiwarenfabrik in Nippes sowie in sämtlichen Fabriken in Ehrenfeld wie an jedem andern Tage gearbeitet", schreibt der Stadt–Anzeiger der Kölnischen Zeitung. 1.5.

Der städtische Turnlehrer *Weidner* berichtet im Rahmen einer Veranstaltung des *Volksbildungsvereins* über „*Die Entwicklung des Turnens in Köln in den letzten 12 Jahren*". Weidner regt an, auch in Nippes das Jugendturnen zu schaffen. Besonders sollte man den Mädchen Gelegenheit zum Turnen geben, da „*die Zahl der schiefen Mädchen eine beträchtliche und es wirklich Tathsache sei, daß über 50% in den Töchterschulen Berlins an Rückendeformationen litten.*" Der *Volksbildungsverein* setzt daraufhin einen Ausschuß ein, der sich um die Realisierung des Jugendturnens bemühen soll. 9.10.

Die Vorstellung und Erläuterung des am 1.1.1891 in Kraft tretenden Invaliditäts– und Altersrentengesetzes lockt 150 Personen in den *Tivoli–Saal*. 30.11.

Eine Volkszählung ergibt für Nippes 16.494 Einwohner und für Riehl 1.009 Einwohner.

5. 3.   Herr Dr. Beumer aus Düsseldorf hält im *Volksbildungsverein* einen Vortrag mit dem Titel: *„Aus dem modernen Verkehrsleben. – Eine culturhistorische Plauderei."*
„Der Redner besprach in äußerst anregender und fesselnder Weise die Entwicklung unserer modernen Verkehrsmittel, Eisenbahn, Dampfschiff, Post und Telegraph, von ihren ersten Anfängen bis zur Jetztzeit. ... Hohe Anerkennung wurde den Verdiensten des Generalpostmeisters Dr. Stephan gezollt und bemerkt, daß derselbe auch ein reges Interesse an der Entwicklung der Luftschiffahrt an den Tag lege und die Lösung der hierauf bezüglichen schwierigen Probleme erhoffe. ..."

21. 3.   Die erste höhere Fachschule in Nippes, die technische Eisenbahnschule an der Merheimer Straße, schließt am Samstag ihre Pforten. Aus Kostengründen muß die königliche Eisenbahndirektion die von der Rheinischen Eisenbahngesellschaft 1872 gegründete Schule aufgeben. Sie war vornehmlich für die Söhne von Beamten und Arbeitern des Eisenbahnunternehmens, welche sich dem niederen Ingenieursfach widmen wollten, geschaffen, wurde aber auch von Interessenten aus anderen Berufsgruppen besucht. Daneben diente sie zur Fortbildung der Werkstattlehrlinge. Die Abiturienten fanden im Eisenbahndienst weitere Ausbildung und dann Anstellung als Zeichner, Bahnmeister oder Werkmeister. Für die ehemaligen Schüler der Eisenbahnschule war der letzte Schultag Anlaß, sich zu einem Abschlußfest mit *„Leichenschmaus"* im Saale des Herrn *Theodor Lärsch*, Neusser Straße 295, zu treffen. Der Direktor der Schule, Dr. Kremer, wird auf das Herzlichste verabschiedet. Ein Vortrag zur Geschichte der Schule, die Verlesung von Grußadressen ehemaliger Schüler, Festreden, Liedvorträge von Kammersänger Karl Rost, das obligatorische Hoch auf den Kaiser und das Singen der Nationalhymne und gemeinschaftlich gesungene Lieder lassen den Festabend kurzweilig verlaufen. Alle bleiben noch lange gemütlich bei schäumenden Pokale vereint.

8. 11.   *Wahlkampf in Nippes.*

Die Nippeser Kanalisation kommt voran. Innerhalb von vier Jahren nach der Eingemeindung sollte sie fertig sein (§ 9 des Eingemeindungsvertrages, s. S. 248):

"Die Arbeiten für den großen Nippeser Sammelcanal in der Florastraße werden mit vielem Eifer betrieben. Die zum Teil sehr tiefen Ausschachtungen bis zu 7 und 8 m erfordern eine sorgfältige Leitung. Voraussichtlich können, wenn das Wetter einigermaßen günstig bleibt, die Arbeiten, bei welchen über 400 Leute beschäftigt sind, noch recht lange fortgesetzt werden. Schon im Interesse der letztern allein wäre das sehr zu wünschen. Besonders interessant ist bei dieser Arbeit der Bau des großen gemauerten Dükers an der Kreuzung der Florastraße und des Mauspfades (Amsterdamer Straße, der Verf.); die Dükeranlage mußte, da sie unter dem bestehenden Canal herführt, teilweise unter Wasser ausgeführt werden, wobei ihr der niedrige Wasserstand des Rheines besonders zu statten kam. Zur Förderung des Wassers aus der sehr tiefen Baugrube wurde eine Dampfpumpe verwandt. Durch zwei große Dampfbagger wird bei den Ausschachtungen der Boden ausgehoben. Für die Arbeiter sind von dem Unternehmer Kuhnert besondere zweckmäßige Kaffee– und sonstige Küchen–Einrichtungen geschaffen worden, sodaß die Leute für geringes Geld gute und nahrhafte Speisen erhalten."

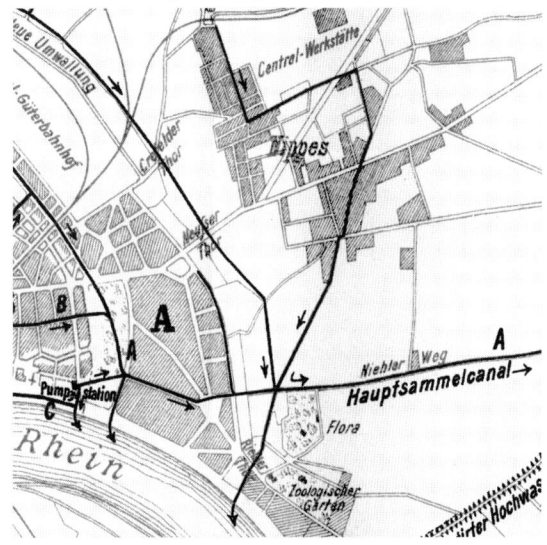

„Uebersichtsplan der projectierten Sammel–Canäle." Der Nippeser Hauptsammelkanal führt durch die Mauenheimer Straße und Florastraße bis zur Amsterdamer Straße (Niehler Weg auf der Karte). Hier mündet er in den Hauptsammelkanal.

1891 werden in Nippes einige Straßen umbenannt (s. S. 252). Die Grenze zwischen Nippes und Riehl verläuft nicht mehr entlang der Niehler Straße, sondern entlang des Mauspfades, der späteren Amsterdamer Straße.

Aus dem Geschäftsbericht des *Nippeser Volksbildungsvereins* für 1891: *„Die Mitgliederzahl betrug am Schlusse des Geschäftsjahres 1890 258. Während des nun abgelaufenen Jahres sind neu eingetreten 57, ausgeschieden 55 Personen, sodaß die Mitgliederzahl Ende 1891 260 betrug. In dieser Zahl sind fast sämtliche Schichten der Ortsbevölkerung vertreten, nämlich: 109 Beamte, 48 Arbeiter, 36 Handwerker, 24 Fabricanten und Kaufleute, 21 Geschäftsleute, 10 Handlungsgehülfen, 7 Lehrer und 5 Geschäftslose. Es ist erfreulich, daß die Zahl der dem Verein angehörenden Arbeiter wiederum gestiegen ist, und zwar von 15 auf 18,5 Procent."*

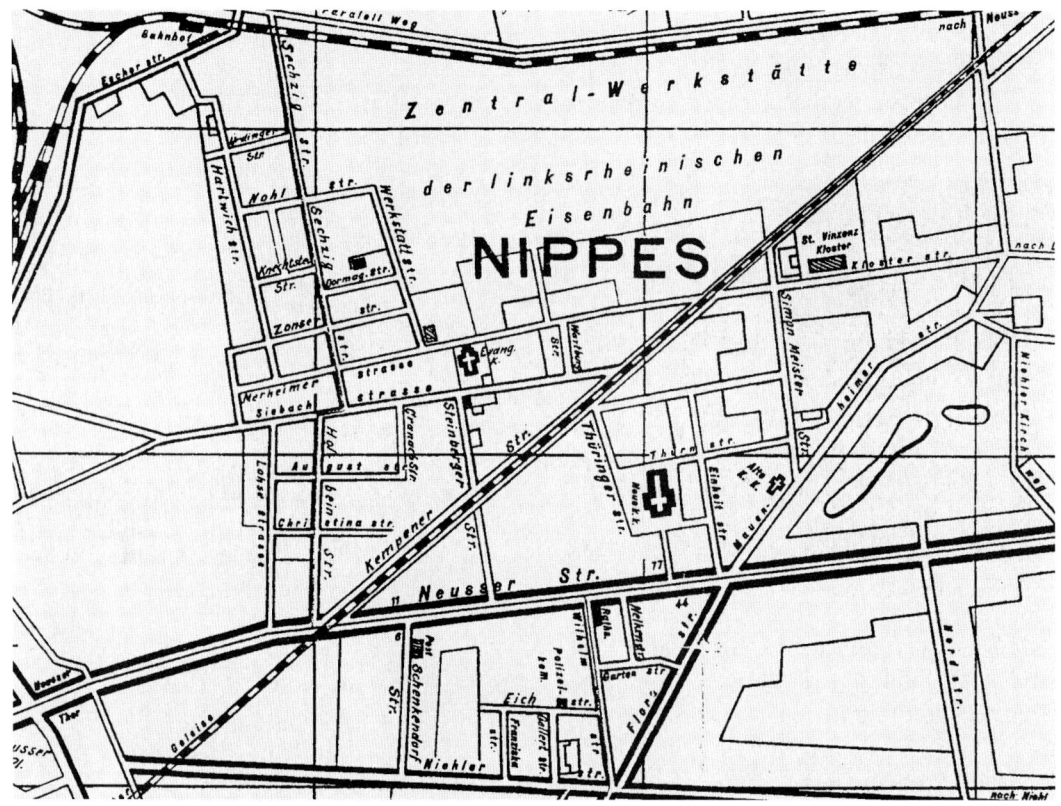

Ausschnitt aus einem Kölner Stadtplan von 1892. Er zeigt die vorhandenen Straßen, die 1891 erfolgten Straßenumbenennungen sind bereits berücksichtigt. Eingetragen ist auch das Postamt an der Schenkendorfstraße, das Polizeikommissariat an der Eichstraße/Ecke Gellertstraße und das Rathaus an der Neusser Straße/Ecke Wilhelmstraße.

4.2.   Frau Ottilie Stein aus Mannheim spricht im *Tivoli–Saal* über *„Unsere Frauen ehedem und heute"*. „Zu der deutschen Frau übergehend, legte Rednerin dar, wie an diese die höchsten Anforderungen gestellt würden, da sie einerseits Hegerin und Pflegerin des häuslichen Herdes und Erzieherin der Kinder, anderseits aber auch Gefährtin und Gehülfin des Mannes sein solle. Es sei Aufgabe der deutschen Frau, sich dieser Anforderungen vollständig bewußt zu sein und die kommenden Frauengenerationen zielbewußt zu ihrem hohen Berufe zu erziehen; dann könne es nicht fehlen, daß sie in der Ehe so ihr eigenes wie auch das Glück ihres Mannes begründe und wenn ihr das Eheglück versagt sei, sich eine Stelle im Leben erringe, die ihr ein sicheres Auskommen gewähre. Dann werde der Mann ihr gern auch fernerhin die bisherige Hochachtung zollen und mit zur Lösung der Frauenfrage beitragen."

1.4.   Eröffnung einer Zweigstelle der Stadtsparkasse Köln an der Neusser Straße.

Die 1890 vom städtischen Turnlehrer Weidner angeregte Einrichtung eines Mädchentur 9.4.
nens in Nippes hat der *Volksbildungsverein* zwischenzeitlich verwirklicht. Seit dem November 1890 findet ein regelmäßiges Turnen für Mädchen von 10 bis 14 Jahren in der städtischen
Turnhalle an der Niehler Straße unter Leitung Weidners und der Turnlehrerin Heimich statt.

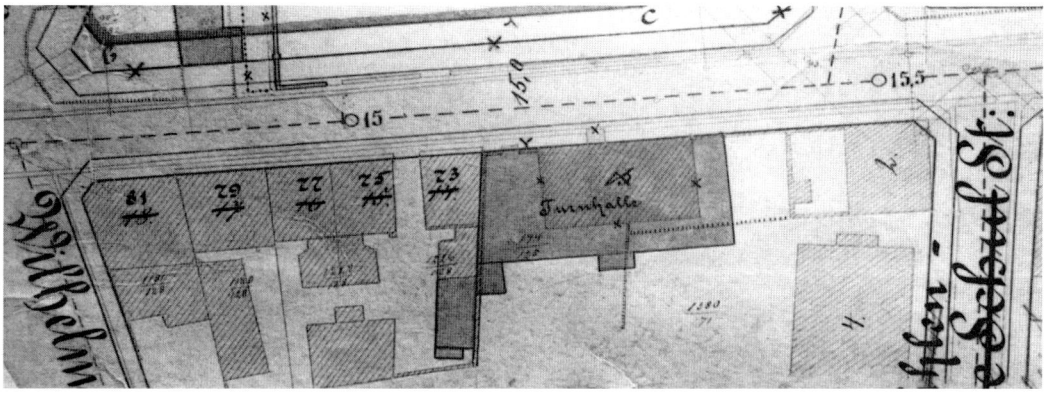

Der Standort der 1890 eingeweihten Turnhalle an der Niehler Straße zwischen Wilhelm- und Gellertstraße.

„Am 9.4. fand in der städtischen Turnhalle am Gereonswall ein Schauturnen der ersten
Mädchenturnklasse aus Nippes und der ersten Mädchenturnklasse des Kölner Familienturnens statt. Einleitend spricht Weidner über die Bedeutung des Frauen- und Mädchenturnens für die Erhaltung der Jugendfrische und die Erhöhung der Volkskraft. Daß
Mädchen auch an Geräten turnen können, ohne daß Anstand und Sittlichkeit dabei
gefährdet sind, bewiesen die Beuge-, Stütz- und Streckübungen am Reck, die für heilgymnastische Zwecke besonders entwickelt und zusammengestellt waren.“

Umzug der Verwaltungsstelle Nippes sowie der Stadtkölnischen Zahlstelle und der Zweig 1.9.
stelle der Sparkasse in das neue Verwaltungsgebäude an der Florastraße 105. Dabei handelte
es sich um das Direktionsgebäude der ehemaligen AG für Gasbereitung. Auch hatte die Stadt
das Haus Florastr. 107 übernommen. Hierin: das Büro des Baumeisters Kühn und die Wohnungen von Stadtempfänger Esser und Stadtdiener Zilken.

Auf Anregung des Vorstandes des *Volksbildungsvereins* wird die Gründung einer Baugenos 13.10.
senschaft in Nippes beschlossen. Der Name lautet: *Volkswohlfahrt, eingetragene Genossenschaft mit beschränkter Haftpflicht.* Ziel ist es, gesunde und billige Wohnungen und Häuser
zu schaffen.

Das gesamte Kölner Stadtgebiet ist in 21 Polizeisektionen eingeteilt. In Nippes befindet sich
die 18. Sektion in der Eichstraße 4. Leiter ist jetzt Polizeikommissar Rodenkirchen.

1.1.   Der *Nippeser Turn– und Fechtverein* feiert sein Neujahrsfest im *Wißdorfchen Saal*.
„Der Männergesangverein bot einige Chöre. Tüchtige Kraftübungen und zugleich recht anmutige Schaustücke zeigen die Turner durch Stellung von Leiterpyramiden. Später präsentierte die Vorturnerriege am Barren Leistungen, die bezüglich schöner Körperhaltung und Gewandtheit mustergültig waren."

7. 2.   Der *Nippeser Wohltätigkeitsverein* unterhält in diesem Winter erneut im Vinzenz–Kloster eine Suppenanstalt. Täglich werden 200 Portionen unentgeltlich gespendet.

12.-14. 2.   Im *Tivoli* findet an den drei Karnevalstagen *„Großer Maskenball bei gut besetztem Orchester"* statt.

10. 4.   Die *Schule Auguststraße* wird eröffnet.

3. 6.   *Nippes bekommt eine attraktive Restauration, die mit einer Milchkuranstalt verbunden ist. Sie bietet den Gästen frisch von der Kuh gemolkene Milch.*

Neu!   Nippeser Volksgarten.   Neu!
Eröffne heute unter obigem Namen eine
Restauration und Gartenwirtschaft,
verbunden mit
Milchcur-Anstalt,
in meinem neu gebauten Hause
Neußerstraße 311,
Haltestelle der Pferdebahn,
in Verbindung meines 9 Morgen großen Gartens mit schattigen Ruheplätzen. Eingerichtet mit Spielplätzen für Kinder, Schaukel, Turngeräte ꝛc.
Auf meinem großen Weiher sind 6 Nachen zum Fahren bereit. Familien, welche an Wochentagen ihren Kindern ein Vergnügen machen wollen, lade ganz besonders ein auf eine duftige Portion Kaffee mit eigenem Backwerk.
Hochachtungsvoll
Gust. Krähmer.

Juni   Bei den Reichstagswahlen ergibt die Zählung für Nippes: 58,5% für das Zentrum, 24,1% für die SPD und 16,7% für die Nationalliberalen.

September   Der *Athletenclub Köln–Nippes* gründet sich.

10.-16. 12.   In der Woche sterben in Nippes 22 Personen, davon 14 im 1. Lebensjahr.

Der in Nippes ansässige *Verband rheinisch–westfälischer Volksbildungsvereine* gibt die Schrift *Wie kommt der kleine Mann auf einen grünen Zweig* heraus. Innerhalb der ersten zwei Monate sind bereits 5.000 Exemplare an den *„kleinen Mann"* gebracht.

Sechs Jahre nach ihrer Eingemeindung brachten die Nippeser ihre Kritik an bestimmten   4. 2.
Zuständen in Köln–Nippes, für die die Kölner Stadtverordnetenversammlung verantwortlich zeichnete, in einem Karnevalslied zum Ausdruck:

„Alaaf Neppes.

Uns Neppes dunn die Kölsche, Su öfters laachen uhs
Als wenn et bei de Welsche, Uhs Deutschland lög eruhs
Da's Undank, denn der Name Stamb, doher doch gewess
Dat her de Kölsche kame; gerannt, weil he Nie Pess.

Trotzdemm uhz jede Kölsche, Dä wonnt 'am Neppes' saag
Dä Name dunn vermölche, Se un et weht gelaach,
Sinn he och noch vill Saache, Och nitt noh unsem Senn,
Loht, Kölsche se doch mache, Hat uns gemeind jo enn.

Doch Steefkind sinn mer blevve, Trotzdemm mer su vill Stöhr
Wie Ehrefeld üch gevve, Un datt hät ander Klöhr
Beseht üch ens die Wäge, Wo off kei Minsch kann gonn,
Do möht der Stadtroth läge, Sich drenn und durch ens gonn.

Die Pähdsbahn deiht zwor fahre, Uns för ne Grosche jetz
Doch mänchmol sinn de Wage, em Rähn ganz voll besetz
Mer muss dann drop jo hange, loht fahre Wage mehr
Et Geld deiht goht doch lange, Wunsch ich wöhr Aktionär.

Wie düster sinn die Strosse, Do hätt mer grosse Nuth
Sich durch de Dreck ze krohse, Bis heim no singer Buhd
Söns däht ne Mond noch schinge, Om Rothhuhs vör uns all
Jetz nitt mie, dröm mütt bringe, Mie Leech ehr her uns bahl.

Nen Bahnhof mir och kenne, Do an der Wammeskuhl
Wer dohin well zum Renne, Muss gar nitt sinn ze fuhl
Perronsperr un e Ställche, Dran ess ne Fähler wahl
Datt drop op einem Scheldche, Steiht extra 'Wartesaal'.

Begrave wellt ens lohsse, Später ehr Köllschen hier
Dann sorgt och datt de Strohsse, Nohm Duht üch maache Zier
Doht gohde Werke schenke, Läbändig he eruhs
Dann dunn mer einstens schmöcke, Em Duht üch och et Huhs.

Noch vill Deihl künnt ich brenge, Wat mer all möchten hann
Doch fürchten ich et Schänge, vum Ober–Bäckeschmann
Der kölsche Klüngel mache, Mer gähn jo met janz brav
Nor sorgt datt mer kann sage: Met Freud 'Neppes Alaaf'."

„Ordentliches Mädchen vom Lande für alle Hausarbeit gesucht. Siebachstraße 73."   11. 6.

28. 10.

Ein neues Angebot des Volksbildungsvereins sind die Volksunterhaltungsabende. Heute findet der erste statt. Allerdings nicht in Nippes, sondern im großen Saal des Gürzenich.

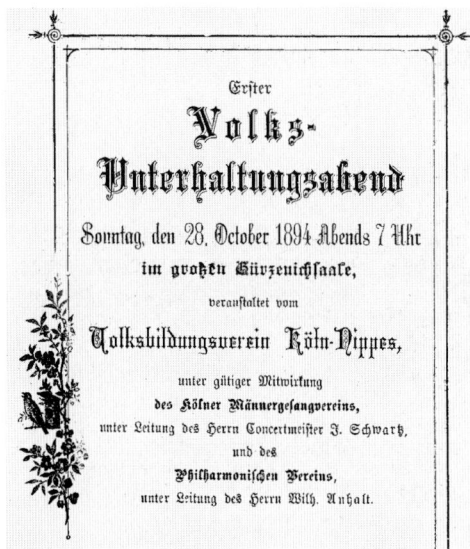

11. 11.   Einige Nippeser Herren gründen die *Große Nippeser Karnevals–Gesellschaft*. Dies geschieht im *Nippeser Volksgarten*.

7. 12.   Großes Weihnachts–Wohltätigkeits–Konzert des *Nippeser Männergesangvereins* zur Beschenkung armer Kinder im *Lokal Wißdorf*. Auch der *Nippeser Zither–Klub* spielt auf.

24. 12.

Die katholische Kirche betätigt sich als Stellenvermittler.

Das Standesamt des Bezirks Nippes befindet sich seit diesem Jahr in der Florastr. 105. Im Gebäude nebenan, Nr. 107, hat sich die Glasfabrik von H. Holthaus eingemietet.

18 Große Nippeser 95
Carnevals-Gesellschaft.
Fest-Programm für 1895.

Dienstag den 1. Januar: 1. Sitzung mit Damen.
Sonntag den 6. Januar:
Dreikönigen-Maskenball (Bohnen-Ball).
Sonntag den 13. Januar: 2. Sitzung mit Damen.
„ „ 20. „ 3. „ „ „
„ „ 27. „ 4. „ „ „
Kaisers Geburtstagsfeier.
Samstag den 2. Februar:
Lichtmeß-Maskenball.
Sonntag den 10. Februar: 5. Sitzung mit Damen.
„ „ 17. „ 6. „ „ „
„ „ 24. „ 7. „ „ „
Montag „ 25. „ **Gala-Maskenball.**
Dienstag „ 26. „ **Großer Gala-Maskenball.**
Aschermittwoch 27. „ Fischessen.

Mitgliedkarten, eine Dame frei, à 6 ℳ find in unferm Bureau bei
Herrn Gustav Krähmer sowie bei dem Kl. Rat zu haben.

Der Kleine Rat.

1. 1.

„Mit der ersten Sitzung, welche die *Große Nippeser Carnevalsgesellschaft* am Neujahrstag abhielt, hat sich dieselbe in der Nippeser Bürgerschaft sehr gut eingeführt. Nach einem Überblick eines Mitgliedes des Elferrates über die Entstehung der Gesellschaft eröffnete der Präsident, Herr Wienand Köhler, in schwungvoller Rede die Sitzung mit einem Hoch auf den Kaiser, welchem sich die Nationalhymne anschloß."

„Am 6. Januar 1895 wird der hiesige katholische Gesellen–Verein das Schauspiel ‚Elmar' von Dr. Fausten zur Aufführung bringen. Der Stoff dieses Stückes ist entnommen dem berühmten Epos ‚Dreizehnlinden' des vor Kurzem verstorbenen hochbegabten Dichters Friedrich Wilhelm Weber. Der Verein hat sich in der Wiedergabe dieses Stückes einer schwierigen Aufgabe unterzogen, aber nichtsdestoweniger dürfen wir die Erwartung hegen, daß er dasselbe bei den be-

Kathol. Gesellen - Verein,
Köln-Nippes.
6. Januar 1895
im großen Saale des St. Joseph-Stiftes (Thüringerstr. 64).
Zur Aufführung gelangt:
„Elmar"
von Dr. Fausten nach Friedr. Wilh. Webers Dreizehnlinden.
Schauspiel in 6 Akten.

Karten à 50 Pfg. sind zu haben beim Präses Herrn Kapl. Hannott, beim Hausmeister Herrn Peter Werner, sowie bei den Mitgliedern und an der Kasse.
Anfang punkt 7 Uhr.
Kinder haben keinen Zutritt.
2638
Der Vorstand.

6. 1.

währten Kräften, die ihm zu Gebote stehen, wie bei dem auf die Proben verwandten Fleiß in der bekannten sichern und verständnisvollen Weise sich gewachsen zeigen wird. Wir erinnern bei dieser Gelegenheit an die im vorigen Jahre mit so vielem Beifall aufgenommene Wiedergabe von ‚Das Heiligthum von Antiochien'. Da der Andrang des Publikums erfahrungsgemäß bei den vom Gesellen–Verein veranstalteten Festlichkeiten ein sehr großer sein wird, so ist Einrichtung getroffen, daß zwei Aufführungen stattfinden sollen, und zwar die erste für das Publikum, die zweite am 20. Januar für die Schutzmitglieder, die Mitglieder und die außerordentlichen Mitglieder. Möge es dem Vereine, der seit der kurzen Zeit seines Bestehens durch seine stille Thätigkeit so viel Segensreiches gewirkt, vergönnt sein, in seinem öffentlichen Auftreten auch diesmal bei vollem Hause den anderen Erfolgen einen neuen hinzufügen. Bezüglich des Verkaufes der Karten verweisen wir auf den Anzeigentheil."

Das St. Joseph–Stift an der Thüringer Straße, Nr. 64, ist der Veranstaltungsort des Theaterstückes „Elmar".

17. 2.   Eine karnevalistische Sitzung des *Quartett–Vereins Nippes* findet im *Riehler Haus* bei *Heinrich Zillich* statt. Der Ertrag geht zur Verwendung an die neu gegründete Suppenanstalt des *Wohltätigkeits–Vereins Köln–Nippes*.

1. 7.   Eröffnung des Vieh– und Schlachthofes an der Liebigstraße. Das Gelände wird durch ein Gleis mit dem Nippeser Bahnhof an der Escher Straße verbunden.

7. 11.   Ein Vortrag mit Lichtbildern im *Tivoli* befaßt sich mit dem Bau und der Bedeutung des Kaiser–Wilhelm–Kanals (heute Nord–Ostseekanal).

2. 12.   Die Volkszählung ergibt für Nippes 20.526 Einwohner und für Riehl 1.835. Gegenüber dem Jahr 1890 ist dies in Nippes eine Steigerung von 24,5 % und für Riehl von sogar 71,9 %. Mit den Zahlen von 1895 rangiert Nippes hinter Ehrenfeld (25.803 Einwohner) und vor Lindenthal (6.567 Einwohner) auf Platz 2 der bevölkerungsreichsten Vororte Kölns.

15. 12.   Blutiges Familiendrama in Nippes: Ein Mann wird von seinen drei Söhnen schwer mißhandelt und muß ins Hospital. Einer der drei Brüder erhängt sich in der U–Haft.

14 Herren des *Nippeser Brieftauben–Vereins „Sport"* stellen ihre Tauben der Militär–Verwaltung zur Verfügung.

6. 1.

9.-11. 5.

Die Nippeser machen Bekanntschaft mit dem elektrischen Strom. „In der gestrigen sehr gut besuchten Versammlung des hiesigen Vereins für Volksbildung hielt Herr Professor Dr. Rumpen von der städtischen Realschule in Köln einen höchst interessanten Experimental–Vortrag über 'Den elektrischen Strom im luftverdünnten Raume und die Röntgen–Strahlen'. Redner gab zunächst an Hand der von der städtischen Verwaltung bereitwilligst zur Verfügung gestellten Apparate einen allgemeinen Ueberblick über die Erzeugung des elektrischen Stromes, ließ dann durch eine große Anzahl verschiedenartiger Glasröhren und –birnen mit luftverdünntem Innenraume, den vom Zuschauerraum sichtbaren elektrischen Strom hindurchgehen, wobei die bläulichen Kathoden–Strahlen (negativer Pol) und die röthlichen Anodenstrahlen (positiver Pol) eine Hauptrolle spielen. Diese Experimente gelangen vorzüglich. Zum Schlusse erklärte Herr Dr. Rumpen die Röntgen–Strahlen. Die Versammlung folgte den fesselnden Ausführungen mit großer Aufmerksamkeit und spendete dem Vortragenden reichen Beifall."

30. 4.

Eröffnung des neuen Kölner Nordfriedhofs in Merheim lksrh. an der Merheimer Straße.

18. 5.

Eine zweite Polizeiwache für Nippes wird an der Hartwichstraße 103 eingerichtet. Sie ist die 22. Kölner Polizeisektion. Leiter ist der Kommissar Winck.

5. 1.   „Nippes. Rohrstühle werden gut und billig geflochten, Neußerstraße 325, 3. Etage."

27. 2.   *Rechts: Fand in diesem Jahr der erste karneva-*
          listische Dienstagszug statt?

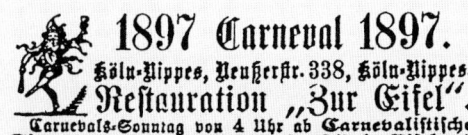

1897 Carneval 1897.
Köln-Nippes, Neußerstr. 338, Köln-Nippes.
Restauration „Zur Eifel".

26. 9.   Der *Athletenclub Köln–Nippes* feiert
          sein 4. Stiftungsfest im *Lokal von*
          Wißdorf.

Carnevals-Sonntag von 4 Uhr ab Carnevalistische
Sitzung der Carnevals-Gesellschaft „Fidele Eifeler".
Nach der Sitzung großartige Volksbelustigung.
Rosenmontag von morgens 10 Uhr ab Carnevalist.
Concert, wobei sich jeder nach Herzenslust amüsiren kann.
Carnevals-Dienstag von nachm. 1 Uhr ab Versammlung
aller Narren und Närrinnen, welche sich an dem großen
Zuge der Carnev.-Ges. F. E. betheiligen wollen, welcher
durch sämmtliche Straßen von Nippes unter den Klängen
mehrerer Musikkapellen herzieht. Nach Eingang des Zuges
Erholung und Stärkung des inneren Menschen,
wobei sich jeder nach besten Kräften amüsiren und aus-
toben kann, damit Aschermittwoch jeder wieder bei vollem
Verstand ist.

19. 11.   Der *Haus– und Grundbesitzer–Ver-*
          ein Köln–Nippes feiert sein erstes
          Stiftungsfest.

          In dem Jahr wird der *Nippeser Rad-*
          fahrer–Verein Vorwärts gegründet.

Speisen und Getränke nach Belieben und in vorzüg-
licher Weise, wie ja allen, welche schon die „Eifel" be-
sucht haben, bekannt ist.
Es kommt zum Ausschank das sehr beliebte Hirschbräu-
Bier, per Glas 10 Pfg.
          Wer Humor und Witz will sehn,
          Darf nur in die „Eifel" gehn.
Um geneigten Zuspruch ladet ergebenst ein
                                    Clem. Müller.

Die (vermutlich) älteste fotografische Ansicht
der Neusser Straße in Nippes. Links die Ein-
mündung der Nelkenstraße.

Nippes.   Hauptstr. — Nippes.

Franz Clouth gründet die Land– und Seekabelwerke AG. Die Kabelherstellung ist damit aus seiner Rheinischen Gummiwarenfabrik an der Niehler Straße ausgegliedert.

11. 5.

Eine Gesellschaft von Männern und mit Nachtjacken bekleideten Weibern zieht randalierend durch Nippes. An der Christinastraße greifen sie den Schutzmann Breuer an, der gegen sie einschreiten will.

16. 5.

Auf der Neusser Straße wird ein zweites Gleis für die Pferdebahn gelegt.

Mai

Der *Nippeser Radfahrer–Klub Pfeil* veranstaltete zwischen Fühlingen und Merheim linksrheinisch sein Herbstrennen.

25. 9.

1. 10.

Die alteingesessene Restauration *Tivoli* (bereits 1857 genannt) an der Neusser Straße 216 eröffnet mit einer grossen Feier den neuen Saal. „An der Neußerstraße in Nippes wurde vor einigen Tagen ein prächtiger Saalbau fertiggestellt, der in Zukunft der Hauptsammelpunct des gesellschaftlichen Lebens in dem aufbühenden Vororte werden dürfte. Auf großer Fläche, neben der noch ein ansehnliches Gartengrundstück mit altem Baumbestand erhalten blieb, er-

hebt sich der vom Bauunternehmer Joh. Fischer aus Nippes im Auftrage des Besitzers Julius Thiel recht zweckentsprechend ausgeführte, mit Seiten– und Oberlicht versehene Bau, der ein geräumiges Gesellschaftszimmer, Wirtsräume und den Hauptsaal enthält. Der Hauptsaal hat einen für mehr als 2.000 Personen ausreichenden Flächenraum von 715 qm, hat Dampfheizung, sowie eine im Peeger'schen Atelier angefertigte große Bühneneinrichtung und macht mit seinen in Weiß gehaltenen reichen Stuckverzierungen an Decke und Wänden einen vornehmen Eindruck. Der veranstaltende *Nippeser Volksbildungsverein* hat zur Eröffnung alle Nip-

1. 10.   peser Vereine eingeladen. Die Kapelle des
Rheinischen Infanterie–Regiments Nr. 65
übernimmt den orchestralen Theil des
Festprogramms, daß äußerst reichhaltig ist
und den Besuchern ganz besondere Genüs-
se in Aussicht stellt."
Und über das Fest heißt es u. a.: „Eine froh-
bewegte Menschenmenge füllte am Samstag Abend den neuerbauten großen Tivolisaal. ... Nach einem allgemeinen, das Tivoli behandelnden Liede, warf der Vorsitzende des *Volksbildungs–Vereins* Dr. Andries, einen kurzen Rückblick auf die Entwicklung von Nippes unter dem Schutze
der Colonia und hob die Thatkraft seiner
Bürger sowie deren Einmüthigkeit in Be-
thätigung des vaterländischen Geistes
hervor. Die Rede klang in ein Kaiserhoch
aus. ..."

15. 11.   „Die Verlegung des Nippeser Postamtes
vom Hause Schenkendorfstr. 3 in das am
Wilhelmplatz an der Ecke der verlängerten Christina– und Wilhelmstraße, findet
in der Nacht zum 15. dieses Monats statt,
sodaß am Dienstag nächster Woche der
Postdienst im Neubau beginnt. Praktisch
eingerichtete Räume für das Publicum
und die Beamten sowie eine ausreichende
Zahl von Schaltern werden in dem neuen
Local die Postgeschäfte wesentlich erleichtern und beschleunigen. Die
Straßenverbindung zwischen dem Post-
amte und dem westlichen Theil von Nippes soll in Kürze fertiggestellt werden.
Dem Bedürfnis und den vielfach geäußer-
ten Wünschen würde entsprochen, wenn
die Zahl der Briefkästen im Orte erheblich
vermehrt würde."

Feier des

Geburtstages Sr. Majestät Wilhelms II.

Samstag, den 28. Januar 1899 Abends 8½ Uhr
im grossen Tivolisaal

unter gütiger Mitwirkung des **Herzog'schen Doppelquartetts** und
der Konzertsängerin Fräulein **Helene Alexander** aus Köln.

Die Nippeser lassen den
Kaiser hochleben.

28. 1.

Auch die Freiwillige Feuerwehr Nippes–Riehl hat aus Anlaß von Kaisers Geburtstag „*Mit-glieder nebst Damen und Freunden*" in den Saal der *Restauration Sebastian Brücker*, Sech-zigstr. 6, geladen: „Der Führer der Wehr, Herr Baumeister *Gunkel*, brachte den Kaiser-toast aus, und sang man danach stehend die Nationalhymne. Nach einem gemeinschaft-lichen Lied sang Herr Tillmann Liszewsky aus Köln mit prächtiger Stimme die Einlage des Kühleborn aus Undine und 'Wohlauf noch getrunken'. Reicher Beifall lohnte den Sänger. Der bestens bekannte Humorist Emil Gabel und andere Freunde der Wehr sorg-ten bestens für Unterhaltung; auch ihnen wurde herzlicher Dank zuteil. Nach einem kleinen Theaterstück vergnügte man sich noch lange bei einem Tänzchen."

28. 1.

„Errichtung eines Volksbades in Nippes!" Eine Forderung, die erstmals im Jahr zuvor von dem *Nippeser Haus– und Grundbesit-zer–Verein* aufgestellt worden war. Über die Vorstandssitzung des Vereins am 1.3. unter dem Vorsitz des Direktors Mellmann berich-tet eine Tageszeitung u.a.: „Das Oberbür-germeisteramt habe dem Antrag eine ge-wisse Berechtigung zuerkannt, jedoch be-merkt, daß in der Angelegenehit nur schrittweise vorgegangen werden könne; auch müsse, ehe man der Sache näher tre-te, die Platzfrage ihre Erledigung gefun-den haben. Dem Vorstand sei nun inzwi-schen von verschiedenen Seiten mitge-teilt worden, daß die Stadt beabsichtige, in der Nähe der katholischen Kirche in Nippes, auf dem Stockschen Grundstück, eine Schule zu erbauen. Der Bauplatz

1. 3.

Der „sehr tief gelegene Bauplatz" vor der katholischen Kirche St. Marien an der Turmstraße.

liege dort sehr tief und dadurch werde die Erbauung eines großen Erdgeschosses erfor-derlich. Der Vorstand erachtet nun dieses Terrain zur Anlegung eines Volksbades für sehr geeignet, insbesondere, weil dessen Ausführung an dieser Stelle mit bedeutend weniger Kosten verknüpft sein würde, als wenn ein besonderes Volksbad hergestellt werden müsse. Es wurde dann beschlossen, beim Oberbürgermeister–Amt vor Genehmigung des in Aussicht stehenden Schulbaues wiederholt vorstellig zu werden."

15./16. 4.   25 jähriges Stiftungsfest des *Vereins für Volksbildung Köln–Nippes.*

April   Unter dem Namen Schützengesellschaft Köln-Nippes von 1876 hat sich die im Vorjahr aufgelöste Schützengilde neu gegründet.

1. 5.   Die Maifeier der Sozialdemokraten Kölns findet im Saal der Witwe Ehlen (*Restauration von H. J. Ehlen*, Sechzigstr. 79) statt. Etwa 400 Personen haben sich eingefunden. Ein Redner schließt mit einem Hoch auf die internationale völkerbefreiende Sozialdemokratie. Am Schluß der Veranstaltung wird die Arbeiter-Marseillaise gesungen.

1./2. 7.   *25 Jahre Männer–Gesang–Verein Liedertafel Köln–Nippes.*

19. 9.   Der *Nippeser Liberale Verein* hält abends um 8 1/2 Uhr im *Tivoli* eine Hauptversammlung ab, die mit einer nachträglichen Sedanfeier verbunden ist.

22. 10.   Pfarrer Friedrich Krüth weiht den katholischen Teil des 1896 eröffneten Nordfriedhofes ein. Ab sofort können hier auch Katholiken aus Nippes beerdigt werden.

27. 10.   Der Nippeser Rechtsanwalt Mar-
15./16. 4.   tin Kochs, Neusser Straße 220, hält im *Tivoli* den Vortrag „*Kurzer geschichtlicher Überblick über das Zustandekommen des neuen bürgerlichen Gesetzbuches*". Das BGB wurde am 18.8.1896 verkündet und tritt am 1.1.1900 in Kraft.

Damenturnen in Nippes.

Der Turn- und Fecht-Verein (gegr. 1878) richtet in der nächsten Zeit unter Leitung eines gepr. Turnlehrers ein Damenturnen ein und werden Anmeldungen entgegengenommen in der Turnhalle oder vom

Vorstande.

Nippeser Damen werden schon bald in der Turnhalle an der Niehler Straße Sport treiben. 14. 11.

Wohlthätigkeits-Verein Köln-Nippes.

Die Unterzeichneten haben sich durch einen Beitrag an den Wohlthätigkeits-Verein zu Köln-Nippes von der Verpflichtung, Neujahrsglückwünsche zu versenden, losgekauft und wünschen auf diesem Wege allen ihren Freunden und Bekannten ein

glückseliges neues Jahr.

Köln-Nippes, den 31. December 1899.

Becker, C. A.
Böhm, Anton.
Bolder, Paul.
Bornheim, Bernhard.
Bramweiler, Peter.
Brockmann, R., Apotheker.
Broil, Werkmeister.
Charles, Bernhard.
Contzen, Jakob.
Contzen, Wilhelm.
Dr. med. Curt.
Dickolf, Mathias.
Dietz, Johann.
Enßhoff, Rector (Riehl).
Faßbender, Jakob.
Faßbender, Kaspar.
Fischer, Hilarius, Fuhrunternehmer.
Fischer, Johann.
Fischer, Michael.
Ww. Flaschentreher.
Gierath, Josef.
Grief, Joh. Jakob.
Hannot, Kaplan.
Hausmann, Franz, Restaurateur.
Dr. med. Hecker.
Herkrath, Christian.
Herkrath, Jakob.
Hochhausen, Jean.
Huhn, Ferdinand, Restaurateur.
Huhn jr., Ferdinand, Metzgermeister.
Jung, Ignaz.
Kliem, Josef.
Kratz, Josef.
Dr. med. Kremer.
Krüth, Pastor.
Laerich, Theodor.

Lang, Peter, Bauunternehmer.
Lemmen, Franz, Postmeister.
Mayer, Kgl. Reg.-Rat.
Meyburg, R.
Meyer, Jakob.
Müller, Christian Carl.
Niedick, August.
Niedick, Fritz.
Dr. med. Pilgram, Sanitäts-Rat
Piz, Hermann.
Reisgen, Jakob.
Röseler, Restaurateur.
Röien, Fritz.
R denkirchen, Kgl. Polizei-Commiss.
Schäfer, Peter, Ziegeleibesitzer.
Schäfers, Peter.
Schilbers, Carl, Fabrikbesitzer.
Schmitz, Robert.
Schneider, Theodor, Fuhrunternehm.
Schritz, Kaplan.
Schwartz, Ferdinand.
Speckan, Franz.
Staud, Kgl. Bau-Inspector.
van Thiel, Gerhard.
Tissen, Peter, Ober-Stadtsecretär.
Dr. med. Vaassen.
Weiler, Anton.
Welter, Johann.
Weinbach, Anton.
Weinbach, Jakob.
Winterscheid, Math., Restaurateur.
Wwe. F. W. Witthaus.
Firma E. Wolfgarten.
Zander, Jos. Engelbert u. Familie.
Zangerle, Emanuel, Rechnungs-Rat.

Nippeser helfen auf phantasievolle Weise, Not und Armut zu lindern. 31. 12.

Gruß aus der „Köln–Nippeser–Eifel". Ausschnitt aus einer Ansichtskarte (Poststempel vom 18.6.1900), die die Restauration „Zur Eifel" von Clemens Müller, Neusser Straße 338, zeigt. Die schmuckvolle Fassade des Hauses trägt im Fries den Namen der Restauration.

Blick in die Neusser Straße. Im Bild links ist ein Teil des Eckhauses Neusser Str. 288, Florastraße zu sehen. Im Erdgeschoß befindet sich das Kolonial-, Material- und Farbwarengeschäft von Mathias Bornheim. Rechts sind die Häuser zwischen Einheit– und Baudristraße zu sehen.

24. 7.   Der erste Markttag auf dem Wilhelmplatz. „Am Dienstag Morgen wurde auf dem 3.470 qm großen, mit Ahornbäumen bepflanzten Wilhelmplatz in Nippes, der tags vorher

von dort lagernden Pflastersteinen, sowie von Unkrautaufwuchs gesäubert und mit Sand bedeckt worden war, der Wochenmarkt eröffnet. Kurz nach 6 Uhr traf als erster Verkäufer der Händler Joseph Schug aus Nippes mit einer Fuhre Kartoffeln, Obst und Gemüse ein; ihm folgten viele Bauersfrauen aus den umliegenden ländlichen Vororten mit eignen Gartenbauerzeugnissen und eine große Zahl andrer Händler, sodaß die Verkäufer bald mehrere lange, die ganze Marktfront an der Wilhelmstraße einnehmende Reihen bildeten. Außer allerlei Gemüsen wurden Blumen in Töpfen und Backwerk feilgehalten. Die Leute waren mit dem Ergebnis des ersten Markttages recht zufrieden. Die Käuferinnen erschienen in so großer Zahl, daß zeitweise, so zwischen 9 und 10 Uhr, Gedränge entstand. Es ist nun Sache der Hausfrauen, die neue Einrich-

Ansicht aus dem Jahr 1901 auf den Wilhelmplatz und die Post.

tung andauernd, wie am ersten Tage, durch fleißigen Besuch des Marktes und Besorgung der Einkäufe daselbst zu fördern und lebensfähig zu machen. Je mehr dies geschieht, desto schneller wird sich der Markt, gleichwie dies in Ehrenfeld der Fall gewesen ist, entwickeln und bald allen Anforderungen Genüge leisten. Zur weiteren Förderung der Sache bliebe zu erwägen, ob nicht das Feilbieten von Gemüse und Obst auf den Straßen während der Marktzeit, also bis 2 Uhr nachmittags, gänzlich zu untersagen wäre. Gegenwärtig wird dieser Hausierhandel recht umfangreich betrieben."

In diesem Volkszählungsjahr hat Nippes 27.054 Einwohner.

Eine Ortsbeschreibung in dem *Neuesten Kölner Führer* von Johann Ludwig Algermissen:
„Vom Schlachthofe wenden wir uns nach Nippes, einem Vororte von ca. 30.000 Einwohner, auch nur Fabrik–, Beamten– und Arbeiter–Ort. Hier liegt an der Westseite die Hauptwerkstätte der Eisenbahn, welche 1500 Arbeiter beschäftigt, aber durchweg nur mit Ausbesserungen, da Lokomotiven, Wagen usw. von den betreffenden Industrie–Werken fertig geliefert werden. Wer einem Fremden sagte, die Bretterbude zwischen der Escher-straße und den Bahngleisen sei der Bahnhof von Nippes, würde ausgelacht; denn die klein-sten Stationen in der Eifel haben bessere Bahnhofsgebäude; wir Einheimischen wissen es einmal nicht anders und sind bescheiden genug, von der notleidenden Staatsbahn nicht mehr zu verlangen."

24. 1.
„Der anhaltend strenge Winter und die Arbeitslosigkeit vieler haben manche Familie in Not und Elend gebracht. Der Wohltätigkeitsverein Köln–Nippes sucht zwar nach Kräften in dem Vorort durch Verabreichung von Brot und Kohlen die Not zu lindern, aber die große Zahl der Unterstützungsbedürftigen hat seine Casse schon sehr in An-spruch genommen. Möchten daher doch viele, besonders unter den Bessergestellten, die Thätigkeit auch dieses Vereins unterstützen und durch Zeichnung von Beiträgen, besonders aber auch durch Beitritt zum Verein an diesem edlen Werke christlicher Nächstenliebe sich beteiligen."

31. 7.
Gertrud Elisabeth Frederica Böhle erblickt in der Franziskastr. 7 das Licht der Welt.

12. 8.
Der Inhaber der Schokoladen–, Zuckerwaren–, Printen– und Honigkuchenfabrik Friedrich Wilhelm Gülich, gegründet 1848, Fritz Gülich, Neusser Straße 222, wehrt sich in einer Zeitungsanzeige gegen Vorwürfe der Aachener Printenfabrik Lambertz.

Der *Verein für Volksbildung Köln–Nippes* hält seine erste Mitgliederversammlung im neuen Vereinslokal *Restauration Viktoria–Saal*, Sechzigstraße 6, ab.

1. 9.

„Im *Nippeser Verein für Volksbildung* hielt Herr Fritz Föbinger einen Vortrag über das Fernsprechwesen. Redner erklärte zunächst die Erfindung Philipp Reis' sowie die ersten, von den Americanern Elisha Gray und Graham Bell hergestellten praktisch brauchbaren Instrumente zur elektrischen Tonübertragung.

25. 10.

Dann versuchte der Vortragende unter Zuhülfenahme von Zeichnungen und unter Vorzeigung der einzelnen Teile die Zusammensetzung

Die Restauration Victoria–Saal im Hause Sechzigstraße 6.

und Zweckbestimmung der verschiedenen zum Fernsprecher gehörenden Apparate dem Verständnis der Zuhörer näher zu bringen. Eine Darlegung des Baues der Linien und Leitungen sowie praktische Fingerzeige bildeten den Schluß des beifällig aufgenommenen Vortrags."

Die Restauration *Nippeser Volksgarten* stellt den Betrieb ein.

15. 12.

Der *Nippeser Wohltätigkeitsverein* hält seine Jahreshauptversammlung ab. In der *Restauration Zur Post* an der Neusser Straße führt Paul Bolder den Vorsitz. Wegen des milden Wetters zu Anfang des Jahres war die Eröffnung der alljährlichen Suppenanstalt nicht erforderlich gewesen. An Hilfen wurden Brot und Kohlen ausgegeben.

20. 12.

Die Firma Kretzer und Wirtgen an der Nordstraße feiert ihr 25 jähriges Bestehen.

18. 4.   Das Automobil steht am Anfang seiner massenhaften Ausbreitung. Für den äußerst emsig tätigen *Verein für Volksbildung Köln–Nippes* ein Grund, einmal die Wirkungsweise, Gefährlichkeit und Perspektive des neuen Verkehrsmittels einem größeren Publikum näher zu bringen.

„Im *Verein für Volksbildung* in Nippes sprach am Freitag Prof. Dr. H. Rumpen über Selbstfahrer (Automobile). Redner behandelte zunächst die seit Einführung von auf Schienen laufenden Dampfmaschinen gemachten Versuche des Baues von Straßenfahrzeugen mit Dampf– und Leuchtgasbetrieb, und ging dann über zu der gegenwärtig angewandten Krafterzeugung für Automobile durch Bewirkung der fortwährenden Explosion einer Mischung von Benzin in Dampfform mit Luft. Mit Hülfe von Lichtbildern erklärte der Vortragende in gemeinverständlicher Weise den gesamten Mechanismus dieser Selbstfahrer, und besprach dann ihre von Sportsleuten fortwährend gesteigerte und letzthin bei den Rennen Nizza–La Turbie auf die ungeheure Leistung von 120,80 km in der Stunde gebrachte Geschwindigkeit, die jedoch für den praktischen Gebrauch zwecklos sei. Redner hält im Gegensatz zu einer viel verbreiteten Meinung die Gefährlichkeit richtig construirter Automobile für die Benutzer für geringer als beispielsweise diejenige einer Petroleumlampe. Redner ist der Ansicht, daß die Rentabilität haltbarer, solider und betriebssicherer Automobile diese zum Verkehrsmittel der Zukunft machen und die Pferde vor Droschken und Lastwagen zum Vorteil des Straßenoberbaues verschwinden lassen werde. Redner schloß seine beifällig aufgenommenen Ausführungen mit der Hoffnung, daß die deutsche Automobilindustrie einen großen Aufschwung nehmen, und nicht nur allen auswärtigen Wettbewerb aus dem Wege räumen, vielmehr auch eine lohnende Ausfuhr nach dem Auslande gewinnen werde."

Die Mitglieder des Vereins hatten sich an diesem Abend nicht in der erhofften großen Zahl eingefunden. Es wurden noch einige leere Sitzplätze im Vereinslokal, dem *Viktoria–Saal*, Sechzigstr. 6, gesichtet, und der Wirt, Joseph Heiderscheid, wird wohl mit dem Umsatz nicht zufrieden gewesen sein. Im Protokollbuch des Vereins heißt es über die Veranstaltung kritisch und selbstlobend:

„Der Vorsitzende Dr. Andries eröffnete die Sitzung wenige Minuten nach 9 Uhr. Der vielversprechenden Einladung zu einem Vortrage des Herrn Professor Dr. Rumpen aus Köln über Selbstfahrer (Automobile), erläutert durch eine Anzahl Lichtbilder, hatten unsere Mitglieder nicht gerade sehr zahlreich Folge geleistet. Der Redner sprach überaus volksthümlich und allgemeinverständlich. Er bot allen denen einen hervorragend interessanten Vortrag, die sich die Mühe gaben, den erklärenden und belehrenden Ausführungen des eine gründliche Sachkenntnis verbürgenden Gelehrten aufmerksam zu folgen. An ihm lag es jedenfalls nicht, wenn dies nicht bei allen Zuhörern der Fall gewesen sein sollte. Auf alle Fälle war der Vortrag schon deshalb für unsere

Bestrebungen sehr wertvoll, weil er geeignet war dahin zu wirken, daß unsere Mitglieder es nicht verlernen, aufmerksame Hörer zu sein nicht nur bei schöngeistigen zu Herzen sprechenden oder dem Ohre schmeichelnden Vorträge sondern auch von Belehrungen, die das Denken anregen und den Blick schärfen und das Verständnis erweitern für Dinge des alltäglichen Lebens, die nicht ohne Weiteres allgemein begriffen werden. Herzlich dankte der Vorsitzende dem Redner."

25 Jahre *Nippeser Männer–Gesangs–Verein*; großes Jubelfest im *Tivoli*.　　17. 5.

25 Jahre *Freiwillige Feuerwehr Nippes–Riehl*. Eine Parade auf der Neusser Straße, die　　23. 8.
Demonstration von Übungen auf dem Platz am Steigerhaus an der Steinberger Straße neben der Volksschule und eine Festfeier im *Tivoli* lassen das Fest zu einem Ereignis in Nippes werden.

30. 8.

Das „Restaurant zum Leipziger Platz" nannte sich nach dem neu angelegten Nippeser Platz. Dazu war das ehemalige Rieselfeld–Gelände zwischen der Neusser– und Niehler Straße (nördlich der Florastraße) verwendet worden. Rieselfelder und Schlinggruben brauchte man seit der Verlegung der Kanalisation in Nippes nicht mehr.

16. –
19. 10.

Evangelischer Bürgerverein, Köln-Nippes.

Basar

zum Besten des Krankenhausbaufonds.

Auf Anregung aus dem Zivilkabinett Ihrer Majestät der Kaiserin und Königin findet in der Zeit vom

16.—19. Oktober d. J.

in dem großen Saale und dem Garten der Restauration Thiel,

Neußerstraße 216,

obiger Basar statt.

Eröffnungsfeier!

Donnerstag den 16. Oktober, mittags 12 Uhr, findet die feierliche Eröffnung durch Herrn Pastor Boswinkel in Beisein des Ehren-Komitees statt. Bei dieser Feier wirken der Männerchor des Evangelischen Bürgervereins und die Kapelle des Bergischen Feld-Artillerie-Regts. Nr. 59 mit.

Der Verkauf und die Belustigungen dauern
am Donnerstag den 16. bis 7 Uhr abends,
„ Freitag den 17. und Samstag den 18. von 10 Uhr vormittags bis 7 Uhr abends,
„ Sonntag den 19. von 11½ Uhr vormittags bis 7 Uhr abends.

Jeden Abend 8 Uhr:

Grosses Vokal- und Instrumental-Konzert.

Das Programm wird täglich bekannt gegeben.
Das Eintrittsgeld zum Besuch des Basars und des Konzerts beträgt
am Donnerstag den 16. à Person 3 M.,
am Freitag den 17. und Samstag den 18. à Person 1 M.
am Sonntag den 19. der Besuch des Basars à Person 25 ₰.

Karten im Vorverkauf zu den Konzerten à 30 Pfg. per Person liegen aus

in Köln in den Zigarrengeschäften:

Jos. Feinhals, Hohestraße 63, Jos. Treis, Marzellenstraße 21, Fr. Guntermann, Komödienstraße 3, P. J. Graßmann, Breitestraße 135 und Hohenzollernring 28, Lindau & Winterfeld, Kaiser Wilhelmring 42, Th. ...nseler, Deutscher Ring 2, und in der Buchhandlung von Paul Neubner, Hohestraße;
in Nippes bei Wilhelm Beeck, Zigarrengeschäft, Neußerstraße 205.

Gebr. Halm   Siebachstraße 49,
Friedr. Schmitt   „   Siebachstraße 37,
Clem. Oellers   „   Holbeinstraße 17.
Frl. Hütz, Siebachstraße 34A.
Frl. Frevert, Sechzigstraße 95,
Heinr. Koch, Friseur, Neußerstraße 194,
Jos. Keller, Friseur, Siebachstraße 57,
Math. Coesfeld, Restaurateur, Niehlerstraße 171,
Hugo Becker, Friseur, Wilhelmstraße.

Der Arbeits-Ausschuß.

Ehren-Komitee:

von Balan,   von Hagenow,   Becker,
Regierungs-Präsident.   Generalleutnant und Gouverneur.   Oberbürgermeister.

Wegmann,   Theod. Boswinkel,   Kuhlmann,
Polizei-Präsident.   Pastor.   Vikar.

Bartels, Fabrikdirektor. Frau Bartels. Frau Blankerts. Frau Blasberg. Frau M. Clouth. Frau Wwe. C. Engels. Paul Engels, Kaufmann. Frau Ferling. H. Fischer, Rentner. Aug. Gerber, Kunstindustrieller. Gunkel, Baumeister. Frau Hemmerich. Dr. Johannes, Generalsekretär. Frau Lawitschka. M. Naumann, Brauereibesitzer. Freifrau Alfred von Oppenheim. Victor von Oven, Gärtnereibesitzer. Frau Fr. Piependrink. Dr. Rumpff, Arzt. Rob. Schmitz, Kaufmann. Frau Rob. Schmitz. Frau Fr. Schulze. Frau Fr. Schwanitz. Frau W. Taffe. Frau Wwe. H. Theegarten. Frau Wwe. Trappe. Frau E. Tuppat. Frau Pastor Voßwinkel. R. Weber, Kaufmann. Frau R. Weber. Dr. Welter, Rechtsanwalt. Winz, Polizeikommissar. J. Wirtgen, Kaufmann. Dr. Wunderlich, Direktor. Frau Zapf. Zapf, Fabrikdirektor. Fräulein A. Zielks.

„Der erste elektrische Triebwagen der Straßenbahn, der gestern nachmittag gegen 3 Uhr durch Nippes und bis nach Merheim fuhr, weckte in den Vororten allenthalben freudige Gefühle. ... Die demnächst verfügbar werdenden Pferde der Querbahn wurden unlängst noch einmal zu Prüfungszwecken hinsichtlich der Roßkrankheit geimpft; sie sind aber noch immer nicht polizeilich zum Verkauf freigegeben. Heute wurden wieder einige davon zum Schlachthof geführt. Schade um die schönen Tiere."

11. 12.

Die dritte Apotheke in Nippes eröffnet Wilhelm Feige im Eckhaus Neusser Straße 304, Scharnhorststraße. „Für den Vorort genehmigte die Königliche Regierung, entsprechend der auf nahezu 30.000 gestiegenen Einwohnerzahl, die Errichtung einer 3. Apotheke mit der Maßgabe, daß für deren Lage der nördliche Ortsteil zwischen der Flora– und Nordstraße zu wählen sei. Der Inhaber der Konzession hat für den Zweck den an der Ecke der Neußer– und Scharnhorststraße errichteten großen Neubau käuflich erworben." Die beiden anderen Apotheken sind die Flora–Apotheke von R. Brökmann, Neusser Straße 192 (seit 1869) und die Germania–Apotheke von Dr. Ferdinand Rotering, Sechzigstraße 55 (seit 1895).

24. 12.

Die erste elektrische Straßenbahn mit Fahrgästen fährt über die Neusser Straße bis zur Mauenheimer Straße, der ehemaligen Endhaltestelle der Pferdebahn.

31. 12.

Die erste elektrische Straßenbahn (mit Lyrabügel als Stromabnehmer) auf der Neusser Straße. Gerade hält sie an der Haltestelle Schenkendorfstraße. Hier zu sehen ist das Eckhaus mit der Fassadenbeschriftung „Flora–Apotheke".

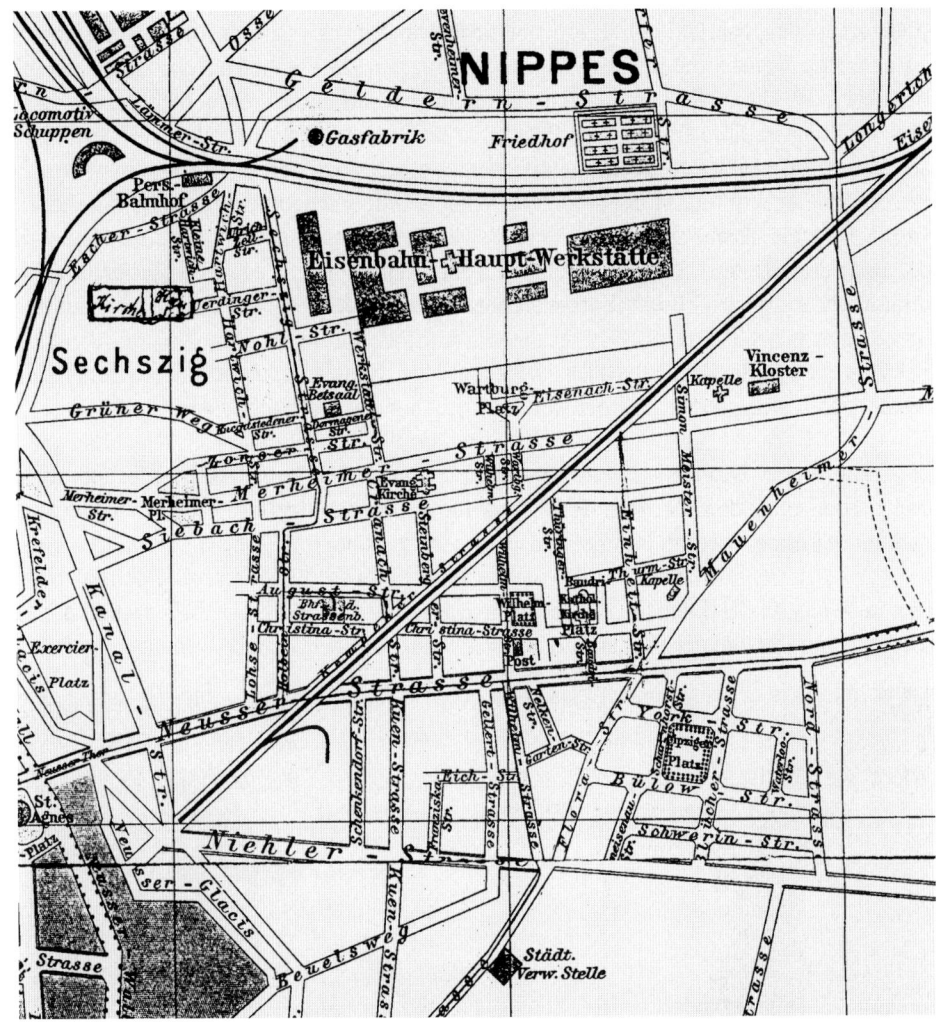

Stadtplan von 1903 mit handschriftlicher Einzeichnung des Bauplanes für die neue Kirche im Sechzig–Viertel, St. Josef (Links oben über dem Wort „Sechszig").

1.4.   Theodor Voswinckel feiert sein 25jähriges Dienstjubiläum als evangelischer Seelsorger in Nippes.

7.4.   Der *National–Stenographen–Verein–Köln–Nippes* hält seine Frühjahrshauptversammlung ab. 45 Personen wurden im vergangenen Jahr unterrichtet. Zum Vorsitzenden wiedergewählt ist Herr Schulin, Schriftführer und stellvertretender Vorsitzender wird Herr Wolter und zum Kassierer wird Herr Florin bestellt.

Wilhelm Kretzer, Fabrikant und Stadtverordneter für Nippes, stirbt im Alter von 52 Jahren.   15. 4.

Aus Anlaß der bevorstehenden Reichstagswahlen hat das Liberale Wahlkomitee zu einer   6. 6.
Versammlung im *Tivoli* eingeladen. Stadtverordneter und Fabrikant Julius Wirtgen führt
den Vorsitz und hebt nach herzlichen Begrüßungsworten hervor, daß das aus allen Berufs-
klassen gebildete Ortskomitee es für seine Ehrenpflicht gehalten habe, auch in Nippes die
Fahne des Liberalismus zu entfalten und die Werbetrommel zu rühren. Das Zentrum und
die Sozialdemokraten sind die Hauptzielscheiben, das Wirken des ortsansässigen *Volkbil-
dungsvereins* – einer Gründung von Liberalen – wird lobend hervorgehoben.

Bei den Vaterländischen Festspielen siegt Gustav Krähmer vom *Turn– und Fechtverein*   28. 6.
Nippes im Hochsprung mit 1,70m.

„Das Klebleder. Nippes steht gegenwärtig, was die Art der Jugendspiele anbetrifft,   8. 8.
vollständig unter dem Zeichen des 'Klävledders'. An allen Ecken und Enden, wo sich
nur eine Pfütze vorfindet, stehen die Jungen gruppenweise zusammen, um nach
großen Mustern nach Schaffung eines luftleeren oder luftverdünnten Raumes unter
der Lederscheibe Hebungsversuche zu machen. Der Erfolg wird dann jedesmal durch
Rundschwenken des mit Schmutzwasser völlig durchtränkten Apparates gefeiert,

*Neusser Straße, links die Ecke Mauenheimer Straße, rechts der Bildmitte das Haus Ecke Scharnhorststraße, in dem
am 24.12. des Vorjahres die dritte Nippeser Apotheke eröffnet hatte.*

wobei es ohne Bespritzen der Kleider der Vorübergehenden nicht abgeht. Die Behörde, der die Unterhaltung der Straßen obliegt, teilt uns mit, daß allein auf der Florastraße etwa 30 Pflastersteine aus dem Gefüge herausgearbeitet und fortgeschleppt worden sind. Da die Pferde von Fuhrwerken namentlich zur Abendzeit durch Hineintreten in die Lücken zu Schaden kommen können, wäre es wohl an der Zeit, daß die Eltern und Polizeibeamten den Versuch machten, dem Spielbedürfnis der Jungen in sanfter Weise eine andere Richtung zu geben."

3.- 4. 10.   Der *Nippeser Turn- und Fechtverein* feiert sein 25jähriges Bestehen mit einem Festzug durch Nippes, einem Schauturnen und einem Festball.

12. 12.   Die Zeit der Gaslaternen, Kerzen und Petroleumlampen soll nach dem Willen der Kölner Stadtväter auch in Nippes zu Ende gehen. Strom heißt die neue Energie. Die Nippeser verhalten sich aber noch reserviert gegenüber dieser neuen Erfindung, wie sich aus einem Zeitungsartikel entnehmen läßt: „Die beabsichtigte Zuführung des elektrischen Stromes nach Nippes zu Beleuchtungs- und Kraftzwecken ist zweifelhaft geworden, weil die Anmeldungen der Verbraucher, die hauptsächlich der Kostenfrage wegen eine abwartende Stellung einnahmen, allzu geringfügig sind. Es steht jedoch zu erwarten, daß die in der letzten Stadtverordneten-Versammlung gefaßten Beschlüsse sowie die gegebenen Aufklärungen eine Aenderung herbeiführen werden, so daß die wertvolle Neuerung dem Vororte bald zugute kommen kann." Die Nippeser ließen sich aber doch noch überzeugen. Im März des folgenden Jahres erfolgte dann doch die Verkabelung.

16. 12.   Der Verein der *Nationalliberalen Jugend* tagt im *Tivoli*.

Erneut hat die *Köln-Nippeser Bau- und Spargenossenschaft* Häuser für weniger bemittelte Menschen gebaut. 38 Zweifamilienhäuser am Wartburgplatz und an der Eisenachstraße werden in dem Jahr von Genossen bezogen.

Gegründet werden in diesem Jahr:
Der *Turnerkreis Köln-Nippes*,
die *Karnevals-Gesellschaft Köln-Nippes-Riehl* und
die *Große Karnevals-Gesellschaft Köln-Nippes*.

31. 12.   „Infolge der stetig zunehmenden Verbreitung der Kölnischen Zeitung und des Stadt-Anzeigers in Nippes, Merheim und Niehl habe ich mich entschlossen, neben der Anzeigen-Annahme auch die Verwaltung der Abonnements-Abteilung in diesen Orten vom 1. Januar 1904 an Herrn G. Hedler, Wilhelmstr. 51, Köln-Nippes, Fernsprecher 4183 zu übertragen. Hochachtungsvoll M. DuMont Schauberg."

„Elektrische Kraft für Nippes. Die Arbeiten für den Anschluß von Nippes an das Kabelnetz der städtischen Elektrizitätswerke am Zugweg (Südstadt) haben in dem Vorort begonnen. In den Fußsteigen der Westseite der Neußer Straße werden die Rinnen zur Aufnahme des Kabels hergerichtet."

13.2.

„Der Anschluß von Nippes an das Kabelnetz der städtischen Elektrizitätswerke am Zugweg ist mit anerkennenswerter Schnelligkeit ausgeführt worden und jetzt nahezu fertiggestellt, sodaß die Belästigungen der Anwohner und Geschäftsinhaber durch das Auswerfen der Leitungsrinnen nur ganz geringfügig waren. Die letzte und schwierigste Arbeit wurde in den letzten Tagen innerhalb des Neußer Thores gemacht; über dem Wallgraben wurde das Kabel durch ein hängendes Rohr geführt. Nach Verbindung dieses letzten Leitungsteiles nach beiden Richtungen hin steht der Stromzuführung nichts mehr im Wege."

10.3.

Ostern öffnet die Katholische Volksschule Ossendorfer Straße. Sie bietet u.a. einen Baderaum mit Brausebädern und eine Turnhalle.

11.4.

„Vorgestern abend wurde im Depot der Straßenbahn in Nippes ein Kutscher des Fuhrparks von einem Pferd gegen den Leib getreten und nicht unerheblich verletzt."

25.4.

„Heitere Szenen spielten sich am Donnerstag abend auf der Siebachstraße in Nippes ab. Dort war ein als recht jovial bekannter Herr mit seinem Automobil in eine sandige Aufbruchstelle geraten und festgefahren. Die Gäste eines nahen Restaurants waren sofort hülfsbereit und machten das Vehikel mit vereinten Kräften wieder flott. Dann aber verhinderten sie die versuchte Weiterfahrt zum großen Gaudium der Zuschauer durch Einsteigen und Festhalten des Töff–Töffs so lange, bis der Besitzer den für die Mühewaltung vorher feierlich versprochenen Labetrunk gespendet hatte."

15.5.

4.6.

Mit dieser Anzeige wirbt der Inhaber der *Restauration Fleischhauer*, Jakob Fleischhauer, um regen Zuspruch. Er wollte sein Geschäft in diese Richtung ausbauen und wurde bei den Behörden vorstellig. Die Konzessionierung wird aber mit folgender Begründung versagt: „*Die Bedürfnisfrage wird verneint und der Konzessionserteilung widersprochen. Fleischhauer will abnorme Menschen, wie Riesen, Zwerge und Krüppel aller Art beiderlei Geschlechts in seinen*

Wirtschaftsräumen zur Schau stellen. Die männlichen Personen sollen seine Gäste als Kellner bedienen, die weiblichen vermutlich Gäste anlocken und zum Trinken animieren. Durch dieses Unternehmen will der Antragsteller seinen Wirtschaftsbetrieb, der anscheinend darniederliegt, heben. Für einen so gearteten Wirtschaftsbetrieb ist nicht nur kein Bedürfnis vorhanden, ein solcher müßte vielmehr im Interesse von Sitte und Ordnung verhindert werden. Zur Neubegründung einer Spezialitätenbühne ist durchaus kein Bedürfnis vorhanden. Auch würden die Wirtschaftsräume für ein solches Unternehmen ungeeignet sein."

29. 7.   Eröffnung der Feuerwache Nippes durch die Kölner Berufsfeuerwehr im ehemaligen Pferdebahn–Depot an der Auguststraße.

Ab 1904 gab es das Kaufhaus der Gebrüder Bluhm an der Neusser Straße 242–246, Ecke Wilhelmstraße. Die Brüder Julius und Eduard waren bereits seit 1900 mit einer Manufaktur– und Möbelwarenhandlung in Nippes tätig. Das Gelände des neuen imposanten Kaufhauses mit der markanten Weltkugel auf dem Dach gehörte Wilhelm Eich. An dieser Stelle befand sich bis zum Umzug zur Florastraße 105 das Amtslokal der Bürgermeisterei Nippes und nach der Eingemeindung die Verwaltungsstelle Nippes und das Standesamt.

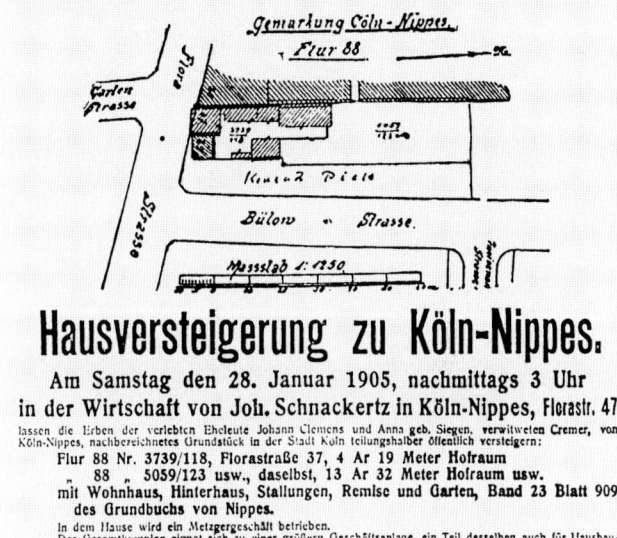

Links: Der Quartett-Verein Köln–Nippes veranstaltet ein   8. 1.
Konzert „zum Besten armer Schulkinder". Die bekannte
Pianistin Elly Ney spielt zum wiederholten Mal in Nippes.

Oben: Die Familie Schnackertz lebt bereits seit Mitte des   28. 1.
vorigen Jahrhunderts in Nippes.

„Ein ungetreuer Knecht, der seinem Dienstherrn, dem Besitzer einer Milchcuranstalt   10. 9.
in Nippes, nach und und nach für 1000 Mark Kraftfutter gestohlen hatte, wurde von
der Kriminalpolizei verhaftet."

Die Milchkuranstalten, Meiereien und Molkereien in diesem Jahr in Nippes:

    Bierekoven, Peter Joseph, Merheimer Str. 85,

    Bouß, Julius, Siebachstr. 65,

    Fuß, Johannes, Merheimer Str. 166,

    Kaiser, Josef, Florastr. 77,

    Schiffer, Wilhelm, Merheimer Str. 235 und

    Wahlen, Heinrich Josef, Neusser Str. 363.

Der Leipziger Platz wird entsprechend dem Plan des Kölner Gartendirektors Fritz Encke
gärtnerisch gestaltet.

Die Einwohnerzahl beträgt am Ende dieses Jahres 35.245.   31. 12.

21. 1. In Köln finden von den Sozialdemokraten organisierte Demonstrationen statt. Resolutionen gegen das Landtagswahlrecht (Dreiklassenwahlrecht) und zur Russischen Revolution werden verlesen. Auch in Nippes versammeln sich zahlreiche Menschen: „Die nachmittags um 5 Uhr abgehaltene Protestversammlung in Nippes wurde polizeilich aufgelöst, weil der Redner Georg Fröhlich die Russische Revolution verherrlicht hatte. Auch diese Versammlung ging ruhig auseinander.“

17. 7. Die Evangelische Pfarrgemeinde Nippes feiert ihr 25jähriges Bestehen. Pfarrer Theodor Voswinckel gibt eine Denkschrift heraus.

Der Leipziger Platz. Am rechten Bildrand ist der Bretterzaun der Baustelle des Gymnasiums Nippes zu sehen.

26. 12. „Die *Köln-Nippeser Turngemeinde* bereitete, wie schon seit einer Reihe von Jahren, ihren Freunden am 2. Weihnachtstag im großen Tivolisaal eine genußreiche Abendunterhaltung. Nach einem Festmarsch und einem Vorspruch begrüßte der Vorsitzende J. Rischer die Erschienenen und gedachte des Kaisers, dem ein brausendes Gut Heil gewidmet wurde. Die dann, abwechselnd mit Musikstücken, folgenden Stabwindeübungen, Barrenturnen und Säbelfechten gaben ein Bild von den vorzüglichen Leistungen der Turner, und mit den schließlich gestellten Marmorbildern erwarben sie sich ganz besonders den Beifall der Zuschauer. Frl. Bertha Portz glänzte als tüchtige Vortragskünstlerin und die von Herrn Hans Portz in Szene gesetzten Einakter *Eine vollkommene Frau* sowie *Der Weiberfeind* weckten stürmische Heiterkeit. Ein Festball schloß den Abend.“

„Die letzte Fahrt des letzten Kölner Pferdebahnwagens hatte gestern abend eine tausendköpfige Menschenmenge angelockt, die in Nippes an der Ecke der Neußer und Wilhelmstraße, hell beschienen von den mächtigen Bogenlampen des Bluhmschen Kaufhauses, des Kommenden harrte. Um 9 1/2 Uhr langte der Pferdebahnwagen, begleitet von einer unabsehbaren feurigen Linie von Fackelträgern, an. Die Gärtner der

Neusser Straße mit dem Kaufhaus Bluhm auf der rechten Seite an der Ecke Wilhelmstraße.

Flora hatten es sich nicht nehmen lassen, den Wagen mit Fähnchen und frischem Grün sowie mit einer Fülle von Flieder, Rotdorn und Goldlack gar prächtig herauszuputzen, und vielfarbige Seidenbänder zierten die Peitsche des Kutschers. Die Kapelle des Riehler Hauses spielte einen fröhlichen Marsch, der Nippeser Quartett–Verein sang ein liebliches Maienlied und die planmäßige Abfahrtszeit war gekommen. Unter den Klängen des Volksliedes 'Muß i denn zum Städtle hinaus' setzte sich der Pferdebahnwagen, in dem Damen und Oberbeamte der Straßenbahnverwaltung Platz genommen hatten, umtost von den Jubelrufen der Menge, langsam in Bewegung zur letzten Fahrt von Nippes nach Riehl. Schutzleute und Fahrbeamte hielten die Ordnung aufrecht. Der Fackelzug schloß sich an. Ein großes Transparent besagte, daß der Betrieb auf der Strecke im Jahre 1877 begann und demnach rund 30 Jahre gedauert hat. Es folgten der Quartettverein sowie der Riehler Männergesangverein mit Fahne und dahinter mit dem Fahrpersonal des Nordbahnhofs, welches die Feier veranstaltet hatte, eine große Zahl Bürger aus Nippes und Riehl, alle bunte Lampions tragend. Den Schluß machte der Verein Elektra, bestehend aus den an der Oberleitung der Bahnen beschäftigten Leuten, in einem mit vier stolzen Schimmeln bespannten offenen, reichgeschmückten Kremser. Damit auch der Humor nicht fehlte, fuhr hinterher die 'neueste Fahrgelegenheit Nippes–Riehl–Wattlers Fischerhaus', ein mit Fahnen und passenden Inschriften gezierter Wagen, den die stadtbekannten Grautierchen zogen. Von dem die Wilhelmstraße– und Florastraße gleich einer lebenden Mauer umsäumenden Publikum wurde der Festzug mit Jubel– und Abschiedsrufen begrüßt und auf dem ganzen Wege leuchteten bengalische Flammen und sprühender Feuerregen. In Riehl ging's unter dem Zischen von Raketen über Frohngasse und Niederländer Ufer bis zum Nordbahnhof. Bunte Leuchtkugeln stiegen empor, die Musik intonierte: Schier dreissig Jahre bist du alt, und die Schlußfahrt hatte ihr Ende erreicht. Der Wagen, von dem vorher verschiedene photographische Aufnahmen gemacht worden waren, fuhr ein und der Schimmel trottete dem Stalle zu, um mit vollem Futter pensio-

Die allerletzte Pferdebahn der Stadt Cöln 22 Mai 1907.

niert und fürderhin nur noch so nebenher zum Wohle der Stadt verwandt zu werden. Alle Teilnehmer begaben sich dann zum Riehler Haus, wo sie der Festleiter Max Wüdt freundlichst begrüßte und einen kurzen Rückblick auf die Anfänge und die Entwicklung des Kölner Straßenbahnwesens hielt. Besonderen Dank und Gruß entbot Redner dem Vorgesetzten, dem mit sämtlichen Inspektoren zur Feier erschienenen Direktor Wattmann, und freudig stimmten die den weiten Raum bis zum letzten Plätzchen besetzt haltenden Festgenossen in ein Hoch auf das stete Blühen und Gedeihen der Straßenbahn von Köln, der schönsten am Rhein ein. Der Nippeser Quartett–Verein erfreute durch prächtige Liederspenden und wurde mit seinem ausgezeichneten Dirigenten August Thelen stürmisch gefeiert, ebenso Präsident Schilbertz für seine klangfrischen Baritonlieder. Bei humoristischen Vorträgen, flotten Musikstücken und launigen gemeinsamen Liedern unterhielt man sich in fröhlichster Stimmung und die junge Welt machte nachher noch ein flottes Tänzchen. Die stadtkölnische Pferdebahn ist damit endgültig abgetan. Das Bessere ist der Feind des Guten auch hier gewesen. Die neue Verbindung Nippes–Riehl durch Automobilomnibusse kommt erst nach dem vollständigen Umbau der Wilhelmstraße in Frage."

20. 12.

Eröffnung des Automobilbetriebes zwischen Nippes und Zoologischer Garten–Flora. Etwa ein halbes Jahr hatte es demnach gedauert, bis der öffentliche Nahverkehr nach Einstellung der Pferdebahn auf dieser Strecke 1907 wieder zum Leben erweckt worden war. Zu einem Ersatz für die eingezogene Pferdebahnlinie hatte sich die Stadt Köln im Eingemeindungs-vertrag im § 13 verpflichtet (s. S. 249). Am 1.6.1906 hatten die Kölner Stadtverordneten der „*Ergänzung des Straßenbahnverkehrs durch Automobil–Omnibusfahrten*" zugestimmt. Der neue öffentliche Verkehr mit dem Benzin–Omnibus ist gleichzeitig ein Experiment für ganz Köln: Würde der Versuch in Nippes gelingen, kämen weitere Omnibusse zum Einsatz.

Der erste vollgummibe-reifte Kraft-omnibus, der zwischen 1907 und 1909 auf der Strecke Nippes–Riehl verkehrte.

Zunächst fahren zwei Omnibusse, die täglich 15 Touren hin und zurück absolvieren. Nach den ersten Fahrten des neuen Vehikels formieren sich bereits die Gegner. Sie kritisieren, daß die fürchterlichen Erschütterungen im Bus bei den Passagieren zur Betäubung und zur Seekrankheit mit seinen wenig ästhetischen Folgeerscheinungen führen und daß der bestia-lische Gestank und die krachenden Explosionen die Fußgänger entlang der Strecke zur Ohnmacht brächten. Sie bezeichnen den Kraftwagen als „*Stink– und Rappelkiste*" und „*Marterkasten*". Ein Beschwerdeführer schreibt im März 1908 an eine Kölner Tageszei-tung: „*Lieber Sprechsaal! Gestatte mir als unparteiischer Nippeser Bürger, der nicht an der Florastraße wohnt, auch kein Anwesen dort besitzt, zu der Automobil–Omnibus–Verbin-dung Nippes–Flora etwas zu sagen. Ich passiere jeden Tag zweimal die Florastraße zur Flora hinaus, und da muß ich gestehen, daß das neue Verkehrsmittel ein großes Scheusal für die Anwohner der Florastraße ist. Bei gutem Wetter empfindet man den Gestank des Petroleum–Benzins ganz empfindlich mehr, dazu gesellt sich der entsetzlich aufjagende Staub, den das Ding hervorruft. Bei regnerischem Wetter, wie jetzt, vergleiche ich das Auto* mit einem städtischen Wasserwagen. Nach rechts und links im weiten Bogen, meterweit, spritzt der Kot und Schmutz, wenn das Auto kommt. Es ist nicht übertrieben, ein jeder kann sich davon überzeugen, wie die Fassaden, die Fenster der Unterhäuser des Häuserblocks in der Nähe der stadtkölnischen Verwaltungsstelle und die Bretterabzäunungen mit Schmutz bespritzt, den das Auto verursacht, aussehen. Ein Fensteröffnen kanns in diesen Häusern wohl gar nicht geben. Die Beantwortung der Frage, wie ist hier Wandel zu schaffen, überlasse ich dem Rate der Stadtväter und den Nippeser Stadtverordneten insonderheit, die das alte Bimmelbähnchen sich haben nehmen und ein neues unerprobtes, kostspieliges Verkehrsmittel haben aufdrängen lassen, das schon mehrere Male trotz seines jungen Lebens in 'ärztliche' Behandlung hat genommen werden müssen."

Und auch die Nippeser Karnevalisten nehmen sich des reizvollen Themas an:

„Dä Omnibus.

De Pädsbahn ess futtü
Mer hööt kein Hott noch Hü,
Doför hät mer apaat
För Neppes jet gemaat:
En Auto gross un fing,
Domet mer fäht noh'm Rhing,
Zoloosche, Riehler Huus,
Met Mann un Muus.

Vör drop m'em Brell sitz dä Schofför
Un hinger drop dä Konduktör,
Dozwesche en dä gläser Kess
Vun Fahrgäss nix ze merken ess,
Dat Auto fäht erop, erav,
Kei Minsch steig op, kei Minsch steig av,
Blos ein Deil steig bei su'nem Schlöör,
Dat ess, dat ess de Stöör.

Jo su'nen Omenebus
Mäht Kölle vill Verdruss,
Un Neppes weed halv krank
Vun däm Benzingestank,
Un dann dat Defizit,
Mer rein de Krängde kritt;
Dröm nüdig och de Stadt
De Anleih hat.

All dä Benzin, et ess en Schand,
Dä wööd doch besser angewandt
För Flecke uhszemaache bon!
Vum Rock der ganze Nation;
Dann en Berlin un Afrika
versaut mer hätt uns ganz und gar.
Doch gläuven ich esu nen Dreck
Geit met Benzin nit weck.

Zom Schätzche säht der Hein,
Mer dun et hück ens fein,
Mer maache jitz, we nie,
En Aut'mobil–Partie!
It daach, dat weed ens schön,
Hä lüste zwei zo zehn.
Dann fohren se getruss
Noh'm Riehler Huus.

Doch an dä nöchste Haltestell
Wood plötzlich kniggewiess dat Bell,
Mer es et schlääch, komm flöck eruus,
Dä Düvel halt dat Rummele uus.
Dat ess de reinste Sie om Land,
Et hielt sich an der Mungk de Hand:
De Mösche frauten sich dorop,
Se frossen alles ob.

Söns fohr met einem Päd,
Met zwölf Pädskräff mer fäh't
Jitz noh der Flora hin,
Wo bliev do dä Gewenn?
Stadtrot, do bess nit schlääch
Met su'nem Uevverläg,
Wo soll dat noch
eruus Me'm Omnebus?

Vor ein Deil es probat de Kess,
Wann do ens ärge Buchping häss
Bruchs do kein Schweizerpille mih,
Dä Automöbbel hilf wie nie.
Dat Zidd're steis do hingen drop,
Dat hilf deer, wann do bess verstopp.
Do fährsch blos einmol met der Kaar
Und es ist alles da!"

Die Kölner Stadtverordnetenversammlung reagiert auf die sich einstellende Unwirtschaftlichkeit der Verbindung in den ersten Monaten des Betriebs zunächst mit dem Beschluß, die Fahrstrecke bis zum Eisenbahnübergang an der Sechzigstraße zu verlängern. Der Erfolg blieb aber auch damit aus. Das Experiment in Nippes ist gescheitert, der Kraftomnibus wird aus dem Verkehr gezogen. Erst 1925 wird wieder ein Omnibus in Köln fahren.

Links: Der erste Kinotag in Köln–Nippes.   24. 8.
Das Wochenprogramm des Biophötchen.   8. 9.

Vornehm!   Erstklassig!

Biophoto-Theater
Köln=Nippes.
Neusser Strasse 257
vis-à-vis der Nelkenstraße.

Erstes ständiges Theater lebender Photographien in idealer Vollendung.

Großartiges neues
Wochen-Programm
vom 8. September bis inkl. 14. September 1907.
☞ **Dauer über die Stunde.** ☜

I. Teil.
Aschenbrödel. Das deutsche Märchen in wunderbaren Szenen und naturgetreu vorgeführt.
     Dauer allein dieser Vorführung zirka 30 Minuten.

II. Teil.
Seelenwanderung. Sehr interessant.
Der Feuerwehrmann. Komisch.
Der Amateur-Photograph. Zum Totlachen.

III. Teil.
Hexenliebe. Dramatisch.
Der Skulpteur. Interessant.

Täglich ununterbrochen Vorstellungen
von 5 Uhr ab.
Sonn- und Feiertags von vormittags 11 Uhr ab.
Preise: III. Platz 25₰, II. Platz 45₰, I. Platz 70₰
und 5₰ Kartensteuer u. 5₰ Kartenst. u. 10₰ Kartenst.
Kinder die Hälfte.

Nachdem die Gebrüder Lumière am Montag, dem 20.4.1896, ihre Erfindung eines Cinematographen – lebende Photographie – zum ersten Mal in Köln präsentiert hatten, dauert es nur noch 11 Jahre, bis auch Nippes sein erstes Kino bekam. Am 24. August eröffnet es als erstes Lichtspielhaus der Kölner Vororte. Sein Domizil schlägt es an der Neusser Straße 257, gegenüber der Nelkenstraße, auf. Es nennt sich Biophoto–Theater, also Lebendbilder–Theater. Für die Nippeser wird es sehr bald zu ihrem *„Biophötchen"*.

In der neuen St. Josef–Kirche an der Krüthstraße findet der erste Gottesdienst statt.   8. 12.

1908

28. 4. Der Schulbetrieb im Neubau des Gymnasiums an der Blücherstraße beginnt. Bereits Ostern 1903 waren die ersten Klassen des Gymnasiums im Gebäude der Volksschule Steinberger-straße eingerichtet worden.

Der Neubau des städtischen Realgymnasiums in Köln-Nippes.

Abbildung im Kölner Stadt–Anzeiger, der zur Eröffnung des Gymnasiums eine Sonderbeilage herausgibt.

April Erstmals erschallen die Glocken von St. Josef im Sechzig–Viertel über Nippes.

Mai Die Schmuckanlage auf dem neu angelegten Königin–Luise–Platz ist fertiggestellt.

Nippes vom Turm der 1902 eingeweihten Agneskirche in der Neustadt–Nord.

23. 10. Zur Beschäftigung Arbeitsloser richtet die Stadt in Nippes „*drei Arbeitsstellen zum Zerkleinern von Basaltsteinen*" ein.

64

Zwei neue Schulgebäude werden in Benutzung genommen: das in der Turmstraße und in der Kretzerstraße. Die Schule Turmstraße, Hausnr. 7, gegenüber der St. Marien Kirche, mit dem markanten Uhrturm bietet u.a. eine Turnhalle und eine öffentliche Badeanlage.

11. 4.

Die Schule Turmstraße mit dem markanten Uhrturm. Das Gebäude am linken Bildrand, Turmstraße 5, beherbergt die Wohnung des Schuldirektors.

Die Sparkasse der Stadt Köln eröffnet ihre Zweigstelle an der Neusser Straße 216. Der Umzug erfolgt aus der Florastraße.

1. 5.

Volksversammlung im *Tivoli* zum Thema *„Errichtung einer Volks–Badeanstalt in Nippes"*. „Es waren über 300 Personen, darunter einige Frauen, erschienen. Man beschloß, die Stadtverwaltung um die alsbaldige Errichtung einer Badeanstalt nach Art des Hohenstaufenbades zu bitten und als Bauplatz das städtische Gebäude an der Auguststraße zu nutzen. Ebenso sollte eine Denkschrift erstellt werden."

25. 5.

„Von der altberühmten Nippeser Kirmes ist wenig mehr übrig geblieben. Während sich früher die Buden aller Art über die ganze Neußer Straße hinzogen, muß jetzt ein Privatgrundstück an der August– und der Steinbergerstraße diesem Zweck genügen. Dort findet die Jugend Karussells, Schaukeln, Schaubuden usw. Die verschiedenen Saalinhaber veranstalten Tanzmusik, andere Wirte Konzerte sowie Vorstellungen von Komiker–Gesellschaften. Am Dienstag dürfte, wie seit Jahren, der Familienball der Turngemeinde im Tivoli die alte Anziehungskraft ausüben."

28. 8.
–1. 9.

Das erste bei der Fa. Clouth gebaute lenkbare Luftschiff, benannt nach dem Firmeninhaber Franz Clouth.

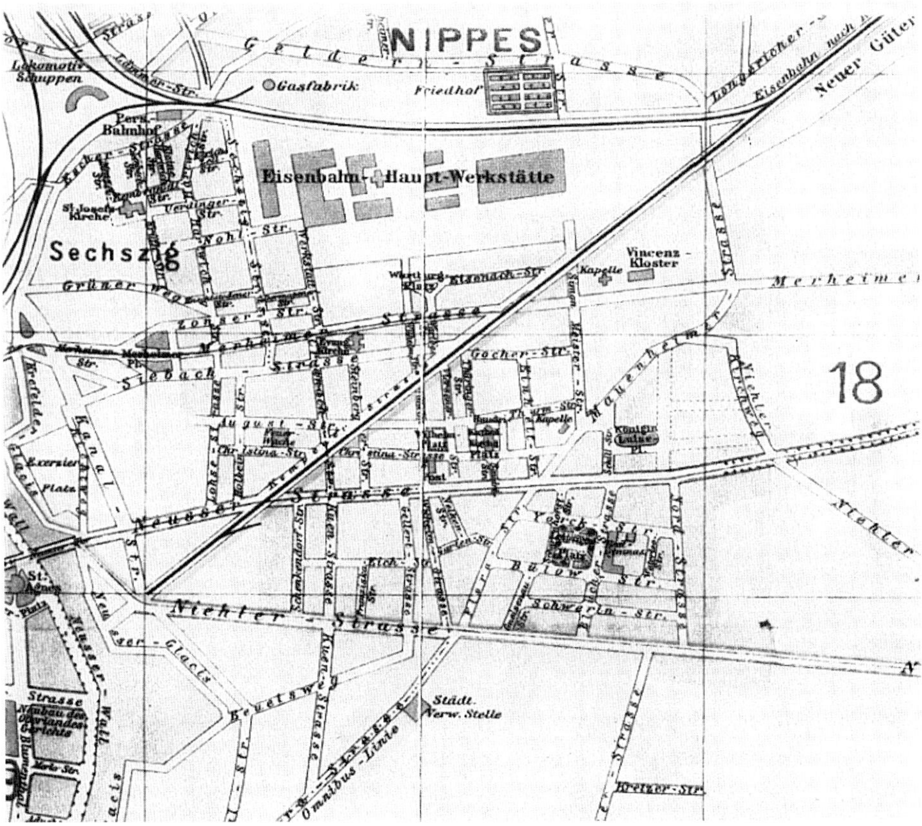

Ausschnitt aus einem Kölner Stadtplan mit der Omnibuslinie durch die Florastraße. Im Verlauf der Kempener Straße sind noch die Eisenbahngleise bis zur Niehler Straße eingezeichnet. Auch das Gleis, das auf das Gelände der Auer–Mühle führt, ist hierauf noch vorhanden. Der Mühlenbetrieb wird in diesem Jahr nach Deutz verlegt.

Die Einwohnerzahl hat seit 1905 erneut eine erhebliche Vergrößerung erfahren. Jetzt leben in Nippes 41.162 Menschen.

Im Rosenmontagszug (Motto: *„Aus aller Welt"*) fährt der Schlußwagen mit dem Motiv: *„Linie Nippes–Flora"*.

7.2.

Neusser Straße 289. Schuhmachermeister Heinrich Lindener war 1898 in dieses Haus gezogen.

„Für den Schulanfang!"Ausschnitt aus einer Zeitungsanzeige des Kaufhauses Gebrüder Bluhm, Nippes.

23.4.

Die Bemühungen der Nippeser für den Bau einer Badeanstalt bringen nicht das gewünschte Ergebnis. Die Verwaltung und die Stadtverordnetenversammlung lehnen den Nippeser Antrag unter Hinweis auf die ungünstige Finanzlage und die vorrangige Versorgung von Kalk und Ehrenfeld mit einem Bad endgültig ab.

Die Branntweinbrennerei und Wirtschaft *Kornbrenner* eröffnet an der Neusser Straße 171.

16. 4.   Schulentlassung der Abiturienten am Gymnasium Nippes.

Links: „Hurra! Geschafft!" Die Nippeser Abiturienten grüßen mit einer Ansichtskarte.

30. 4.   *Rechts: Das erste Nippeser Weinlokal hatte im Jahr zuvor eröffnet.*

6.-8.11.   Die Wahlen in der 3. Abteilung/Klasse für die Stadtverordnetenversammlung finden statt. Der Kandidat der Vereinigten Liberalen Parteien für Nippes ist Hugo Scaruppe, ein Schlosser in der Haupt–Eisenbahnwerkstätte. Er schafft den Einzug in den Stadtrat aber nicht.

16. 11.   Das *Biophoto–Theater* hat neue Räumlichkeiten bezogen, es befindet sich nun im Haus Neusser Straße 265, Ecke Viersener Straße.
Das neue Medium ruft auch Kritiker auf den Plan. In einer Zeitungsnotiz aus jener Zeit heißt es: „Die Kinematographentheater haben neuerdings nicht nur in den Großstädten, sondern auch in kleineren Orten eine solche Verbreitung gefunden, daß schon in dem hierdurch veranlaßten übermäßigen Besuche solcher Veranstaltungen, durch den die Jugend vielfach zu leichtfertigen Ausgaben und zu einem längeren Verweilen in gesundheitlich unzureichenden Räumen verleitet wird, eine schwere Gefahr für Körper

und Geist der Kinder zu befürchten ist. Vor allem aber wirken diese Lichtbildbühnen auf das sittliche Empfinden dadurch schädigend ein, daß sie unpassende und grauenvolle Szenen vorführen, die die Sinne erregen, die Fantasie ungünstig beeinflussen und deren Anblick auf das empfängliche Gemüt der Jugend ebenso vergiftend einwirkt wie die Schmutz– und Schundliteratur. Aber auch das ästhetische Empfinden der Jugend wird auf diese Weise verdorben. Die Sinne gewöhnen sich an starke, nervenerregende Eindrücke, und die Freude an ruhiger Betrachtung künstlerischer Darstellung geht verloren."

2. 12.

Hugo Schmölz (1879–1938) eröffnet mit Eugen Bayer im Haus Neusser Straße 207 ein Fotoatelier. Während Schmölz sich auf die Architekturfotografie spezialisiert, ist Bayer schwerpunktmäßig als Porträtist tätig. — Dezember

Die Volksbibliothek VIII der Stadt Köln wird in Nippes, Turmstraße 5, eröffnet.

7. 1. *Rechts: Der Quartett–Verein Köln–Nippes singt „zum Besten armer Schulkinder".*

4. 5. „Die alte Kastanienallee der Neußer Straße zwischen Nippes und Merheim stellt ihre weißen Blütenkerzen auf, und der herrliche Anblick wird manchen Spaziergänger erfreuen, wenn auch die Dolden der Trockenheit wegen heuer nicht so kräftig und vollkommen ausfallen mögen, als dies sonst der Fall ist. Ein erhöhter Bürgersteig an der Ostseite der ganzen Strecke führt vorbei an Hausgärten, in denen Obstbäume und Flieder blühen."

Das Fabrikgelände der Firma Clouth an der Niehler Straße.

70

„Meinen Freunden und Bekannten die ergebene Mitteilung, daß ich Donnerstag, den 19. 12. meine Restauration aus dem Hause Florastraße 47 nach meinem neuerbauten Hause Florastraße, Ecke Bülowstraße, verlege. Eröffnung Donnerstagabend, 6 Uhr. Hochachtungsvoll Heinrich Schnackertz."

19. 12.

In dem Jahr wird der Verein *SuS Nippes 12* (SuS steht für Sport und Spiel) unter dem Namen *SuS Preußen 12* gegründet. Ort der Veranstaltung ist die Gaststätte von Josef N. Hochholz an der Niehler Straße, Hausnummer 92, Ecke Florastraße.

In der Bücherei an der Turmstraße wird der erste Lesesaal für Kinder in Köln eingerichtet.

Die Eisenbahn–Zentralwerkstätte feiert 50 Jahre ihres Bestehens seit der vollständigen Inbetriebnahme im Jahr 1862. Der Aufbau der Werkstätte hatte 1860 begonnen.

19. 12.

31. 12.

1913

5. 1.   Der *Quartett-Verein* veranstaltet sein 44. Wohltätigkeitskonzert im Tivoli.

3. 2.   Der *Turnerkreis Köln–Nippes* beteiligt sich mit einer Fußgruppe am Kölner Rosenmontags-
          zug.

1. 7.   Eröffnung des Blücherparkes zwischen Nippes und Ehrenfeld.

28. 8.   Die Kölner Stadtverordnetenversammlung lehnt einen Neubau der Verwaltungs– und Zahl-
          stelle, Florastr. 105, ab, beschließt aber deren Umbau wegen unhaltbarer Zustände in den
          Diensträumen. Der *Bürgerverein* von Nippes hatte den Neubau eines zentraler gelegenen
          Verwaltungsgebäudes angeregt, konnte sich aber trotz Unterstützung durch den Nippeser
          Stadtverordneten Julius Wirtgen nicht durchsetzen. In der Sitzung fordert Wirtgen in sei-
          ner abschließenden Stellungnahme auf: *„Ich möchte die Verwaltung nur noch dringend*
          bitten, dort kein Definitivum einzurichten, sondern die Sache im Auge zu behalten, damit
          in nicht allzu ferner Zeit auch der große Vorortbezirk Nippes ein seinen Verhältnissen und
          seiner Bedeutung entsprechendes definitives, anständiges Gebäude für Verwaltungszwecke
          in zentraler Lage bekommt.“

30. 8.   *An der Stelle des Neubaus Neusser Str. 295 war ab 1870 die Brauerei und Restauration mit Saal von Theodor Lärsch.*
          Mitte der fünfziger Jahre des vorigen Jahrhunderts befand sich hier noch eine große landwirtschaftliche Hofanlage
          mit Gastwirtschaft und großem Pferdestall: der „Mauenheimer Hof“.

          „Em golde Kappes, so heißt die neueste, großzügig angelegte kölnische Bierwirtschaft,
          die nicht etwa in der Altstadt, sondern in Köln–Nippes am gestrigen Samstag eröffnet
          worden ist. Dieser obergärige Ausschank, der von Herrn Matthias Becker in seinem
          Neubau, Neußer Str. 295, Ecke Einheitstr., eingerichtet worden ist, ist gleichzeitig ein
          beredtes Merkzeichen der Entwicklung unserer Vororte; er steht den neuern ober-

gärigen Bierwirtschaften in Köln in keiner Weise nach. Die Holztäfelung und die schweren Tische und Stühle aus deutschem Eichenholz haben Ähnlichkeit mit denen der Glocke, wahren auch einen eigenen Stil und bestimmte Maße. Das Kassenhäuschen ist prächtig in Eichen geschnitzt. Für Lüftung ist ausreichend gesorgt, und die reiche Beleuchtung geht von großen künstlerisch gehaltenen Beleuchtungskörpern aus. Besonders hervorzuheben sind die zahlreichen Fenster, die in Bleiverglasung alte Kölner Originale und historische Kölner Persönlichkeiten in Karikatur und darunter humoristisch gehaltene Handwerker– und Trinkerwappen zeigen. An den Wänden werden Gemälde das Innere freundlich beleben; sie werden wie die Entwürfe der Fenster von Düsseldorfer Künstlern gemalt werden. Ein Vereinszimmer im Obergeschoß, das durch eine offene Treppe mit den unteren Räumen verbunden ist, soll ebenfalls künstlerisch ausgestaltet werden."

Gruppenbild mit Dampflokomotive (Baujahr 1897); aufgenommen auf dem Gelände der Eisenbahn Zentralwerkstätte Köln–Nippes. Im Jahr zuvor feierten die Werkstätten ihr 50jähriges Jubiläum.

1913

31. 8.
-2. 9.

Sonntag, d. 31. Aug., Montag, d. 1. u Dienstag, d. 2. Sept.

Auf zur Nippeser Kirmes!

Der Nippeser Kirmesplatz befindet sich jetzt Neußer
Straße, Anfang Nippes, auf der Auerwiese, gegenüber
der Hohlbein- und Kempener Straße.

Jubel, Trubel, Frohsinn.

Täglich Aufstieg des Fesselballons Neptun.
Unter anderm:
Hamachers Original Kölner Hänneschen-Theater.
Schmidts Amerikanische Prachtschaukel.
Fischers Pferdekarussell à la Hippodrom.
Rosenzweigs Japanisches Ringwerfen.
Dorfs Radbude, Engeis Galanterie-Geschäft.
Weidauers Dampfkarussell mit feenhafter Beleuchtung.
Milckers Tierschau: Original-Dressur von Papageien
sowie Olympische Spiele.
Grudens Waffelbäckerei mit elektrischem Betrieb.
Lustiges Preisschießen von Gunkens usw.
Sowie verschiedene Zucker- und Kuchenbuden.
Es laden zu zahlreichem Besuch ganz ergebenst ein
Die Unternehmer.

Die Auerwiese ist ein Teil des seit 1909 aufgelassenen Geländes der Auer–Mühle.

Die Zähne des Menschen, ihre Erkrankungen und deren Bekämpfung · Von

G. Kurz, Dentist

in Deutschland geprüft nach § 133 d. D.R.G.O.
Cöln-Nippes, Neußer Str. 234 I.Etg.
(Eingang Gellertstraße).
Fernsprecher B 1792.

Meinen Patienten gewidmet!

Sprechzeiten von 9—1, 3—6 Uhr
Sonntags von 10—1 Uhr.

Unter dem Titel „Die Zähne des Menschen" bringt der Nippeser Zahnarzt Georg Kurz ein umfassendes Werk über Zahnaufbau, Zahnhygiene und Zahnerkrankungen heraus.

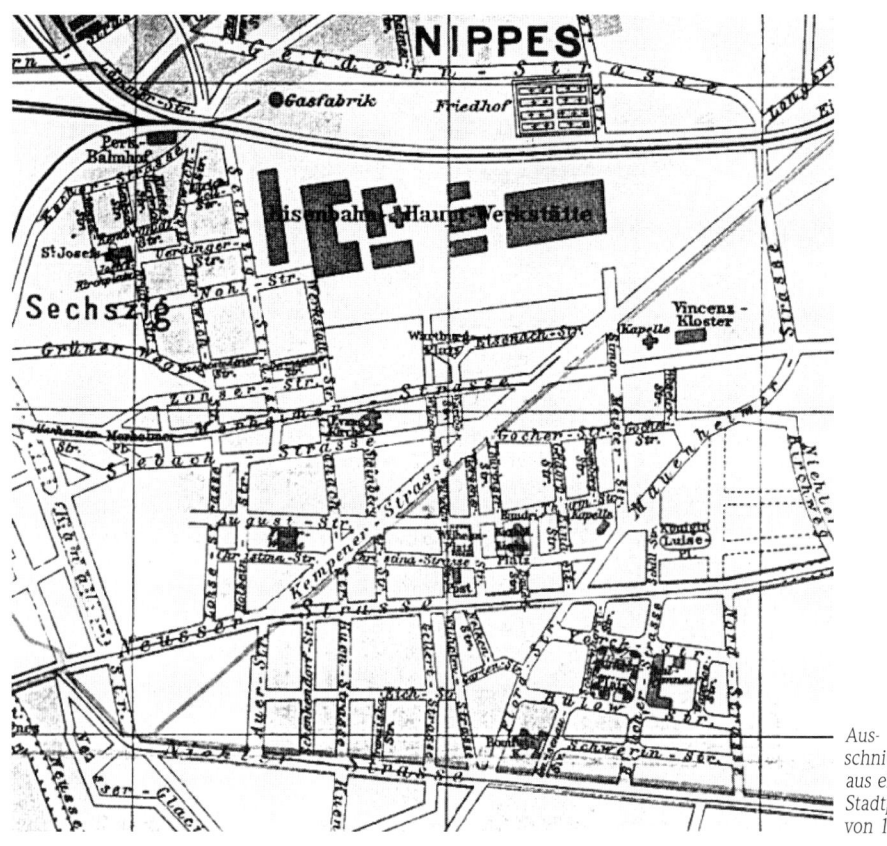

Aus-schnitt aus einem Stadtplan von 1914.

„Ein Karnevalszug in Nippes. Den Bemühungen des Präsidenten der Großen Nippeser Karnevals–Gesellschaft, Wilhelm Paffrath, ist es gelungen, für Nippes einen Karnevalszug zu sichern. Eine Anzahl ansässiger Vereine hat ihre Mitwirkung durch Stellen von 9 Festwagen und Gruppen zugesagt. Die Figur des Prinzen Karneval wird Fuhrunternehmer Hilarius Fischer darstellen. Nach den vom Komitee getroffenen Vorbereitungen scheint der Zug recht gediegen zu werden. Die Aufstellung erfolgt am Karnevalsdienstag, nachmittags 2 Uhr, auf dem Wilhelmplatz."   24. 2.

„Aschermittwoch, Fischessen in der Restauration *zur Post,* Neusser Straße."   25. 2.

Der *Kaninchenzuchtverein Köln–Nippes* beschließt in seiner letzten Sitzung die Abhaltung eines Pelznähkurses.   13. 3.

Einweihung der neuen katholischen Pfarrkirche St. Bonifatius an der Gneisenaustraße.   19. 3.

1914

Nippes während des 1. Weltkrieges (1914–1918)

Mit der Ausrufung der deutschen Mobilmachung am 1.8.1914 beginnt der 1. Weltkrieg. Ausgelöst durch die Schüsse von serbischen Nationalisten in Sarajewo am 28.6.1914 auf den österreichischen Thronfolger Erzherzog Franz Ferdinand beteiligen sich bald zahlreiche Nationen an den kriegerischen Auseinandersetzungen: hier Österreich–Ungarn, Deutschland, Türkei, dort Serbien, Rußland, Frankreich, Großbritannien, Belgien, Italien und die USA.

Es gibt kaum eine Familie, die nicht ein Mitglied aus ihren Reihen in den Krieg verabschieden muß. Wehrfähige werden sehr bald eingezogen. Viele melden sich freiwillig, um für das Vaterland und für den Kaiser zu kämpfen und, wenn es denn sein mußte, zu sterben. Mit nationalistischem Überschwang und in voller Gewißheit des Sieges verlassen Männer ihre Arbeitsplätze in Büros, Fabriken, Schulen und Verwaltungen, Frauen bangen um ihre Ehegatten und Söhne. Bald sind auch die ersten Opfer zu beklagen. Die Tageszeitungen füllen sich mit Todesanzeigen, Krankenhäuser mit Verwundeten, Lager mit Kriegsgefangenen. Öffentliche Gebäude, wie z.B. Schulen, müssen der Aufnahme der Kriegsverletzten dienen, private Räumlichkeiten und Säle werden beschlagnahmt. Je länger der Krieg dauert, desto größer werden die Ausgaben, das Geld wird knapp, die Preise steigen. Lebensmittel werden rationiert. Armut und Elend breiten sich rasch aus. Das gesellige Leben in den Nippeser Vereinen erlahmt zunehmend. Der Kirmes am letzten August–Wochenende kommt der Kriegsbeginn am 1.8.1914 zuvor. In den Kriegsjahren findet sie nicht mehr statt. Trotz alledem versuchen die Menschen das tägliche Leben so normal wie möglich zu bewältigen.

Zwar finden im westdeutschen Raum keine Kampfhandlungen statt, dennoch kommt es in Köln bei einigen Luftangriffen 1917 und im März und Mai des Jahres 1918 durch englische Bomber zu Schäden an Gebäuden; Verletzte und Tote sind zu beklagen. Nippes bleibt von Bombenabwürfen verschont.

Vier Jahre dauert der Krieg. Am 11.11.1918 gelangt der Funkspruch des Marschalls Foch an die Oberkommandierenden. Sein Text: *„Die Feindseligkeiten werden an der ganzen Front am 11.11., 11 Uhr französischer Zeit eingestellt werden."* Der Wahnsinn mit über 10 Millionen Toten endet mit der Kapitulation Deutschlands. Kaiser Wilhelm II. dankt ab. Die Monarchie ist am Ende. Arbeiter– und Soldatenräte hatten zuvor im gesamten deutschen Reich die Macht übernommen. Im Dezember beginnen britische Truppen mit der Besetzung Kölns.

Im Gymnasium Nippes sind 3 Schulräume, der Schulhof und 3 große Kellerräume von den Militärs in Nutzung genommen.

3. 8.

11. 8.

Die Ansichts-
karte mit dem
Wilhelmplatz
und der Post ist
auf der Rück-
seite bereits als
portofreie Feld-
post ausgewie-
sen. Erworben
wurde sie im
Kaufhaus Ella
Berlin; darauf
läßt der Stempel
mit dem
Namenszug
schließen.

Die Königliche Eisenbahn–Hauptwerkstätte Köln–Nippes liegt im Aufmarschgebiet. Von hier aus starten in den nächsten 4 Jahren zahlreiche Transportzüge mit Soldaten und Gerät in Richtung Front. Wer von den Arbeitern an die Kriegsschauplätze muß, wird durch Frauen und Kriegsgefangene ersetzt.

Der *Nippeser Männergesang–Verein* gibt ein Konzert für die verwundeten Soldaten im *Vinzenz–Hospital*.

25. 10.

Der *Verein für Volksbildung* bietet anläßlich seiner Hauptversammlung den Vortrag *Krieg und Kultur* vom Vorstandmitglied Prof. *R. Schmitz*. Vermittelt wird u. a.: „Mit rastlosem Bemühen hat unser Kaiser sich bemüht, uns die Segnungen des Friedens zu erhalten; allein die Ränke der Einkreisungsmächte haben uns keine Wahl gelassen. Krieg ist auch ein Kulturbringer. Wie ein Mann steht das Volk von fast 70 Millionen Köpfen da. Europas Schicksal liegt in unserer Hand. Dem Weltkriege wird ein Weltfriede folgen. Dann wird deutsche Kultur vom Zentrum unseres Erdteils ihre Strahlen über die ganze Erde verbreiten. Mit dem Wunsche, daß der dauernde Friede bald errungen werde, schloß Redner seinen in jeder Beziehung bedeutenden Vortrag."

10. 12.

Der *Tivolisaal* an der Neusser Straße 216 wird von der Heeresleitung in Benutzung genommen. Für die nächsten Jahre finden hier keine Veranstaltungen mehr statt.

1915

1.2. In der Turnhalle des Gymnasiums Nippes werden 150 Soldaten einquartiert.

Februar Der *Quartett–Verein* verliert sein Vereinslokal. Die Restauration *Zur Krone*, Neusser Straße 254, muß geräumt werden und wird für militärische Zwecke belegt. Nachdem ungefähr 80% der Sänger in den Krieg gezogen sind, muß der Verein seine Aktivitäten bis auf weiteres einstellen.

22.3. Brotbücher werden eingeführt. Brot und Getreide müssen rationiert werden.

Rechts: Die Ausgabestellen der Brotbücher befinden sich in den Nippeser Schulen.

1.9. *Die Stadt Köln unterhält auch in Nippes eine Lebensmittelverkaufsstelle.*

Städtische Lebensmittelverkäufe.

Folgende Kleinverkaufsstellen werden vom 1. September an

verlegt:

von Tempelstraße 41 nach

Karlstraße 54 in Cöln-Deutz;

von Alexianerstraße 50 nach

Kl. Griechenmarkt 13;

von Dürener Straße 112 nach

Dürener Str. 258 in Lindenthal.

Wegen des Umzugs bleiben genannte Stellen

am 31. August nachmittags geschlossen.

Weitere Kleinverkaufsstellen werden am

1. September eröffnet

in Cöln=Kalk, Taunusstraße 8
Cöln=Klettenberg, Luxemburgerstr. 264A
Cöln=Mülheim, Bachstraße 55
Cöln=Ehrenfeld, Dechenstraße 1
Cöln=Nippes, Neußer Straße 340.

Cöln, den 30. August 1915.

Der Oberbürgermeister.
I. V.: A d e n a u e r.

Nippes.

61. Schule Auguststraße 1.

Auerstraße, Auguststraße 1–31, 2–54, Cranachstraße, Christinastraße 1–43, 2–58, Holbeinstraße, Kempener Straße 1–63, 2–58, Looßestraße, Merheimer Platz, Merheimer Straße 91–119, 10–122, Neußer Straße 171–241, Richweg, Sechzigstraße 1–11, 2–6, Siebachstraße 1–95, 2–84, Steinbergerstraße, Wilhelmplatz, Wilhelmstraße 49–85, 52–Ende.

62. Schule Gellertstraße 4–6.

Beuelsweg, Eichstraße, Florastraße 77–Ende, 88–Ende, Franziskastraße, Gartenstraße, Gellertstraße, Kuenstraße, Neltenstraße, Riehler Straße 1–83, 2–86, Neußer Straße 182–288, Schenkendorfstraße, Wilhelmstraße 7–30, 2–50, Xantener Straße.

63. Schule Hartwichstraße 97.

Dormagener Straße, Hartwichstraße 1–91, 2–78, Josefkirchplatz, Anedissener Straße, Krühstraße, Merheimer Straße 1–89 und 4–90, Rovelstraße, Sechzigstraße 13–95, 8–52, Urdinger Straße, Werkstattstraße, Zonler Straße.

64. Schule Kreßerstraße 101.

Blücherstraße 15–17, 12–14, Bülowstraße, Florastraße 1–75, 2–86, Franz-Clouth-Straße, Gneisenaustraße, Kreßerstraße, Leipziger Platz 3–13, Riehler Straße 85–311, 92–276, Nordstraße, Schwerinstraße, Waterloostraße.

65. Schule Ossendorfer Straße 13.

Geldernstraße, Eicher Straße, Hartwichstraße 93–Ende und 80–108, Kl. Hartwichstraße, Dämmerstraße, Lenbachstraße, Lichtlstraße 211–Ende und 120–Ende, Menzelstraße, Nievenheimer Straße, Ossendorfer Straße, Rembrandtstraße, Schlierenburger Weg, Sechzigstraße 97–Ende und 52–Ende, Ulrich-Zell-Straße.

66. Schule Simon-Meister-Straße 8.

Bergstraße, Bildstöckchen, Blücherstraße 5–13 und 2–10, Eisenachstraße, Gocher Straße, Kempener Straße 117–127, Königin-Luise-Platz, Longericher Straße, Mauenheimer Straße, Merheimer Straße 195–355 und 194–440, Riehler Kirchweg, Neußer Straße 283–467 und 290–470, Simon-Meister-Straße, Scharnhorststraße, Schillstraße, Wartburgplatz, Yorkstraße.

67. Schule Turmstraße 5,9.

Auguststraße 33–51 und 56–Ende, Baudriplatz, Baudristraße, Christinastraße 45–55 und 68–96, Einheitstraße, Gelborpstraße, Hogenbergstraße, Kempener Straße 65–117 und 38–78, Merheimer Straße 121–181 und 124–180, Neußer Straße 249–281, Siebachstraße 97–131 und 88–106, Thüringer Straße, Turmstraße, Viersener Straße, Wartburgstraße.

10.12. Generalversammlung des *Vereins für Volksbildung*. Die Zahl der Mitglieder beträgt 372.

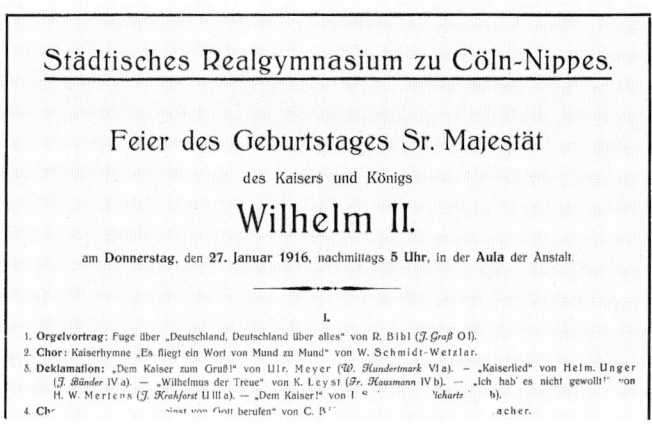

„Am 27.1., dem Geburtstag des Kaisers, werden die Postschalter in Köln und seinen Vororten (ausgenommen Köln–Longerich und Köln–Merheim linksrh.) von 8–9 Uhr vorm., 11–1 Uhr vorm. und 5.30–7 Uhr nachmittags geöffnet sein. Die Briefzustellung findet nur 2x (vorm.), die Geld– und Paketzustellung einmal (vorm.) statt."

Der *Verein für Volksbildung Köln–Nippes* veranstaltet einen Volksunterhaltungsabend im Großen Gürzenichsaale unter dem Thema *Das deutsche Vaterland*. Zum Vortrag kommen u.a. Kriegslieder aus alter und neuer Zeit und Soldatenmarschlieder.

Die Zweigstelle der *Sparkasse der Stadt Köln* zieht aus dem Haus Neusser Straße 216 in das Haus Neusser Straße 204, Ecke Kuenstraße.

Die vier Glocken der Kirche St. Josef werden abgehangen und zur Einschmelzung abtransportiert. Aus ihnen entsteht Kriegsgerät.

„Verordnung zur Sicherstellung der Milchversorgung der Kinder bis zu 14 Jahren, der hoffenden und stillenden Frauen und der Kranken. Aufgrund der Bekanntmachung des Präsidenten des Kriegsernährungsamtes über die Bewirtschaftung von Milch und den Verkehr mit Milch vom 3. Oktober 1916 wird für den Bezirk des Stadtkreises Cöln bestimmt:
§ 1 Vollmilch darf nur an Versorgungsberechtigte und an Vorzugsberechtigte, und zwar nur gegen Milchmarken abgegeben werden. Die Abgabe von Vollmilch an andere Personen sowie die Abgabe an die Berechtigten ohne Milchmarken ist verboten. ...
§ 17 Zuwiderhandlungen gegen diese Verordnung werden mit Gefängnis bis zu 1 Jahr oder mit Geldstrafe bis zu 10.000 Mark bestraft."

„Die Verkaufsstellen für städtische Säuglingsmilch in Nippes befinden sich: Merheimer Straße 217, St. Vinzenzhaus, und Eingang Niehler–, Ecke Xantenerstrasse 156/158, Land– und Seekabelwerke."

Nippes.

Auguststrasse 50	Peter Schäfer
Christinastrasse 56	Wwe. Bierckoven
Cranachstrasse 48	Anna Bouss
Einheitstrasse 1?	Christian Wirtz
Einheitstrasse 25	?g. Sartory
Escherstrasse. 121	?s. Pütz
Florastrasse 13	Frau W. Schneider
Florastrasse 37	Cornel. Pick
Florastrasse 51	Frau Jak. Müller
Florastrasse 77	H. Jos. Kaiser
Gartenstrasse 25	Wwe. Jos. Hilgers
Gocherstrasse 25	Wilh. Kippes
Hartwichstrasse 4	Frau Math. Neu
Hartwigstrasse 22	Jul. Glaubitz
Hartwichstrasse 85	Georg Wüst
Hartwichstrasse 101	Alex Fritz
Holbeinstrasse 16	Aug. Scharmendka
Holbeinstrasse 61	Herm. Kippes
Kempenerstrasse 93	Frau Herold
Kempenerstrasse 105	Maria Kohl
Kirchplatz Jos. 9	Hch. Hütten
Königin Luisenplatz 2	Anton Schlagbaum
Kuenstrasse 1	W. Lehmann
Merheimerstrasse 84	Peter Müller
Merheimerstrasse 124	Hch. Fortmann
Merheimerstrasse 166	Job. Fuchs
Neusserstrasse 195	Frau Jos. Fritzen
Neusserstrasse 347	Frau Jos. Wiehl
Niehlerstrasse 25	Frau Klünter
Niehlerstrasse 125	Frau Müller
Schenkendorfstrasse 20	Frau Frenger
Sechzigstrasse 6	Anton Michel
Siebachstrasse 88	Wilh. Schmitz
Sim. Meisterstrasse 42	Nikl. Kohl
Wilhelmstrasse 42	Kaspar Wirt
Zonserstrasse 38	Jak. Hendrichs
Zonserstrasse 61	Hubert Kürten

Die Verkaufsstellen für Vollmilch in Nippes, veröffentlicht am 4.12.

8. 12. „Eine öffentliche Versammlung, veranstaltet vom Volksverein für das katholische Deutschland und dem katholischen Arbeiter–Verein fand am Freitagabend in Nippes statt. Der Redner, Dr. Carl Sonnenschein, führte einleitend aus, zu den Toten des Krieges draußen müsse hier in der Heimat das Beispiel und die Ermunterung treten, getragen von ernstem Christenglauben und wahrer Vaterlandsliebe. Niemand könne erwarten, daß solch ein Krieg, bei dem es sich um eine Wendung der Weltgeschichte handle, schnell erledigt sei. In dieser Situation, wo es sich um Sein oder Nichtsein für Deutschland handle, müsse Deutschland, das in den letzten Jahrzehnten so stark und konkurrenzfähig auf dem Weltmarkt geworden sei, alles daran setzen, sich gegen den vereinten Gegner zu behaupten. Die Aufgabe der zuhause Gebliebenen sei es, die Stimmung im Schützengraben nicht zu schädigen durch Klagelieder über die Nöte und Kleinlichkeiten des Lebens. Der Gegensatz zwischen Stadt und Land müsse zurückgestellt werden. Wie der Gedanke der Gemeinsamkeit an der Front alle beherrsche, so müsse es auch in der Heimat sein. Reicher Beifall dankte dem von seiner früheren Tätigkeit her hier noch in bestem Ansehen stehenden Redner." *Carl Sonnenschein* war in den Jahren 1903/04 als Kaplan an St. Marien tätig.

Nippes.

Freitag, 8. Dez., abends Punkt 8 Uhr, in der Aula des Realgymnasiums am Leipzigerplatz

große öffentliche

Versammlung

Redner: Hr. Dr. C. Sonnenschein (M.-Gladbach): Auf der Höhe des Weltkrieges. Ausblicke und Einblicke.

Unter freundl. Mitwirkung von Konzertsängerin Frau Anna Braun (Sopran) Frl. Magd. Jansen (Deklamation) u. Frl. Hedwig Lange (Klavier). ☞ Damen und Herren sind herzlich eingeladen. ☜

☞ **Eintritt frei.** ☜

Volksverein für das Katholischer Arbeiter-ka. hol. Deutschland. Verein.

Links: „Kommen! Sehen! Staunen!" - Das Biophoto-Theater sorgt auch in den Kriegsjahren für Zerstreuung.   10. 3.

St. Josef wird zur Pfarre erhoben.   1. 4.

Die beiden größeren der drei Glocken der Evangelischen Kirche werden abgehangen, eingeschmolzen und zu *„Kriegsgeschütz und Kriegsgeschoß"* umgewandelt.   24. 6.

Fritz Böhle, der Vater von *Lis Böhle*, stirbt nach kurzem Krankenlager im Vinzenz–Hospital an der Merheimer Straße. Fast 47 Jahre gehörte er dem Zentralbüro der Königlichen Eisenbahndirektion an und fast 36 Jahre wirkte er im Vorstand des *Vereins für Volksbildung Köln–Nippes*.   30. 8.

Der Glaskaufmann *Gottfried Doergens* eröffnet in dem von ihm erworbenen Eckhaus Neusser Straße 184, Ecke Auerstraße, einen Glashandel und eine Glaserei.

Oben:
Kriegsversehrte im Vinzenz–Hospital beim Schachspiel. Besonders in den beiden letzten Kriegsjahren verzeichnete das Krankenhaus (links) einen starken Zuwachs an Verletzten. Die Bettenzahl wurde auf 340 erhöht.

In diesem Winter 1917/1918 muß die Schule Ossendorfer Straße, wie bereits in dem vergangenen Winter 1916/17, wegen Kohlenmangels den Unterrichtsbetrieb einstellen. Die Schülerinnen und Schüler weichen auf die Schule Auguststraße aus.

6. 1.   Aus einem Lebensmittellager in Köln–Nippes werden 2.000 kg Leberwurst gestohlen. Auf die Ergreifung der Täter setzt die Stadt 3.000 Mark Belohnung aus.

8. 3.   *„Friede im Osten."* Unter diesem Thema lassen Berufsverbände, Vereine und Gewerkschaften im Gürzenich und in zahlreichen Stadtteilen Massen–Versammlungen stattfinden. In Nippes trifft man sich in der Aula des Gymnasiums, nachmittags 7 1/2 Uhr.

3. 5.   „Arbeiterinnen für Drehbank und Pressen, sowie für die Kontrolle sofort gesucht, Land– und Seekabelwerke AG Köln–Nippes."

19.–
20. 10.   „Auf nach Köln–Nippes! Erste große allgemeine Kaninchen–Ausstellung (Rheinlandschau) Sa., den 19., und So, den 20.10. 1918 in den Sälen der Restauration *Zum Freischütz,* Holbeinstr. 35–37, Ecke Auguststr., Straßenbahnlinie 9, 10, 10A, 11 u. 15, Eintritt 50 Pfg., Kinder und Militär 30 Pfg., Gratisverlosung von Kaninchen."

26. 10.   Der *Kaninchen–Verein Feinzucht Köln–Nippes* veranstaltet im Vereinslokal *Potsdamer Hof,* Steinberger Str. 16, einen Vortragsabend. Der Redner spricht über das Thema: *Werbung der deutschen Kaninchenzucht und deren wirtschaftliche Bedeutung.*

Das Kaiserliche Postamt an der Wilhelmstraße 58/60.

Einer der letzten Toten des 1. Weltkrieges aus Nippes: Peter Persy, 19 1/2 Jahre, Wilhelmstraße 73.
130 Schüler und ehemalige Schüler des Gymnasiums Nippes, die ab 1910 die Schule verlassen hatten, waren auf den Schlachtfeldern des Krieges geblieben, davon allein 44, die von der Schule aus ins Heer eintreten mußten.

Ende des 1. Weltkrieges.

Die *Evangelische Gemeinde Köln–Nippes* beklagt aus ihren Reihen 420 Tote und 18 Vermißte. 42 Mitarbeiter der Eisenbahn–Zentralwerkstätte kehren nicht mehr an ihren Arbeitsplatz zurück. Aus dem gesamten Bezirk Nippes lassen bis zum Kriegsende 1.407 deutsche Militärpersonen ihr Leben auf den Schlachtfeldern des 1. Weltkrieges.

Nippes während der Weimarer Republik (1919–1933)

Als Folge des 1. Weltkrieges besetzen die Alliierten Deutschland. Im Dezember 1918 marschieren die ersten britischen Truppen in Köln ein. Sie sollen im Rheinland die Oberhoheit über die örtliche Verwaltung ausüben. Sie werden bis 1926 bleiben. Die Arbeiter- und Soldatenräte werden von ihnen nicht anerkannt, sie beschlagnahmen öffentliche Gebäude und persönliche Gebrauchsgegenstände, sie erlassen nächtliche Ausgangssperren und schränken die Presse- und Versammlungsfreiheit ein.

Am 28.6.1919 wird der Vertrag von Versailles unterzeichnet. Für Köln bedeutet dies das Ende der Geschichte als Festungsstadt. Festungsanlagen und Rayongürtel haben ausgedient, sie werden geschleift bzw. einer Bebauung zugeführt.

Wirtschaftliche Expansion und die vor dem 1. Weltkrieg zu verzeichnende äußerst rege Bautätigkeit in Nippes sind zunächst einmal vorbei. Nur mühsam geht es langsam wieder bergauf. Aber Reparationszahlungen, Inflation (1923/24), steigende Arbeitslosigkeit, Wohnungsnot, Weltwirtschaftskrise (1929), politische Destabilisierung und eine zunehmende Radikalisierung der rechten und linken Parteien sind die Kehrseite der sogenannten *Goldenen Zwanziger Jahre* mit ihren Tanzbars und Jazz-Bands.

Das parlamentarisch-demokratische System wird eingeführt. Das von der Sozialdemokratie lange geforderte allgemeine und gleiche Wahlrecht ist endlich Wirklichkeit geworden. Frauen bekommen zum erstenmal Stimmrecht und das Wahlalter wird auf 20 Jahre gesenkt. Bei der am 5.10.1919 stattfindenden Wahl zur Stadtverordnetenversammlung mit 114 Sitzen geht das Zentrum als stärkste Fraktion hervor (49 Sitze), die Sozialdemokratie unter Wilhelm Sollmann erringt 43 Sitze. Die Unabhängigen Sozialdemokraten und die Deutschen Demokraten erhalten je 7 Sitze, die Deutsche Volkspartei 6 und die Deutschnationale Volkspartei 2 Mandate. Das Kölner Stadtparlament zeigt nun eine üppige Parteienlandschaft. Konrad Adenauer ist seit dem 18.9.1917 Oberbürgermeister der Stadt Köln.

„Cöfiv–Film–Gesellschaft, Gebr. Knepper, Simon–Meister–Straße 21. Die Eröffnung der Schauspielschule steht bevor. Folgende Fächer werden unterrichtet: Mimik und Gebärdensprache, Sprachtechnik, Lyrik, ästhetische Bildung des menschlichen Körpers, Rollenstudium, Tennis, Reiten und Fechten. Beginn des Unterrichts ist am 10.1,. Anmeldungen bitte jetzt einreichen. Desweiteren suchen wir etliche Damen und Herren für unsere Komparserie."

2. 1.

Aus Anlaß der ersten Wahl zur verfassungsgebenden Deutschen Nationalversammlung lädt die Deutsche Demokratische Partei, Ortsgruppe Nippes, zu einer öffentlichen Wählerversammlung ein. Ort der Veranstaltung ist der *Thüringer Hof* an der Kempener Straße, Ecke Thüringer Straße.

17. 1.

„Film–Aufnahme!!! Wer vermietet vertraglich für 3 Monate die Möbel zu einem Herrenzimmer und Salon zum Zwecke von Filmaufnahmen. Nur schriftliche Angebote mit Preisangabe der monatlichen Miete an: Film–Gesellschaft Gebrüder Knepper, Köln–Nippes, Simon–Meister–Str. 21."

22. 2.

Die Schule Ossendorfer Straße wird von der Militärregierung beschlagnahmt. Sie dient für die nächsten 3 Jahre schottischen Soldaten als Quartier. Die Schule Hartwichstraße übernimmt den Schulbetrieb.

2. 4.

Die Köln–Nippeser Bau– und Spargenossenschaft hält ihre Generalversammlung im Saal des St. Joseph–Stiftes ab.

29. 5.

Die *Vereinigung der Angehörigen deutscher Kriegsgefangene Köln–Nippes* hält ihre Monatsversammlung in der Aula des Gymnasiums Köln–Nippes ab. „Die Monatsversammlung fand bei regem Besuch statt. Einen besonderen Genuß boten den Besuchern das Konzert der Orchester–Gesellschaft Concordia und die Chöre des MGV Harmonie. Frl. Ellen Wolf weckte die Mitglieder aus ihrer Depression durch sehr schöne Rezitationen. Ein Vortrag von Dr. jur. Lack fesselte die Angehörigen von Kriegsgefangenen in herzergreifender Weise."

10. 8.

Bei den ersten Wahlen zur Kölner Stadtverordnetenversammlung nach dem Krieg gehen auch die Nippeser an die Wahlurnen.

5. 10.

Nippes hat 46.288 Einwohner, davon sind 22.269 männlich, weiblich 24.o19. Im Stadtbezirk Nippes mit den Orten Nippes, Riehl, Niehl, Merheim lrh., Longerich und Volkhoven wohnen 61.040 Menschen.

8. 10.

12. 10.   Jubelfeier des *Quartett–Vereins* aus Anlaß seines 50jährigen Bestehens im großen Saal des Gürzenich. Eine Festschrift erscheint.

Am 5.10.1919 hatte bereits ein feierliches Hochamt in der Pfarrkirche St. Marien stattgefunden, beim Festakt am Sonntag, 12.10.1919, im großen Saal des Gürzenich bieten die vereinigten Gesangvereine aus Köln-Nippes (*Männergesangverein*, *Liedertafel*, *Liederkranz* und die *Gesangabteilung der Lokomotivführer*) einen Chorvortrag. Ehrenpräsident des Vereins ist der Kammersänger Carl Rost, Yorckstr. 8.

J. Christoph Schilberz, 1. Vorsitzender des Quartett–Vereins Köln–Nippes. Foto: Atelier Willy Weinbach, Neusser Straße 215.

Die Gemeinnützige Siedlungsgenossenschaft Köln–Nippes e.G.m.b.H. veranlaßt den ersten Spatenstich für die Errichtung einer Kleinwohnungssiedlung im Nordwesten von Nippes am Kölner Nordfriedhof.

Der *Tivolisaal* an der Neusser Straße 216 wird von den englischen Besatzungstruppen beschlagnahmt.

Der Ingenieur Gustav Kretzer eröffnet an der Neusser Straße 419 ein Büro. Er bietet die Planung und Ausführung elektrischer und maschineller Anlagen in der Energiewirtschaft und Industrie, für das Gewerbe, für Behörden und Private an.

Die Säuglings–Fürsorgestelle 9 der Stadt Köln in der Volksschule Turmstraße 5–9 berät in dem Jahr 1.535 Familien.

Die Nippeser Feuerwehr hat 1919 insgesamt 86 Brände zu bekämpfen.

Die Volksbibliothek VIII der Stadt Köln, Turmstraße 5, hat 7.018 Bände im Bestand und in diesem Jahr 36.766 Ausleihungen an 295 Betriebstagen zu verzeichnen. In der Lesehalle stehen 715 Bände und 49 Zeitschriften zur Verfügung. An 331 Betriebstagen finden sich 3.429 Besucher ein.

„Der vom Katholischen Beamtenverein Köln–Nippes mit so großem Erfolge während der letzten Monate veranstalteten apologetische Kursus findet morgen seine Fortsetzung in einem besonders heiß umstrittenen Thema: Was wird aus dem Menschen nach dem Tode? Wie die bisherigen Abende gezeigt haben, schließt sich an das Referat jedesmal eine lebhafte Diskussion an, in der jeder, ob gläubig oder ungläubig, seine Zweifel und Einwendungen vorbringen kann. Der Eintritt ist frei."

14. 1.

Der einzige Tagesordnungspunkt einer öffentlichen Versammlung der Deutschen Volkspartei im *Restaurant Fischer*, Neusser Str. 264, lautet: *Waren die Sozialdemokratie und ihre Gewerkschaften ein Segen für die deutsche Arbeiterschaft?*

25. 2.

Die deutschen Eisenbahnlinien werden in der Deutschen Reichsbahn zusammengefaßt. Die Eisenbahnwerkstätte ist jetzt das Reichsbahn–Ausbesserungswerk Köln–Nippes.

1. 4.

„Für das Schulkino. Im Anschluß an einen Vortrag des Lehrers Müller über das Schulkino nahm die Ortsgruppe Nippes des Bundes der freien Schule folgende Entschließung an, die der städtischen Schulverwaltung unterbreitet wurde: Der Bund der freien Schule, Ortsgruppe Nippes, überzeugt von dem hohen Wert des Films in unterrichtlicher, erzieherischer, volkswirtschaftlicher und staatsbürgerlicher Hinsicht, bittet die städtische Schulverwaltung, baldigst der Frage der Errichtung von Lehrkinos näherzutreten. Er ist der Ansicht, daß für jede große Schule ein Lehrkino notwendig und möglich sei."

23. 7.

Anzeige aus einer Kölner Tageszeitung.

27. 7.

Die neuen Glocken der Evangelischen Kirche an der Merheimer Straße werden eingeweiht.

22. 12.

Die Evangelische Gemeinde erwirbt das Haus Yorckstr. 12. Es wird zum Gemeindehaus mit Gemeindebüro und Küsterwohnung. Auch stehen hier Räume für Kinder und Jugendliche, Frauenvereine sowie dem Kirchenchor zur Verfügung.

Dezember

Mai	Peter Rösen, Mitglied im *Radfahrer Club Othello 09 Köln–Nippes,* gewinnt das Rennen vom Rhein zur Mosel.

Peter Rösen gehört in den 20er Jahren zu den erfolgreichsten deutschen Amateur–Radrennfahrern. Immer dann, wenn er siegreich von einem Rennen nach Nippes zurückkehrt, bereiten ihm die Nippeser einen herzlichen Empfang. Mit einem Fackelzug geleiten sie ihn dann zu seinem Wohnhaus, Merheimer Str. 98, gegenüber der Einmündung der Werkstattstraße. Hier führt sein Vater, Reimbold (Fritz) Rösen, die bekannte Wirtschaft *Zum Drachenfels.*

Mit dem Radsporthaus Peter Rösen, St. Agatha 8, macht sich Peter Rösen selbständig.

Der erfolgreiche Peter Rösen stellt sich dem Fotografen.

Mai	Die Vinzentinerinnen feiern das 50jährige Jubiläum des Mutterhauses.
18.7.	Im Saal der Restauration *Zur Post* tagt eine außerordentliche Hauptversammlung des *Volksbildungsvereins Nippes.* Einziger Tagesordnungspunkt: Umbenennung und Verlegung des Sitzes. Einstimmig sprechen sich die Mitglieder für die Verlegung von Köln–Nippes nach Köln und ebenso für die Umbenennung in *Kölner Verein für Volksbildung e.V.* aus. Das Vereinslokal befindet sich von nun an im Gebäude der Lesegesellschaft in der Langgasse.

Die 1. Fußballmannschaft von Nippes 12 auf ihrem Platz an den Riehler Schießständen.

Die bereits 1919 begonnenen Arbeiten zur Hochlegung der Personenzugstrecke Köln Hbf nach Neuss werden in diesem Jahr bis zum Bahnhof Köln–Longerich abgeschlossen.

Auf der Generalversammlung der Gemeinnützigen Siedlungsgenossenschaft Köln–Nippes stimmen die Siedler über den Namen ihres neuen Wohnplatzes ab. Die neue Siedlung im Nordwesten von Nippes am Nordfriedhof erhält den Namen Mauenheim. 18.2.

Nach erfolgter Renovierung öffnet das *Restaurant Steinberger Hof* an der Steinberger Straße, Ecke Christinastraße, seine Pforten. *„Zu regem Besuch laden ergebenst ein: Paul Stiels und Frau."* 25.2.

Der *Quartett–Verein Köln–Nippes* gibt ein Morgenkonzert im Kölner Gürzenich. 5.3.

Unten: Eine Zeitungsanzeige. 24.3.

Victoria - Lichtspiele

Nippes, Sechzigstraße 6.

Ab Freitag:

Bilder aus alten Zeiten

Persönliche Darstellungen

Bilder von plastischer Schönheit aus der griechischen Geschichte und dem Mittelalter.

Der übrige Spielplan:

Die Cocain-Schmuggler

Detektiv-Abenteuer.

Die Schuldige

Kriminal-Roman mit

Esther Carena.

Die erste Zeitungsanzeige des neuen Kinos.

Wir haben unsere Abteilung trinkfertige **Limonaden** eingestellt und der Firma

Hch. Erle in Köln=Nippes

Merheimer Straße 235   Fernruf B 5390

übertragen.

Unser Nachfolger wird bemüht sein, die verehrliche Kundschaft in gewohnter Weise prompt und gut zu bedienen und mit unsern altgewohnten Qualitäten zu beliefern.

27.5.

KAKAOSTUBE

Neußerstr. 271, in Nippes

Beste Getränke
Backwaren
Schokolade
Kaffee, Tee, Eis

Täglich ab 6 Uhr Zithervorträge

Hans Scheurer.

„Ich gestatte mir dem verehrten Publikum bekanntzugeben, daß ich am 27. Mai auf der Neußer Straße 271 in Nippes eine Kakao–Stube eröffne."

Die Victoria–Lichtspiele an der Sechzigstr. 6, Besitzer Albert Brodmeyer, beginnen mit dem Filmvorführbetrieb. 28.5.

Eine Mädchenmittelschule beginnt den Lehrbetrieb in der Schule Steinbergerstraße. Mai

Der *Evangelische Frauenverein Köln–Nippes* feiert sein goldenes Jubiläum. 18.6.

23. 8.   *Rechts: Eine Brauerei bietet Eis an. Der elektri-*
           sche Kühlschrank ist noch nicht erfunden.

27.–   Die *Schützengesellschaft Köln–*
29. 8.   *Nippes* feiert ihr großes Schützen-
          und Volksfest zusammen mit der
          Nippeser Kirmes auf dem Festplatz
          vor der Siedlung Mauenheim. Der
          Veranstaltungsort ist erreichbar mit
          den Straßenbahnlinien 9, 10, 11, 15
          und 19.

September   Die St. Josef–Kirche erhält anstelle der 1916 abgenommenen Glocken vier neue Glocken.

Die Eröffnung des neuen Personenbahnhofs Köln–Nippes an der Escherstraße erfolgt in diesem Jahr. Die Zeit der Bretterbude (siehe unter dem Jahr 1900) ist endgültig vorbei.

Die Nippeser Leihbibliothek von Frau Mich. Putz befindet sich in der Wilhelmstraße 54.

Die Kölner Stadtverordnetenversammlung beschließt die Umbenennung des Königin–Luise–Platzes in Erzbergerplatz. Damit schafft sie dem von Rechtsradikalen ermordeten Zentrumspolitker, Finanzminister und Mitunterzeichner des Versailler Vertrages ein Andenken in der Kölner Öffentlichkeit.

25. 1.

27. 1.

CLOUTH'S Fahrrad-Decken und -Schluäche
FRANZ CLOUTH, Rheinische Gummiwarenfabrik Akt.-Ges., Cöln-Nippes.

Der umfangreiche Neubau der Schuhfabrik der Fa. Hoffmann und Frank an der Nordseite der Xantener Straße geht im Äußeren seiner Vollendung entgegen. Neben dem mehrstöckigen Fabrikgebäude sind auch größere Wohngebäude errichtet worden.

29. 1.

Die *Deutsche Demokratische Partei, Ortsgruppe Nippes,* hält abends 8 Uhr im *Potsdamer Hof,* Ecke Kempener/Steinberger Straße ihre Jahreshauptversammlung ab.

7. 2.

Der Turn– und Fechtverein Köln–Nippes und *die Turngemeinde Nippes* vereinigen sich unter dem Namen *Turn– und Fechtgemeinde 1878 Köln–Nippes e.V.* (TFG Köln–Nippes).

29. 3.

Großes Schützen– und Volksfest, veranstaltet von der *Schützengesellschaft Köln–Nippes,* mit Volksbelustigungen für jung und alt, Tanz im Festzelt, geschlossenem Krönungsball, einer Wohltätigkeitsveranstaltung zum Besten der Kölner Armen, einem großen Bayerischen Bierzelt, der großen Bier– und Wursthalle von C. Hermanns, großem Barbetrieb und der Original Jazzband Kentucky und dem größten Festzelt Westdeutschlands.

10.– 13. 6.

Neusser Straße in Richtung Köln Zentrum.
Auf der rechten Seite die Restauration Zur Post, im Haus Nr. 239, kurz hinter der Einmündung der Wilhelmstraße.

26. 8.   In *Fischers Tanzpalast*, Neusser Straße 264, findet anläßlich der Nippeser Kirmes vornehme Tanzunterhaltung statt. Eine Jazzbandkapelle spielt auf.

14. 9.   In der Stadion–Radrennbahn in Müngersdorf findet u.a. ein 6–Stunden–Mannschaftsfahren statt. Mit dabei sind die beiden Fahrerpaare Hans Bragard/Theo Hopp und Peter Rösen/Robert Schlingsog vom *Radfahrer Club Othello 09 Köln–Nippes*. Eintrittspreise: Stehplatz 400 Millionen Mark, Sitzplatz 600 Millionen Mark.

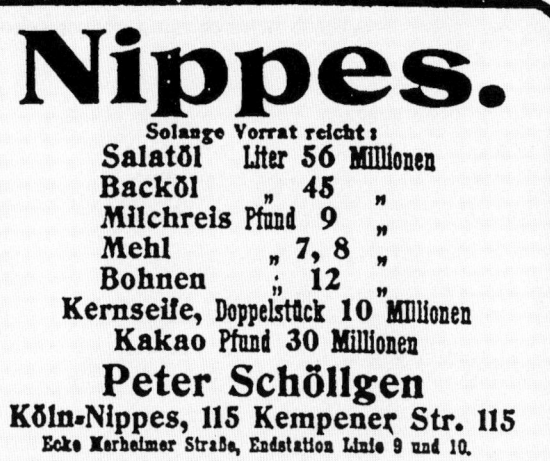

27. 9.   *Oben: Noch kostet der Liter Salatöl nur 56 Millionen Mark. Auf dem Höhepunkt der Inflation, drei Monate später, muß der Kunde dafür Billionen zahlen.*

13. 11.   *Das Programm der im Jahr zuvor eröffneten Tivoli–Lichtspiele.*

Das Biophoto–Theater von Reinhard Adolfs schließt in diesem Jahr seine Türen.

Die 1912 speziell für Kinder und Jugendliche eingerichteten Öffnungszeiten in der Nippeser Volksbücherei werden wieder abgeschafft.

Nur noch in Ehrenfeld und Nippes fährt die Feuerwehr mit je einem pferdebespannten Fahrzeug (Mannschaftswagen mit Drehleiter) zu ihren Einsatzorten.

Die Kleingartenkolonie im Inneren Grüngürtel zwischen Merheimer Straße und Escher Straße wird nach einem Plan von Fritz Encke angelegt.

Die Tabakwarengroßhandlung Hamm, Verkaufsstelle Neusser Straße, Ecke Auerstraße, bietet deutsche Zigaretten mit Goldmundstück, helle reine Ware, per Mille von 15 Billionen Mark und Zigarren ab 42 Billionen Mark an.

10. 1.

Die Rentenmark wird eingeführt, die Inflation ist vorbei.

16. 1.

Der *Katholische Kaufmännische Verein Köln–Nippes* veranstaltet einen Familien–Abend unter Mitwirkung erster Kräfte im Saale von Fritz Rösen, Merheimer Straße 98.

2. 3.

Der *Kölner Verein für Volksbildung e. V.*, vormals *Nippeser Volksbildungsverein*, feiert sein 50jähriges Bestehen. Eine Festschrift erscheint.

15. 3.

Peter Rösen, Gaumeister im Radsport, gewinnt den Klassiker *Rund um Köln* mit zusammen 320 km. Bemerkenswert ist daran, daß der Amateur Rösen die Strecke zehn Minuten schneller bewältigt als der Berufsrennfahrer Paul Kohl. Seine Zeit: 10 Std., 30 Min.

13. 7.

Oeffentliche Bekanntmachung!

An die
Bewohner von Köln-Nord, Köln-Nippes, Sechzig, Riehl, Niehl, Longerich, Mauenheim und Merheim.

Es soll an dieser Stelle darauf hingewiesen werden, daß ein großer Teil der Bewohner genannter Stadtteile sich ganz erheblich an Zeit und Geld schädigt. Dieselben gehen oder fahren weit, um ein Vergnügen zu besuchen und bedenken nicht, daß in der nächsten Nähe sich die Tivoli-Lichtspiele in Köln-Nippes, Neußer Straße 216, befinden. Ein elegantes, modernes, großes Theater, welches 1000 Sitzplätze faßt, auf allen Plätzen einen bequemen, angenehmen Aufenthalt bietet. Die ständigen Besucher des Theaters wissen, daß die Tivoli-Lichtspiele die besten Filme in Riesenprogrammen bringen, begleitet von der stimmungsvollen Musik eines großen Künstler-Orchesters. Die Preise sind klein, dagegen der Genuß groß. Die Besucher bringt ein Spaziergang durch die Alleen der Neußer Straße in 5 Minuten zum Theater. Wer einmal dort war, sagt sich: „Warum in die Ferne schweifen, wo das Gute doch so nah", und kehrt immer wieder.

Der Besitzer des Ti-voli–Kinos macht eine bemerkens-werte Re-klame.

20. 7.

20. 7.   Peter Rösen gewinnt die Radfernfahrt Zürich–Berlin.

13. 8.

Oben: Eine Zeitungsanzeige des Mode–Salons Homberg.

1. 11.   *Hatte das Kaufhaus Bluhm den ersten Personenaufzug in Nippes?*

Die Glashandlung von Gustav Krähmer im Haus Neusser Straße 308.

Die Nippeser Fotografengemeinschaft Hugo Schmölz und Eugen Bayer trennt sich. Schmölz bezieht ein Atelier in der Straße Unter Sachsenhausen, Bayer bleibt in Nippes.

Die Milchversorgung Köln GmbH beginnt ihren Betrieb an der Geldernstraße.

Die Einwohnerzahl von Nippes beträgt 46.698.   2. 1.

7./8. 1.

Die Mittlere Knabenschule befindet sich jetzt im Schulgebäude Simon–Meister–Straße 46.   10. 1.

Die Kölner Hausbau GmbH errichtet an der Bülowstraße und Blücherstraße eine Siedlung mit erschwinglichen Wohnungen für den Mittelstand.

Peter Rösen vom *Radclub Othello 09 Köln–Nippes* gewinnt nach 1924 erneut die Radfern-   2. 8.
fahrt Zürich–Berlin. „Vor Torgau gelang es dem tollkühn fahrenden Rösen gemeinsam mit Glätzmann und Kirschner, knapp vor einem die Straße kreuzenden Eisenbahnzug über die Geleise zu gelangen. Hierdurch gewannen die drei Ausreißer einen beträcht-lichen Vorsprung, vermochten ihn aber nicht zu halten ...“

5. 8.

> ## R. C. „Othello 09“ Köln-Nippes
> ### B. D. R.
> I. Vorf.: Willi Hellwig; Klublokal: Fr. Klein. Escher Straße 66
> Geschäftsstelle: Heinz Lux, Ulrich-Zellstraße 10.
> Unser Kamerad Peter Rösen gewann die klassische Fernfahrt „Zürich—Berlin“
> 1040 km zum zweiten Male und gelangte somit in den endgültigen Besitz des Garbain-
> Pokals. Der offizielle Empfang des Siegers, der kommenden Sonntag die Deutsche
> Meisterschaft bestreitet, wird noch näher bekannt gegeben. Wir erwarten restloses
> Erscheinen unserer Mitglieder zur General-Versammlung am Mittwoch, den 5. 8.
> Die Vorarbeiten zum Empfang sind in vollem Gange. Die verehrlichen Bundes-
> Vereine bitten wir höflichst, sich vollzählig mit Banner an dem Empfang zu beteiligen.
> Der Vorstand. J. A.: Heinz Lux, I. Schriftführer.

1. 10.   „Fröbel–Kindergarten Köln–Nippes. Schulanfang 1. Oktober Schule Gellertstraße. Anmeldungen baldigst erbeten an Koenen, Gellertstraße 4 oder M. Teeves, Kretzerstraße 4. Die Leitung des Kindergartens."

15. 11.   Mit der Aufforderung „*Meidet den Karneval grundsätzlich*" wenden sich beide Kirchen gegen das Feiern des Karnevals. Unter dem Eindruck der großen Not und über 100.000 Unterstützungsempfängern in Köln wird von den Gläubigen ein großes Opfer verlangt.

Die Große Nippeser Karnevals–Gesellschaft von 1903 findet erst in diesem Jahr, 7 Jahre nach dem Ende des 1. Weltkrieges, zu neuem Leben. Mit einer Sitzung beginnt sie heute die neue Session.

15. 11.   *„Sie haben es nicht nötig, in Köln zu kaufen!" Ein Wink der Nippeser Geschäftswelt an die Bewohner von Nippes, verbunden mit dem Hinweis auf die Vorteile des Einkaufs in Nippes.*

15. 11.   Gründungsfeier der *Karnevals–Gesellschaft Köln–Nippes e. V.* im *Bürgersaal*, Neusser Straße 264, mit anschließendem Festball unter Mitwirkung erster Künstler und Karnevalisten. Präsident der Gesellschaft ist Karl Richter.

November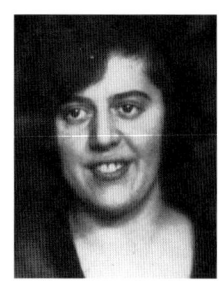

Lis Böhle. In diesem Jahr heiratet sie Hans Schmitt–Rost. Seit 1903 wohnt er in Nippes. Nach der Heirat ziehen sie nach Köln–Bickendorf.

20. 12.

Hauptſchriftleiter und verantwortlich für Politik: E. Oeſterreicher, für Anzeigen: W. Haas, beide in Greifswald. **Verlag:** Joſef Grohé, Köln-Nippes, Kempenerſtr. 42. **Druck:** Vorpommerſche Buch- und Kunſtdruckerei, G. m. b. H., Greifswald, Knopfſtr. 29 **Fernruf** 123. **Poſtſcheck-Konto:** Stettin 86.

Impressum der Nazi–Zeitung Westdeutscher Beobachter von Sonntag, den 20. Julmond (Dezember) 1925, 3. Folge, Jahrgang 1. Sie startet als Wochenblatt. Josef Grohé, späterer Gauleiter, hat sie hier in seinem möblierten Zimmer im ersten Stock der Kempener Straße 42 erstmals herausgegeben. Der „Verlagsraum" wird bereits im folgenden Jahr in die Innenstadt verlegt.

31. 12.

**Meiner verehrten Kundschaft
zum Jahreswechsel, ein
fröhliches
Prosit Neujahr!
Carl Martin
Fensterreinigungsgeschäft, Florastr. 64.
Allen verehrten Kunden, Freunden u. Nachbarn
ein herzliches
Prosit Neujahr!
Josef Krämer
Brot- u. Feinbäckerei, Mauenheimer Str. 11
Spezialität: Oberländerbrot u. ff. Mürbeplätze.
Meiner verehrten Kundschaft**

In der *Restauration Funk*, Sechzigstr. 1, findet eine „*Große Silvester–Feier mit Stimmung, Tombola und Überraschungen*" statt. Die Jazz–Band Schüller–Jung gestaltet den musikalischen Teil des Abends.

31. 12.

1926

Januar — Die NSDAP, bis 1925 verboten, bindet auch Nippes in ihre Partei–Organisation ein. Nippes gehört zur Ortsgruppe Köln–Nord.

3. 1. — Den Karneval auf öffentlichen Wegen, Straßen und Plätzen zu feiern, war laut einer Verordnung des Kölner Polizeipräsidenten vom 20. 1. 1925 verboten. Karnevalssitzungen und Kostümfeste sollten nach Möglichkeit eingeschränkt werden. Darauf war Ende Dezember 1925 zu Beginn der neuen Session 25/26 öffentlich hingewiesen worden. Hintergrund war „die schwierige Wirtschaftslage, die große Arbeitslosigkeit und die überaus große Notlage weitester Kreise der Bevölkerung".

Links: Zeitungsanzeige der Großen Nippeser Karnevalsgesellschaft.

Unten: Die Gesellschaft bei ihrer „Großen Eröffnungssitzung mit Damen" am 5.1.1926 im Saal der Restauration „Zum Drachenfels" von Rösen, Merheimer Straße 98. Foto: Eugen Bayer.

5. 1.

Die *Schützengesellschaft* feiert ihr 50jähriges Bestehen.
Der Festakt wird eingeleitet durch Begrüßungsworte des
Vereinsvorsitzenden Bernhard Overzier und einen Prolog
von Frl. Maria Reimer. Gottfried Römlinghoven hält einen
Vortrag über die Vereinsgeschichte. In der Bar des Haupt-
festzeltes spielt eine Jazzband.

Unten: Informationsblatt der   12.–
Schützengesellschaft zu ihrem
50jährigen Vereinsjubiläum.   17.6.

*Oben: Die letzte Anzeige des Kaufhauses Ella Berlin. Das Kaufhaus ver-
läßt in diesem Jahr Nippes und zieht in das Haus Nr. 12 am Eigelstein.*

Arnold und Wilhelm Sonn-
tag eröffnen als erste in Nippes ein Radiogeschäft. Das
Geburtsjahr des Radios war
1923. Im Oktober 1923
strahlte ein Sender in Berlin
die erste offizielle Sendung
in den Äther. Am 1.2.1926
hatte Köln ein eigenes
Rundfunkprogramm erhal-
ten.

*Anzeige aus der Jubiläumsschrift
der Schützengesellschaft.*

1.1.   Gründung der *Karnevalsgesellschaft Närrische Insulaner e.V. 1927*. Sie entsteht aus einer Stammtischrunde mit dem Namen *Erus geschmesse Gäss* in einem Lokal an der Ecke Merheimer Straße/Bergstraße. Da im Volksmund diese Gegend Insel genannt wird, ist der Name des neuen närrischen Vereins schnell gefunden.

20.2.   Der *Katholische Kaufmännische Verein Köln–Nippes* veranstaltet eine karnevalistische Sitzung mit anschließendem Tanz im *Restaurant Bürgersaal*, Neusser Straße 264.

28.2.   „Heute, Rosenmontag, großer Maskenball im Rösen'schen Saale, Restauration Zum Drachenfels, Merheimer Str. 98."

2.4.   Willy Weinbach erweitert sein Photostudio um eine Photo–Handlung. Sein Fotoatelier hatte er 1905 unter gleicher Adresse aufgemacht.

Eine Zeitungsanzeige von Willy Weinbach.

Die Familie Rolfes in der zwei Jahre zuvor angelegten Grünanlage im Inneren Grüngürtel zwischen Merheimer- und Escher Straße; heute bekannt unter dem Namen Alhambra.

50 Jahre *Nippeser Männergesangverein*. Eine Festschrift erscheint. 5.-11.6.

*Zwei Anzeigen aus der Fest-
schrift des Gesangvereins.*

Bei den Radweltmeisterschaften in Köln vom 14.–21.7. wird der Nippeser Mathias Engel 17.7.
auf der Müngersdorfer Radrennbahn Weltmeister der Amateure über 1.000 m (Fliegerren-
nen). Er wohnt Neusser Str. 338. Sein Vater ist der Wirt des *Sechzig–Brauhauses*.

Nippes tanzt. 28.8.

Das Warenhaus der Gebrüder Bluhm an der Neusser Straße geht in das Eigentum der Leon- Oktober
hard Tietz AG über.

Gründung des Sportvereins *ESV Olympia*, der aus dem Betriebssportverein der Eisenbahnwerkstätte hervorgeht.

25. 1.   Einweihung des Neubaus des St. Vinzenz-Hospitals. Es verfügt jetzt über 410 Betten.

Der Neubau des Vinzenz–Hospitals in der Merhei-mer Straße. Im Hinter-grund sind der alte Bau und die Kapelle zu sehen.

23. 2.   Karnevalsdienstag findet ab 14.30 Uhr die närrische Kappenfahrt statt. Der Umzug beginnt in der Werkstattstraße, geht zur Neusser Straße, Viersener Straße, berührt die Gocher– und Kempener Straße und führt durch die Siebachstraße zum Ausgangspunkt zurück.

Februar   25 Jahre *Große Nippeser Karnevals–Gesellschaft.* Auf der Jahreshauptversammlung stim-men die Mitglieder für eine Namensänderung. Die Gesellschaft wird sich ab dem 1.4.28 *Große Nippeser Karnevalsgesellschaft Närrische Bürgerwehr e.V.* nennen.

Ecke Wilhelm-straße/August-straße mit Blick auf den südlichen Teil des Wilhelm-platzes und die Post.

25 Jahre Turner–Kreis Köln–Nippes. Die Mitglieder haben auf dem Hof vor der Volksschule Turmstraße Aufstellung genommen.

Juni

Die Ufa – Universum–Film–AG – hat das Kino der Rheinlichtspiele GmbH an der Neusser Straße 216 (Tivoli–Lichtspiele) übernommen und nach einer Modernisierung und Fassadenneugestaltung wieder eröffnet. Die Zeit der Tonfilme beginnt.

September

Familie Rolfes vor ihrem Geschäft in der Hartwichstraße 31. Mit dem neu gekauften Lieferwagen holen sie Butter, Eier und Käse aus dem Oldenburger Land nach Nippes.

Feierlichkeiten aus Anlaß des 25jährigen Bestehens des Realgymnasium Köln–Nippes.

7.-11. 10.

An der Neusser Straße 264 eröffnete Peter Wesseling ein neues Kino in Nippes. In den 30er Jahren wird daraus das Kino für Jedermann, eine GmbH mit weiteren Lichtspielhäusern in der Severinstraße, Weidengasse und Herzogstraße.

Die Zweigstelle der Sparkasse der Stadt Köln bezieht neue Räumlichkeiten an der Wilhelmstraße 39, Ecke Neusser Straße.

Die Einwohnerzahl stagniert. Im Jahresdurchschnitt hat Nippes 46.595 Einwohner.

Blick auf die 1924 angelegten Schrebergärten und Spazierwege im Inneren Grüngürtel entlang der Kanalstraße zwischen der baumbestandenen Neusser Straße (im Bild unten) und der Merheimer Straße (oben).

17. 11.   Bei der Wahl zur 3. Stadtverordnetenversammlung schaffen insgesamt 8 Parteien den Einzug in den 95 sitzigen Kölner Rat. In der Reihenfolge der erreichten Sitze sind dies: Zentrum (35 Sitze), Sozialdemokraten (21), Kommunisten (13), Deutsche Volkspartei (10), Wirtschaftspartei (7), Nationalsozialistische Deutsche Arbeiterpartei (4), Deutsche Demokratische Partei (3) und die Deutschnationale Volkspartei (2).

Die Nippeser Wahllokale befinden sich für die Stimmbezirke

186/187	in der Schule Ossendorfer Str. 13,
188/189	in der Schule Hartwichstr. 91,
190/191	in der Berufsschule Steinbergerstr. 40,
192/193	in der Schule Siebachstr. 68,
194/195	in der Schule Turmstraße 7,
196	in der Schule Simon–Meister–Straße 8,
197–199	in der Schule Gellertstr. 4/6
200	in der Schule Kretzerstr. 7 und
201/202	im Realgymnasium Blücherstr. 17.

In Nippes erringt die Zentrumspartei 38,3% der Stimmen, die Sozialdemokratie 20%, die Kommunistische Partei 12,1%, die Deutsche Volkspartei 11,1% und die Wirtschaftspartei 6,9%. Die NSDAP erreicht 4,5% der Stimmen. Aus Nippes sitzen im Stadtrat: Dr. Leopold Schaeben, Studienrat, Neusser Straße 171 (Deutsche Volkspartei), Jakob Meining, Kaufmann, Kempener Straße 11 (Zentrum), Rudolf Lengersdorff, Geschäftsführer, Kleine Hartwichstraße 24 (seit 1925 für die SPD) und Hans Wecker, Lehrer, Grüner Hof Nr. 1 (Kommunistische Partei).

Die Dampf-Bäckerei und Conditorei Nick beginnt ihren Betrieb in der Gartenstraße.

Februar | *Eine Zeitungsanzeige der Zuckerwarenfabrik der Gebrüder Hofmann (Aron Hofmann und Eduard Guthmann). Die Fabrik befindet sich am Niehler Kirchweg 124.*

sind die besten der Gegenwart!

Verlangen Sie überall die rote Hustenrolle und achten Sie auf das Wort

„HOFIL"

Alleinige Hersteller:

GEBR. HOFMANN, K. NIPPES

Mai | Mädchen und Frauen aus Nippes gründen den *Frauenchor Köln–Nippes*.

15. 5. | Statistisches zu den Nippeser Schulen:

Schulen	Klassen	LehrerInnen	Schulkinder	zusammen
Katholische Schulen				
Hartwichstraße 91	12	13	Mäd. 238/ Jung. 221	459
Auguststraße 1	16	17	348/337	685
Gellertstraße 4/6	13	14	273/263	536
Turmstraße 5/9	16	18	362/320	682
Kretzerstraße 5/7	10	10	236/240	476
Evangelische Schule				
Siebachstraße 68	15	16	304/263	567
Sammelschulen (kath./evang.)				
Simon–Meister–Straße 8	7	7	115/160	275
Sonderschulen (Hilfsschule)				
Gellertstraße 4	5	5	49/59	108
Mittlere Knabenschule	8	12	Jungen	215
Mittlere Mädchenschule	8	12	Mädchen	256
Real–Gymnasium Nippes				
Blücherstraße	18	27	Jungen	552

In der Volksschule Turmstraße werden 28 öffentliche Brausebäder eingerichtet.   16. 5.

25. 7.

Versammlungen

Achtung! Arbeiter von Nippes

Öffentliche Versammlung

Freitag, den 25. Juli, abends 7,30 Uhr, im Lok. Krudewig, Sechzigstr. 6 (Ecke Merheimer Str.) im oberen Saal.

Thema: Hungerdiktat und Kriegsgefahr.

Freie Aussprache.

Arbeiter, erscheint in Massen!

Antikriegskomitee, Stadtteil Nippes.

Reichstagswahl: Die NSDAP setzt sich weiter durch und wird zur zweitstärksten Partei   14. 9.
hinter der SPD. Sie läßt sowohl die KPD als auch das Zentrum hinter sich. In Nippes kann
die NSDAP 17,5% der Wähler (4.183 Stimmen) auf sich vereinigen. Das Zentrum gewinnt
mit 27,8%, die SPD erreicht 15,7% und die KPD kommt auf 15,1%.

Ab November beginnt die Diskussion um den Fortbestand der ersten Nippeser Pfarrkirche   November
an der Mauenheimer Straße. Schon seit Jahren ist das Gebäude und das umliegende
Gelände des ehemaligen Friedhofs nicht mehr in Benutzung und sehr heruntergekommen.
Anwohner haben sich wiederholt bei der Pfarre beschwert und sich, weil das nichts nützte,
an das erzbischöfliche Generalvikariat mit der Bitte um Abhilfe gewandt. Die Schuljugend
mache den Kirchhof zu ihrem Tummelplatz, verrichte dort ihre Notdurft, wühle die Grab-
stellen auf und spiele mit den Gebeinen. Das Gelände würde als Müllplatz benutzt, das nur
1 m hohe Mäuerchen hielte niemand vom Betreten ab. Die Kirche selber sei nur noch eine
Ruine, das Dach kaputt, Fenster eingeschlagen, Steine aus den Wänden gerissen und der
Putz löse sich an vielen Stellen. Die Beschwerden helfen, man befaßt sich an höherer Stelle
mit dem Kirchlein. Allerdings werden noch Jahre vergehen, bis endlich die Instandsetzung
beschlossen wird.

18.2.   Die Nordsee, Deutsche Hochseefischerei AG, wirbt in ihrer Filiale Nippes, Neusser Str. 297, mit dem Hinweis „*Fastenzeit ist Fischzeit*".

13.–   Die *Schützengesellschaft Köln–Nippes* veranstaltet ihr Schützen– und Volksfest u.a. mit
17.6.   einem Fackelzug, einem großen Festzug und dem Schützenfestzug durch die Straßen von Nippes und einem Marsch vom Wilhelmplatz zum Festzelt an der Mauenheimer Straße.

Juni   *Rechts: Ende der 20er Jahre war die Zeit der Tonfilme gekommen, die Stummfilme sind endgültig Geschichte; viele Orchester und Klavierspieler verlieren dadurch ein großes Tätigkeitsfeld.*

TIVOLI

das **gute** Tonfilm=Theater

in Nippes – Neußerstr. 216

Spitzenleistungen

Billigste Preise

Juli   Die Evangelische Gemeinde Köln–Nippes
feiert ihr 50jähriges
Bestehen und gibt
eine Festschrift her-
aus.

Das Haus der Evangelischen Gemeinde Yorckstraße 12 am Leipziger Platz.

18.10.   „Wie in der warmen Stube fühlen Sie sich in einem neuen B & W Mantel: wohl geborgen und bequem. Er drückt und beengt Sie nirgends und doch schützt er Sie vor Kälte und Wind, ist elegant, haltbar und dazu preiswert. Wir kommen Ihnen auch in der Zahlungsweise entgegen. Bebber & Wischnewski, Feine Maßschneiderei, Köln–Nippes, Ulrich–Zell Str. 8 (an der Sechzigstraße)."

6.11.   Der *Volksbildungsverein* beschließt den Fortfall seiner seit 1894 veranstalteten Volksunterhaltungsabende. Grund ist der immer schwächer gewordene Besuch.

Eine Seite aus der Festschrift der Evangelischen Gemeinde Köln–Nippes.

1932

Januar	In Köln sind über 100.000 Personen ohne Arbeit.
Januar	Die NSDAP teilt Nippes in 2 Ortsgruppen: Nippes und Sechzig.
Juni	

Werbung von Glas Krähmer am Haus Neusser Str. 324, Ecke Blücherstraße. Die Glashandlung von Gustav Krähmer ist aus dem Haus Neusser Straße 308 hierher gezogen.

31.7.   Bei der 6. Reichstagswahl behauptet das Zentrum seine Spitzenposition in Nippes mit 32,1% der Stimmen, gefolgt von der NSDAP mit 25,9%. SPD (12,3%) und KPD (15,6%) verlieren weiter. Die Wahlbeteiligung liegt bei rund 75%.

6.11.   Bei der 7. Reichstagswahl kommt es in Nippes zu folgenden Ergebnissen: den größten Stimmenanteil kann das schwächer werdende Zentrum mit 29,4% auf sich vereinen, gefolgt von der erstarkenden KPD mit 22,9% der Stimmen. Die NSDAP verliert etwas und kommt auf 22%. Die SPD erhält 14,2% der Stimmen. Die Wahlbeteiligung liegt bei etwa 67% der Wahlberechtigten.

Die *Gemeinnützige Siedlungsgesellschaft Am Bilderstöckchen GmbH* wird gegründet. Im Januar des folgenden Jahres beginnt der Bau der neuen Kleinwohnungssiedlung für die minderbemittelte katholische Bevölkerung auf dem Gelände der ab 1906 entstandenen Artilleriedepotbauten an der Longericher Straße in Köln–Nippes.

Die Siedlung Mauenheim, bisher auf Nippeser Boden stehend, wird aus dem Stadtbezirk Nippes ausgegliedert und zu einem selbständigen Stadtbezirk ernannt.

Die Nazizeit in Nippes (1933–1945)

Reichspräsident Paul von Hindenburg verhilft einer Minderheitsregierung unter Reichskanzler Adolf Hitler am 30.1.1933 zur Macht. Bei der Reichstagswahl am 5.3.33 kann die
NSDAP die meisten Stimmen auf sich vereinigen: im Reich, in Köln und in Nippes.

Auch bei den Stadtverordnetenwahlen am 12.3.33 gehen die Nazis als Sieger hervor, gefolgt vom Zentrum, der SPD und der KPD. Am nächsten Tag stellt die NSDAP als stärkste
Fraktion mit Dr. Günter Riesen den neuen Kölner Oberbürgermeister. Konrad Adenauer
war zuvor bereits amtsenthoben worden. Unter dem ungeheuren Druck der Nazis verlassen die demokratischen Parteien das Stadtparlament, lösen sich auf. Einzelne Stadtverordnete wechseln zur NSDAP. Im Juli beschließt das Zentrum die Einstellung seiner politischen Arbeit. Die Demokratie der Weimarer Republik ist damit Geschichte. Die Diktatur
der Nazis ist installiert und wird 13 Jahre Terror, Angst und Schrecken verbreiten: im
Reich, in Köln und in Nippes.

Die neuen Machthaber machen sich an den totalen Umbau der Gesellschaft. Alles wird
auf Linie gebracht. In einer einzigartigen Aktion beginnt die Entfernung aller Andersden-
kender aus dem Staats- und Verwaltungsapparat. Linientreue Personen werden in die entscheidenden Ämter und Positionen gesetzt. Die Gleichschaltung führt in allen gesellschaftlichen Bereichen zu einer Unterordnung unter das Naziregime. Das Führerprinzip fegt mit
einem Schlag die bisherigen demokratischen Entscheidungsprozesse vom Tisch. Einord-
nung, Anpassung und Kritik hinter vorgehaltener Hand und in sicherer Runde sind Garan-
ten für ein scheinbar ungefährdetes Leben. Sehr bald ist mit Juden, Homosexuellen, Roma
und Sinti auch der innere Feind ausgemacht. Er wird unerbittlich bekämpft, systematisch
fertiggemacht, denunziert, diskriminiert, eingekerkert, abtransportiert, vergast, verbrannt,
vernichtet. Die Zahl derer, die Widerstand leisten, bleibt letztlich zu gering, als daß sie zu
einer entscheidenden Größe wird: im Reich, in Köln, in Nippes.

Mit dem Überfall auf Polen am 1.9.39 beginnen die Nazis den Kampf gegen den von ihnen erklärten äußeren Feind. Europäische Nachbarstaaten werden überfallen und besetzt.
Der von den Nazis gewollte totale Krieg wird über fünf Jahre andauern. Bis zum Schluß,
wenige Tage vor dem Einmarsch der Alliierten, werden Kinder, Jugendliche und alte Menschen in den Krieg geschickt. Mit diesem Volkssturm soll die längst besiegelte Niederlage
abgewendet werden.

Mit dem Herannahen der Roten Armee von Osten auf Berlin zu und dem Näherrücken
der Amerikaner am 5. und 6. März 1945 von Westen her auf Köln zu endet die Nazi-Herr-
schaft.

9. 2.   „Achtung, Nippes! Geborene Nippeser treffen sich am Samstag, den 11.2. abends 8 Uhr im Restaurant Wilhelm Heisterbach, Sechzigstraße 42, zu einer Besprechung, wo Gelegenheit geboten ist, alte Schulfreunde und Bekannte zu treffen."

16. 2.   „Kölner Hausfrauen! Achtet auf die Kölner Edeka–Geschäfte! In Köln–Nippes: Merheimer Straße 249, Frau H. Behling."

3. 3.

„Ehemalige Nippeser" sind hier die Schüler des Gymnasiums Nippes.

5. 3.   Bei den Reichstagswahlen wird die NSDAP zum ersten Mal stärkste Partei in Köln mit 33,1%. Das Zentrum erreicht 25,6%, die KPD 18,1% und die SPD 14,9% der Stimmen. Im Stadtbezirk Nippes (mit Riehl) ergibt sich die gleiche Reihenfolge bei den Parteien. Die Prozentpunkte weichen vom Kölner Ergebnis etwas ab: 36,5%, 27,2%, 15,8% und 12,9%.

7. 3.   Zur Stadtverordnetenwahl am 12.3. hat der Wahlausschuß die Vertreter der einzelnen Parteien zugelassen.
Von den 100 Vertretern der NSDAP (Hitler–Bewegung) kommen aus Nippes:
     Dr. Rudolph Hartung, Arzt, Kempener Str. 246,
     Johannes Schlüter, Straßenbahnschaffner, Merheimer Str. 364,
     Friedrich Spitzbarth, Obersteuersekretär, Kempener Str. 9 und
     Reinhard Friedrich, Dipl. Ing., Franziskastr. 11.
Von den 92 Kandidaten der SPD wohnt einer in Nippes:
     Dr. med. Helmut Braubach, Stadtarzt, Eichstr. 48.
Von den 51 Kandidaten der Kommunistischen Partei wohnen 2 in Nippes:
     Rudolf Safarowski, Straßenbahner, Wilhelmstr. 59 und
     Josef Schneider, Eisenbahner, Franziskastr. 30.

Die Wahlvorschläge des Zentrums mit insgesamt 93 Namen sind:
  Dr. Hermann Thies, Dipl. Handelslehrer, Gellertstr. 41,
  Karl Mengel, Verwaltungs–Obersekretär, Franziskastr. 3 und
  Ferdinand Klüwer, Kaufmann, Gellertstr. 41.
Für die Deutsche Volkspartei – Christlicher Volksdienst kandidiert unter 20 Personen
  Walter Kühnelt, Bankbeamter, Neusser Str. 329.
Einer von 3 Kandidaten des „Werwolf" – Nationalrevolutionäre Kampfbewegung ist
  Alex Schmidt, Kaufmann, Siebachstr. 75.
Aus der Interessensgemeinschaft der Kleinrentner, Sparer und Inflationsgeschädigten (6
  Wahlvorschläge) kandidiert
  Eduard Schmitz, Metzgermeister, Mauenheimer Str. 96.
Aus den übrigen Parteien und Gruppierungen (Kampffront Schwarz–Weiß–Rot, Deutsche
Staatspartei, Sozialistische Kampfgemeinschaft und Kölner Bürgerbund) wohnt kein
Kandidat in Nippes.

Bei der Stadtverordnetenwahl erhält die NSDAP im Stadtbezirk Nippes (mit Riehl) 42,2%   12. 3.
der Stimmen, das Zentrum 29,6%, die SPD 11,2%, die KPD 8,8% und die Kampffront
Schwarz–Weiß–Rot 5,8%. Die Wahlergebnisse werden durch den Verlag der Kölnischen
Zeitung v. M. DuMont Schauberg in Nippes an folgenden Stellen öffentlich bekanntgege-
ben: In der Zeitungsagentur Cranachstr. 4 durch eine elektrisch beleuchtete Tafel, durch
den Anschlag von Extrablättern in der Restauration *Zur Post*, Neusser Straße 239, und
durch eine Lichtschrift im Kino für Jedermann, Neusser Straße 264.

An diesem Volkstrauertag finden sich auf dem Nordfriedhof die *Reichsvereinigung ehemali-*   12. 3.
ger Kriegsgefangener Nippes, der *Zentralverband deutscher Kriegsbeschädigter*, zahlreiche
Nippeser Vereine und Vertreter der Nippeser Schulen zum Kriegergedächtnis ein. Unabseh-
bar war die Reihe der Nippeser Bürger, die der Ehrung beiwohnten.

Dem Erzbergerplatz geben die Nazis wieder seinen ersten Namen: Königin–Luise–Platz.   16. 3.

Die Nazis organisieren den Boykott gegen jüdische Geschäftsinhaber. Unter dem Motto   1. 4.
„Kauft nicht in jüdischen Warenhäusern" kommt es auch vor dem Warenhaus der Gebrüder Tietz (bis 1927 Gebrüder Bluhm) zu antisemitischen Aktionen. Die Arisierung der
Geschäfte beginnt. Jüdische Inhaber und Mitarbeiter werden vertrieben bzw. entlassen
und durch nichtjüdische ersetzt. Die jüdische Leitung der Tietz AG zieht sich zurück, aus
der Tietz AG wird bereits am 11.7. diesen Jahres die Westdeutsche Kaufhof AG.

Den 1. Mai erklären die Nazis zum Tag der nationalen Arbeit, der ab jetzt ein Feiertag ist.   1. 5.
Es werden Aufmärsche und Veranstaltungen für die arbeitende Bevölkerung organisiert.

1.5.   *Am Königin–Luise–Platz zeigt man am Haus Nr. 7 am Tag der nationalen Einheit Flaggen. Unten die Hakenkreuzflagge, die Nationalflagge zwischen 1933 und 1945, darüber die schwarz-weiß-rote Flagge, die von den Nazis nur zwischen 1933 und 1935 neben der Hakenkreuzflagge als Nationalflagge verwendet wurde.*

11.5.   Im Kino für Jedermann, Neusser Straße 264, laufen die Filme *Das Gespensterschiff* mit Harry Piel und *Zwei in einem Auto!* mit Magda Schneider.

11.5.   Nachmittags um 3 Uhr eröffnet Jacob Römlinghoven die neuzeitlich eingerichtete Medizinal–Drogerie im Haus Merheimer Straße 79. „*Indem ich fachgemäße, aufmerksame Bedienung und Beratung bei billigsten Preisen zusichere, bitte ich um geneigten Zuspruch.*", heißt es in der Werbung.

16.6.   Die Volkszählung ergibt für Nippes 45.959 Einwohner; davon sind 21.780 männlichen und 24.179 weiblichen Geschlechts. Neben den 35.856 Katholiken und 8.727 evangelischen Einwohnern leben hier 254 Juden. In dem im vergangenen Jahr neu gebildeten Stadtbezirk Mauenheim des Stadtteiles Nippes leben 6.401 Menschen.

12.11.   Tag der Reichstagswahl und Volksabstimmung. „Gute Kunst in Nippes. Ein Wohltätigkeitskonzert zum Besten der NS–Volkswohlfahrt des Köln–Nippeser Liederkranzes in der Aula des Real–Gymnasiums hatte – am Besuch und Beifall gemessen – einen klingenden Erfolg. ... Eine kleine Feier bildete die Überreichung des Hakenkreuzwimpels für die Vereinsfahne, vor der Elisabeth Kremer einen Vorspruch sprach. Der Vereinsführer Hermann Klimke dankte für die Spende, worauf er ein dreifaches Sieg–Heil auf den Volkskanzler ausbrachte."

Blick in die Neusser Straße auf Höhe der Einmündungen der Florastraße (rechts) und der Einheitstraße (links). Hinter der Einheitstraße und damit hinter der Wirtschaft „Em golde Kappes" ragen die beiden Häuser Neusser Straße 297 und 299 hervor. Hinter ihnen liegt die Einmündung der Mauenheimer Straße. Im Haus Neusser Straße 297 befindet sich das Fischhandelsgeschäft „Nordsee". Schon bald nach Eröffnung des Fischgeschäftes kursiert in Nippes die Scherzfrage: „Aus welcher Kneipe kann man am weitesten hinaus sehen?" Antwort: „Aus dem Kappes, da kann man bis zur 'Nordsee' gucken."

„Reichsbund der Kinderreichen, Ortsgruppe Nippes. Die Ortsgruppe hatte am 18. November im Restaurant Rösen ihre Monatspflichtversammlung. Über 400 Mitglieder und Gäste hatten sich eingefunden, um die als Referentin angesagte Frau Herta Breuer sprechen zu hören. Der Ortsgruppenleiter Schorn eröffnete 8.45 Uhr die Versammlung und begrüßte Mitglieder und Gäste. Ganz besonders herzlich begrüßt wurde die Rednerin des Abends. In einfachen harten Zügen klagte diese Frau auf Grund ihrer Erfahrungen alle an, die bis jetzt eine kinderreiche Familie als größtes Hindernis im Staate bezeichneten. Unterstützt von der alten Regierung, ließ man die Kinderreichen gar nicht mehr aufkommen, so daß in verhältnimäßig kurzer Zeit das deutsche Volk auf ein Nichts hätte zusammenschrumpfen müssen. In richtiger Erkenntnis der Lage stellte Adolf Hitler die kinderreiche Familie unter seinen Schutz. Mit ihnen wird er den neuen Staat aufbauen. Sogenannte moderne Ehen können unserem Kanzler nicht helfen. Die Rednerin führte weiter einige Beispiele an, woraus festzustellen war, daß die größte Heldin im Staate in der kinderreichen Mutter zu finden ist. Ihr, so betonte Frau Breuer, steht Schutz und Hilfe an erster Stelle zu. Der Ortsgruppenleiter sprach daran anschließend in ähnlichem Sinne."

18. 11.

Ausschnitt aus einem Kölner Stadtplan. Über die Neusser Straße fahren die Straßenbahnlinien 11 und 15, über die Merheimer Straße die Linie 9 bis zur Wendeschleife auf der Kempener Straße.

Februar   Die *GKG Närrische Insulaner 1927 e.V.* beteiligt sich mit einer Fußtruppe am Rosenmontagszug. Das dargestellte Thema war der immer noch unerfüllte Wunsch der Nippeser nach einem Volksbad. Eine 2,50 m große Gießkanne trägt den Titel *Nippeser Brausebad*, ein Waschbottich trägt die Aufschrift *Nippeser Schwimmbad* und ein Nachtgeschirr titelt man *Nippeser Sitzbad*. Die Träger haben als Symbol für diese uralte Forderung durchweg alle riesenlange Bärte. Zusammen mit der *Großen Nippeser Karnevalsgesellschaft Närrische Bürgerwehr 1903 e.V.* wird der Dienstagszug durch Nippes organisiert.

17.6.   Einweihung der Erlöserkirche an der Inneren Kanalstraße, Ecke Beuelsweg. Die Altkatholi-

sche Gemeinde sah sich aufgrund der stark anwachsenden Mitgliederzahl im Kölner Norden zum Bau einer zweiten Kirche veranlaßt.
Die neue Kirche ist als Notkirche gedacht. Mit ihrer Chorseite grenzt sie an die Grünanlagen des Fort X an.

Die Mittelschule für Mädchen in der Steinberger Straße vereinigt sich mit der gleichen Schulform an der Niederichstraße zu einem System. Die Nippeser Mädchen müssen ab jetzt den langen Weg in die Innenstadt bewältigen.

24.12.   „Nippes, möglichst Nähe Nesselrodestraße oder Neußer Platz, sucht Dr. jur., Nichtarier, gut möbliertes Wohnschlafzimmer mit Zentralheizung, Bad, Telefon, eventuell Teilpension, zum 1. Febr. eventuell 1. Jan., Preisangebote M 26."

29.12.   Einen Saalneubau eröffnen Gustav Euler und seine Frau mit einer großen Feier in ihrem Restaurant, Neusser Straße 338.

In dem Prachtsaal von Euler, Neusser Straße 338, findet die *GKG Närrische Insulaner* eine neue Heimat. Am Karnevalssamstag steigt hier erstmalig der *Ne–Bu–Ba*, der Neppeser–Bunne–Ball.

10. 2.

Nördlich des Königin–Luise–Platzes entstehen neue Straßen. Sie sind benannt nach Nettelbeck, Louis Ferdinand, Tauentzien und Freiherr vom Stein. Ebenso entsteht das Wohnviertel nördlich des Leipziger Platzes mit der Kamerun–, Togo– und Tangastraße sowie Lüderitz–, Karl–Peters– und Gustav–Nachtigal–Straße.

Das Reichsbahnausbesserungswerk Köln–Nippes feiert das 75jährige Bestehen.

Rechts: Reichsbahndirektionspräsident Dr. Remy spricht zu den Eisenbahnern.

Unten: Blick aus dem Vinzenz-Krankenhaus über die Kempener Straße auf das Reichsbahn–Ausbesserungswerk.

Die Entscheidung für den Erhalt der ersten Pfarrkirche von Nippes an der Mauenheimer Straße ist gefallen. Die vollständige Restaurierung wird in Angriff genommen.

Oktober

1936

3. 2.   Die *Große Nippeser Karnevalsgesellschaft Närrische Bürgerwehr 1903* feiert im Vereinslokal bei Fritz Rösen, Merheimer Str. 98, eine Sitzung gegen *„Griesgram und Muckertum"*.

Rechts: Karneval auf der Neusser Straße vor dem Haus Nr. 312. Hier hat Wilhelm Keller seine Butter–Eier–Käse–Handlung. Dahinter im Haus Nr. 314 die Tabakwarenhandlung von Josef Reiff. Im Haus 316, Ecke Blücherstraße, hat die Cornelius Stüßgen AG seit 1923 eine Verkaufsstelle. Der Blick geht stadtauswärts in Richtung Schill– und Blücherstraße. Foto: Foto–Optiker Walter Hinnl, Neusser Str. 315.

Unten: Szene aus dem Dienstagszug mit dem Wagen des Präsidenten Jakob Roben der GNCG Närrische Bürgerwehr.

14. 6.   *Prozession auf der Kempener Straße, auf der Höhe der Einmündungen der Siebachstraße (links) und der Wartburgstraße. Im Untergeschoß des Eckhauses Siebachstraße 121 befindet sich die Gaststätte „Zur Wartburg" von Anna Peltzer.*

Prozession in der Wartburgstraße anläßlich der ersten Messe des neu geweihten Priesters Johann Faust. Er ist für kurze Zeit an St. Marien tätig.

Juni

Die *Schützen–Gesellschaft* feiert ihr 60jähriges Bestehen auf dem Festplatz Ecke Neusser– und Kanalstraße (nördlich Agneskirche).

22.–
26. 8.

Sonntag, den 23. August, 7 Uhr Wecken.

9 30 **Uhr** Abmarsch zum gemeinsamen **Kirchgang** nach St. Marien. Ab **11 Uhr Frühkonzert** im Vereinslokal „Schützenhof", Köln-Nippes, Cranachstraße 21. **14**.40 **Uhr** Aufstellung der Schützen- und Ortsvereine zum

großen Festzug

an der Kempenerstraße, Spitze Wartburgstraße. Abmarsch um **15 Uhr** durch folgende Straßen: Gocher-, Simon Meister-, Merheimer-, Eisenach-, Wartburg-, Merheimer-, Sechzig-, Hartwich-, Siebach-, Cranach-, August-. Turmstraße, Baudriplatz, Baudri-, Neußer-, Flora-, Garten-, Wilhelm-, Eich-, Gellert-, Neußerstraße zum Festplatz. Anschließend

Beginn des sportlichen Schießwettbewerbes

1. Auf den 50 m Scheibenständen des Herrn Dittgen, Nippes, Merheimerstraße 324 für Mitglieder von Schützenvereinen und für alle Volksgenossen zum Schießen auf die Glücksscheibe.

Hierzu ab **16** 30 **Uhr** Omnibuspendelverkehr ab Festplatz.

2. Auf den Schießständen **Sechzigbrauhaus Schießen für alle Volksgenossen** zu Gunsten der **NSV.** und Schießen der Ortskriegervereine um den Wanderbecher. Gestiftet von Jean Richartz und Schießen der Ortsvereine um die Festzugspreise.

Auf dem Festplatz große Volksbelustigungen.

Im Hauptfestzelt ab **16 Uhr öffentl. Festball.** Im Bierzelt **Musik.**

Aus dem Festbuch der Schützengesellschaft Köln––Nippes e.V.

8. 2.   Die *Große Nippeser KG Närrische Bürgerwehr 1903* beteiligt sich erstmals am Rosenmontagszug. Der Titel des Wagens lautet: *Dauerskat.*

Links: Die verschneite Neusser Straße zwischen Nelkenstraße und Schenkendorfstraße.

Unten: Die Neusser Straße im Frühjahr. Im Vordergrund der Kiosk von Fritz Erle an der Ecke zur Kempener Straße. Der Schriftzug „Tivoli" (die Buchstaben sind untereinandergestellt) läßt sich am Haus Neusser Str. 216 (oberhalb der Straßenbahn) erkennen.

Köln-Nippes, Neusserstrasse

Die politische Zergliederung des deutschen Reiches erfolgte hinsichtlich der Fläche in Hoheitsgebiete: Gaue, Kreise, Ortsgruppen, Zellen und Blocks. Der Gau Köln–Aachen hat 5 Kreise. Innerhalb des Kreises Köln–Stadt lksrh. Nord gibt es 28 Ortsgruppen. Die NSDAP hat Nippes jetzt in 4 Ortsgruppen aufgeteilt:

1. Leipziger Platz – Leiter: Heinz Neunkirchen, Yorckstr. 29, Geschäftsstelle: Blücherstr. 15,
2. Nippes – Leiter: Reinhard Friedrich, Königin–Luise–Platz 18, Geschäftsstelle: Thüringer Straße 4,
3. Sechzig – Leiter: Otto Ziegler, Thüringer Str. 22, Geschäftsstelle: Sechzigstr. 66 und
4. Xantener Straße – Leiter: Heinrich Habig, Kempener Str. 129, Gesch.st.: Xantener Str. 3B.

Die Verwaltungsorganisation erfolgt durch die Kreisverwaltung Köln Stadt, linksrheinisch Nord (Büro: Venloer Wall 9) mit ihren Ortsverwaltungen. In Nippes gibt es, entsprechend der Ortsgruppen, die Ortsverwaltungen
Leipziger Platz – Geschäftsstelle Gartenstr. 11,
Nippes – Geschäftsstelle Kempener Str. 44,
Sechzig – Geschäftsstelle Kempener Str. 46 und
Xantener Straße – Geschäftsstelle Xantener Str. 3B.

Eine weitere Verwaltungsstelle der NSDAP befindet sich in der Christinastraße 64. Die *Kameradschaft Köln–Sechzig der NS–Kriegsopferversorgung (e.V.)* hat hier ihren Sitz.

Auch in den Nippeser Schulen dürfen ab sofort die katholischen und evangelischen Geistlichen keinen Religionsunterricht mehr erteilen.

Die Schulen Hartwichstraße und Ossendorfer Straße werden wegen sinkender Schülerzahlen in letzterer zusammengelegt. Die Schule Hartwichstraße dient als Berufsschule.

Franz Grohé, ein Vetter des Gauleiter Franz Grohé, ist Inhaber der Lichtbildbühne an der Sechzigstraße 6, vormals Albert Brodmeyer. Im folgenden Jahr wird er auch das Kino in der Ehrenfelder Platenstraße 32 besitzen.

Die Schützengesellschaft Köln–Nippes feiert auf dem Festplatz an der Ecke Neusser Straße und Kanalstraße, nördlich der Agneskirche.

21.–
25.8.

Zwei Anzeigen aus dem Festbuch der Schützengesellschaft.

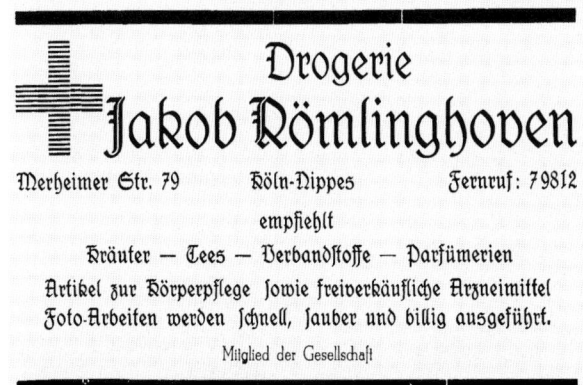

Die Schulleitung der Volksschule Turmstraße führt, wie im vergangenen Jahr, eine Sammlung für das Winterhilfswerk durch. Auf dem Wilhelmplatz musiziert das Schulorchester.

5. 12.

Königin–Luise–Platz links und rechts (gegenüber-liegende Buchseite) Im Haus Nr. 1 (links) befinden sich im Erdgeschoß die Bäckerei–Verkaufs-stelle von Johann Huthmacher und der Damen und Herren Friseursalon von Ernst Ditthardt.

24. 2.   Zur Schluß– und Prunksitzung der *GKG Närrische Insulaner* kommt das Kölner Dreigestirn in den Festsaal Euler, Neusser Str. 338. Das besondere daran: Die Jungfrau wird in dieser Session erstmals von einer Frau dargestellt. So hatten es die Nazis angeordnet. Paula Zapf aus Nippes hat diese Rolle übernommen.

8. 4.

```
Schützengesellschaft                    Köln - Nippes,den 8.April 38
   Köln - Nippes
   E.V.gegrdt.1876

An alle aktiven Schützenmitglieder!

Werte Schützenkameraden!

  Soeben erhalte ich von unserer Ortsgruppenleitung der NSDAP
folgende Nachricht:

     Eilt sehr!      An die Schützengesellschaft Köln - Nippes!
     ==============
             Sie treten am Samstag,den 9.April 1938,punkt 17 Uhr,
             mit sämtlichen Mitgliedern und Ihrer Fahne auf dem
             Wilhelmsplatz an.Dort wollen Sie sich bei dem Ortsgrup-
             penleiter melden und die Gesamtzahl der angetretenen
             Mitglieder angeben.
             Es handelt sich um den bekannten Aufmarsch,der bereits
             in der Presse bekannt gegeben ist.
                     Heil Hitler.  gez.Friedrich  Ortsgruppenlt.

     Auf Grund dieser Anordnung ersuche ich alle abkömmlichen
     aktiven Mitglieder um 16 Uhr 45 am Samstag,den 9.April,also
     morgen im Vereinslokal anzutreten.Uniformträger in Uniform,
     andere mit Schützenhut.

             Heil Hitler          gez.Johann K l e i n
                                         Vereinsführer.
```

Die Schützen-gesellschaft nimmt am 9.4. an dem großen Auf-marsch auf dem Wilhelm-platz teil.

*Im Haus
Königin–Luise--
Platz Nr. 2
(rechter
Bildrand) hat
Jakob Hacken-
broich seine
Kolonialwaren-
handlung.*

Nach dem Einmarsch der Wehrmacht in Österreich am 12.3.1938 sagen bei einer Volksab-   10. 4.
stimmung 99% bzw. 75 Millionen „*Ja*" zum Anschluß Österreichs an Deutschland.

August

*Blick auf das Fabrikgebäude der Land– und Seekabelwerke an der Xantener Straße. Daneben, Xantener Str. 20,
befindet sich die Kohlenhandlung von Heinrich Peters. Das Plakat am Tor informiert über den Anschluß Österreichs an Deutschland – das Großdeutsche Reich ist entstanden: Ein Volk, ein Reich, ein Führer ...*

3.-7.9.   Zum vorerst letzten Mal feiert die *Schützengesellschaft Köln–Nippes* ihr Fest auf dem Festplatz zwischen Mauenheimer Straße und Niehler Kirchweg.

Zwei Anzeigen aus dem Festbuch der Schützengesellschaft.

Die drei Gesangvereine *Männergesangverein Köln-Nippes*, *Liederkranz Köln–Nippes* und
der *Quartett–Verein Köln–Nippes* schließen sich zu einem Chor zusammen. Der Name des
neuen Vereins: *Männer-Chor Köln-Nippes e.V.* Grund: Die Vereine litten unter einem
zunehmenden Mitgliederschwund.

7.10.   *Rechts: Brief des neuen Vereins*
Männerchor Köln–Nippes e.V.

Die Volksbildungsstätte Köln,
Neumarkt 38, getragen von der
NS–Gemeinschaft *Kraft durch
Freude*, dem Amt Deutsches
Volksbildungswerk und der
Deutschen Arbeitsfront, veran-
staltet zwischen September
1938 und April 1939 in der
Volksschule Turmstraße unter
dem Thema *Politik und
Geschichte* Schulungsabende.
Anmelde– und Kartenverkaufs-
stellen in Nippes: Christinastr.
38, Hugo Müller, Friseur, und
Neusser Straße 234, Frau Wilh.
Alsdorf, Bürobedarf.

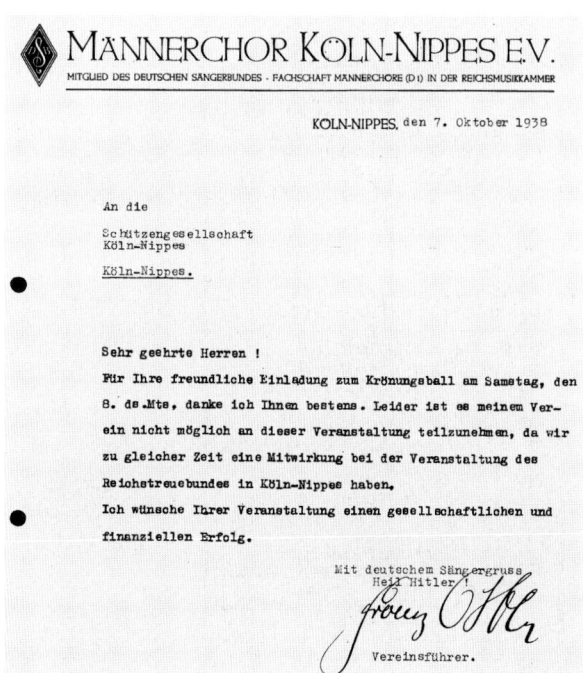

Der letzte Dienstagszug vor dem Krieg geht durch die Straßen von Nippes.

21. 2.

Im November des gleichen Jahres wird der Festausschuß Kölner Karneval den Ausfall aller karnevalistischer Veranstaltungen bis auf weiteres bekanntgeben.

Rechts: Die Tochter des Präsidenten der Großen Nippeser Karnevalsgesellschaft Närrische Bürgerwehr 1903 e.V., Jakob Roben, auf einem Pony im Dienstagszug durch Nippes.

Unten: Immer noch fehlt in Nippes ein Schwimmbad. Vorhanden ist ein Volksbad mit Wannen- und Brausebädern in der Schule Turmstraße 7.

Die *Deutschen Schulen* werden eingerichtet. Der Religionsunterricht an Nippeser Schulen wird erheblich eingeschränkt.

18. 4.

Die Wehrmacht übernimmt das Vinzenz–Hospital.

26. 8.

Beginn des 2. Weltkrieges durch den Überfall der deutschen Wehrmacht auf Polen.

1. 9.

Die Turnhalle des Gymnasiums wird für die Lagerung von Getreide beschlagnahmt.

27. 9.

Das Gymnasium wird vom Militär belegt. Der Unterricht fällt aus.

11. 11.

Rückkehr der Gymnasiasten aus ihrem Ausweichquartier, der Oberschule am Hansaring.

17. 12.

1940

7. 1. Eine Brandbombe fällt auf die Wagenrichthalle des Reichsbahn–Ausbesserungswerkes. Sie ist die erste Bombe auf Nippeser Gebiet und es sollte nicht die letzte sein ... Von nun an bis zum Einmarsch der Amerikaner im März 1945 muß die Bevölkerung täglich mit Luftangriffen rechnen.

Februar Die *GKG Närrische Insulaner 1927 e.V.* macht die Wirtschaft *Em golde Kappes* zu ihrem Stammlokal. Eine Tafel, die noch heute links neben dem Eingang zur Wirtschaft hängt, weist darauf hin.

April Auf der Speisekarte der Wirtschaft *Em golde Kappes* heißt es:
„Et speck es all
De Woosch am Engk!
Der Metzger bei dä Zaldare!
Drum knottet nit
Un schäng och nit
Du muß evvens jett waade.
Nohm Kreeg, zum neue Doosch
Gitt et och widder Woosch!"

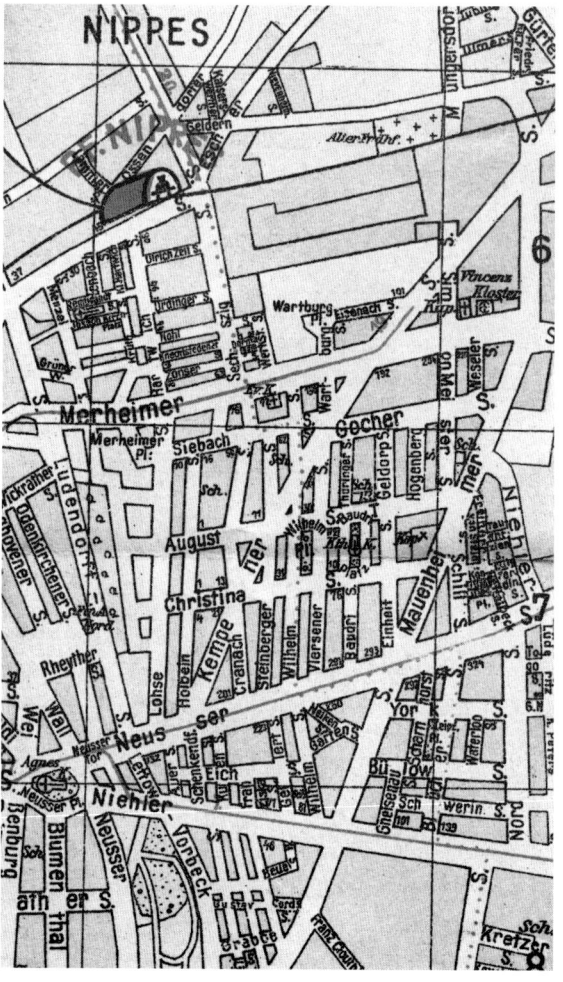

20. 6. In der Gegend des Vieh– und Schlachthofes an der Liebigstraße schlagen erneut Bomben ein. Luftschutzkeller werden in den Häusern eingerichtet.

Ausschnitt aus einem Kölner Stadtplan. Das Eisenbahnausbesserungswerk, das Fabrikgelände von Clouth und die Land– und Seekabelwerke sind aus gutem Grund nicht eingezeichnet. Die Straßenbahnlinien 11, 15 und 17 fahren vom Adolf–Hitler–Platz (heute: Ebertplatz) kommend über die Neusser Straße, die Linie 7 über die Niehler Straße und die Linie 19 über Krefelder– und Merheimer Straße mit der Endstation Kempener Straße, Höhe Eisenachstraße. Der Autobus 20 bedient die Xantener Straße, Blücherstraße, Wilhelmstraße und Sechzigstraße.

Die ersten Sprengbomben fallen in Nippeser Wohngebiet. In der Geldorpstraße, Hogen- 15.2.
bergstraße, Simon–Meister–Straße und am Königin–Luise–Platz kommt es zu Beschädi-
gungen an Wohnhäusern.

Ein weiterer Luftangriff durch englische Bomber führt in Nippes zu erheblichem Sach- 18.5.
schaden.

53 Schüler der Klassen 1–3 des Gymnasiums fahren im Rahmen der Kinderlandver- 22.5.
schickung in ein Lager nach Ahlbeck auf Usedom an der Ostsee.

„Im Frühjahr erlebten die Land– und Seekabelwerke ihren ersten schweren Angriff. Ich
stand als Brandwachhabender in der Aula des Gymnasiums, jeden Augenblick gewärtig,
daß der Funkenregen des Brandes durch die schon teilweise zerstörten Fenster hindurch
die großen Vorhänge erfassen würde, zumal auch 2 Häuser nahe gegenüber brannten. Aber
dieses Mal ging das Unheil noch vorüber."

Neben Sprengbomben fallen auch 171 Stabbrandbomben u. a. auf Nippeser Gebiet. Der 17.6.
Luftangriff erfolgt zwischen 0.54 Uhr und 3.15 Uhr.

Die *Köln–Nippeser Bau– und Spargenossenschaft EGmbH*, gegründet 1895, löst sich auf
bzw. wird von den Nazis mit der Gemeinnützigen Beamtenbaugesellschaft und dem Beamten–Wohnungsverein Köln, gegründet 1898, zwangsvereinigt.

Die Lederwarenhandlung von Helmut Laufenberg, Neusser Straße 257, ist seit 1875 in Nippes ansässig. Die
beiden Pfeile und Buchstaben LK am Sockel des Hauses weisen den Weg zum Luftschutzkeller.

1942

Januar   In dem Monat bestehen in Köln 125 Ortsgruppen der NSDAP. Davon sind 6 in Nippes:
1. Blücherstraße, umfassend 3.640 Einwohner,
2. Königin-Luise-Platz (6.977),
3. Leipziger Platz (9.085),
4. Sechzig (10.880),
5. Wilhelmplatz (6.075) und
6. Xantener Straße (6.597).

l3. 3.   Erstmals werden von den Alliierten auch Phosphorbrandbomben auf Nippes abgeworfen.

31. 5.   Der *Tausend-Bomber-Angriff* läßt 110.000 Stabbrandbomben, 1.044 Phosphorbrandbomben, 864 Sprengbomben und 20 Minen auf Köln niederprasseln. Auch Nippes ist sehr stark betroffen. Es kommt hier zu erheblichen Zerstörungen. Das Gymnasium wird schwer getroffen und ein Raub der Flammen. Unterricht ist ab jetzt nicht mehr möglich. Für ein Jahr wird das Gymnasium am Hansaring zum Ausweichquartier. Die Schüler, das Kollegium und französische Kriegsgefangene setzen in der Zeit das Gebäude notdürftig instand. Auch das Haus von Hans Krähmer, Neusser Straße 324, wird erheblich beschädigt.

Oktober

Der Hochbunker hinter den Häusern Nr. 8 und 10 der Kevelaerer Straße wird in diesem Sommer fertiggestellt. Ein zweiter Hochbunker entsteht an der Werkstattstraße im Sechzig-Viertel.

Im Altenberger Hof, Mauenheimer Str. 90, wohnen 10 Mietparteien, darunter fünf Schaustellerfamilien.

Erneut fallen Bomben unterschiedlichster Machart auf Nippes. 14. 2.

23. 4.

Filmburg. Neußer Straße 264.
„Reise nach Tilsit" (*) 2.30, 4.35,
7.00 Uhr.

28. 4.

Filmburg. Neußer Str. 264. „Ein
Zug fährt ab" (*) Marenbach,
Marian. 2.30, 4.35, 7.00 Uhr.

Der Kinobetrieb geht trotz alledem weiter. Die Sternchen in den Klammern hinter den Filmtiteln bedeuten, daß Jugendliche unter 18 Jahren für diese Filme nicht zugelassen sind.

Am Gymnasium Nippes legen 18 Jungen ihre Reifeprüfung ab. April

„Heute morgen haben wir diese älteste Nippeser Kirche nach glücklicher Vollendung der 3. 5.
Restaurierung dem Gottesdienste wieder übergeben. Sie wird in Zukunft Kreuzkapelle genannt.", schreibt Hermann Hinsenkamp, Pfarrer von St. Marien, an das Erzbischöfliche Generalvikariat.

„Im Sommer 1943 kehrten wir in unsere Trümmerstätte am Leipziger Platz zurück. So gut wir konnten, haben wir geflickt, geschreinert, geschlossert. Kriegsgefangene Franzosen halfen. Die Räume wurden von der Stadt sogar neu verglast und gestrichen. Doch zerstörte bald ein neuer Angriff, was wir aufgebaut hatten. Das Notdach der Aula wurde zerstört, das obere Stockwerk ganz abgetragen. Die Nässe sickerte durch. Der Unterricht mußte mehr und mehr in den Keller verlegt werden."

Der heftigste Luftangriff der Alliierten in diesen Jahren führt in Nippes zu weiterem großen 9. 7.
Schaden an Fabrikanlagen, Häusern, Kirchen und Straßen. Luftminen, Brandbomben und Sprengbomben in ungeheurer Zahl prasseln auf das Wohngebiet nieder. (Auf Köln insgesamt fallen etwa 120.000 Brandbomben und etwa 900 Sprengbomben). In Nippes werden über 500 Personen getötet, viele hundert verletzt.
Das Gebäude der Sparkasse der Stadt Köln an der Neusser Straße, Ecke Wilhelmstraße wird total zerstört. Kurz darauf zieht sie um in das Eckhaus Mauenheimer Straße 32. Hier stehen die Räumlichkeiten einer Gaststätte zur Verfügung. Auch das Kino UT–Lichtspiele in der Sechzigstraße 6 von Josef Grohé ist vollständig zerstört. Bald darauf kann er aber im Haus Neusser Straße 338 ein Ausweichkino eröffnen. Ebenfalls wird das Haus Merheimer Str. 98 mit der Gaststätte Rösen, das Stammlokal der *Großen Nippeser Karnevalgesellschaft Närrische Bürgerwehr,* vollkommen zerstört.

16. 2.

Rechts: „....Besonders bitte ich während der Dunkelheit Augenmerk auf die Ausländer zu richten..."

NATIONALSOZIALISTISCHE DEUTSCHE ARBEITERPARTEI.

Ortsgruppe   N i p p e s .

Ortsgruppenorganisationsamt.

Köln – Nippes, 16. Febr.1944.
Blücherstraße 15.

An alle Zellenleiter und deren Vertreter,
an alle Beteiligten des Streifendienstes.

Verbrecherische Elemente geben Veranlassung, den Streifendienst während der Dunkelheit besonders streng durchzuführen.

Nach Zusammenlegung der Ortsgruppen wurde der in der Anlage beigefügte Plan über die Durchführung der Streifen neu festgelegt. Die Beteiligung ist derart festgelegt, daß bei jeder Streife ein Uniformträger teilnimmt.

Nähere Unterweisungen erfolgen jeweils bei den Zellenbesprechungen. Besonders bitte ich während der Dunkelheit Augenmerk auf die Ausländer zu richten.

Über besondere Vorkommnisse bitte ich schriftlich an dem auf die Streife folgenden Tage an den Ortsgruppenleiter zu berichten.

Die Durchführung des Streifendienstes hat sofort zu beginnen.

Anlage.(Einteilung des Streifendienstes).

Heil Hitler

(Glasow)

Ortsgr.-Organisationsamtsleiter.

3. 9.

Alle Männer, die bisher nicht zum Arbeitsdienst oder als Flakhelfer eingezogen waren, müssen nun zum „Baueinsatz Westgrenze".

N.S.D.A.P.
Kreisleitung Hansestadt Köln
N.S.D.A.P.
Ortsgruppe Nippes
Ortsgruppe: Blücher................. 74379

Notdienstverpflichtung

An Herrn Dr. Hugo D e c k e r , Köln-Nippes, Neusserstr.325

Auf Befehl des Gauleiters und Reichsverteidigungskommissars für den Gau Köln-

Aachen werden Sie ab ——— 5. September 1944 ———

für den Baueinsatz Westgrenze

notdienstverpflichtet.

Durch die Notdienstverpflichtung werden sämtliche bestehenden Dienstverpflichtungen anderer Art aufgehoben.
Erteilte Bescheinigungen über Zurückstellung, ganz gleich welcher Art, entbinden nicht von der Notdienstverpflichtung.
Es wird darauf hingewiesen, daß derjenige, der sich dieser Notdienstverpflichtung entzieht, nach Kriegsrecht bestraft wird. Dasselbe gilt auch für den Betriebsführer, der notdienstverpflichtete Kräfte zurückhält.

Der Notdienstverpflichtete hat mitzubringen:

Hacke, Schaufel oder Spaten, Axt,
wetterfeste Kleidung,
Schlafdecke,
Marschverpflegung für 2 Tage (ausreichend Brot),
Eßgeschirr, Eßbesteck,
Zeltbahn (soweit vorhanden)
vorhandene Pistolen,
auch Schußwaffen anderer Art.

Verpflegung wird ersetzt, Löhnung erfolgt durch bisherigen Arbeitgeber.
Die Abmeldung auf dem zuständigen Ernährungsamt hat spätestens innerhalb 4 Tage seit der Notdienstverpflichtung — ggf. durch einen Vertreter — zu erfolgen.

Sie haben am ——— 5.September ——— 1944, ——— 9^{15} ——— Uhr, zum Abtransport

Blücherstraße 15 vor der Ortsgruppe

bereitzustehen.

Köln, den 3.September

(c h w a r)
Ortsgruppenleiter

Das Postamt am Wilhelmplatz wird total zerstört. Ein Bombentreffer macht die Schule an der Ossendorfer Straße unbenutzbar. 21. 4.

„Aufruf an die männliche Bevölkerung Kölns! Zur Eintragung in die Erfassungsbögen melden sich alle in Köln ansässigen Reichsangehörigen vom 16.–60. Lebensjahr in der Zeit von 8–18 Uhr in der für sie zuständigen Ortsgruppe." In Nippes sind dies die Ortsgruppe Nippes, Blücherstr. 15, und die Ortsgruppe Sechzig, Simon–Meister–Str. 8. 29. 10.

Das Kino Victoria, Neusser Straße 338 (vormals UT–Lichtspiele, Sechzigstr. 6) muß infolge der Luftangriffe über Nippes den Betrieb einstellen, die Einrichtung bleibt aber unversehrt. 30.10.

In diesem Monat kommt es zu insgesamt 7 Luftangriffen auch auf Nippes. Wegen fast 90%iger Zerstörung der Werksanlagen stellt die Fa. Clouth ihre Produktion endgültig ein. Oktober

Eine zerstörte Produktionshalle der Clouth Gummiwerke am Morgen nach einem Angriff im Oktober 1944. Im Hintergrund sind die Häuser der Niehler Straße zu erkennen.

Das Standesamt Nippes, Florastraße 105, schließt nach den schweren Luftangriffen vom 30. Oktober. Die Nippeser müssen jetzt zum Heiraten in die Innenstadt zum Standesamt Köln I fahren. 3. 11.

136 englische Bomber werfen 500 t Bomben auf den Bahnhof und das Ausbesserungswerk Nippes. 21. 12.

102 englische Bomber lassen 554 t Bomben auf die Bahnanlagen in Nippes fallen. 24. 12.

1945

14. 1. u. 24. 2.	Die letzten Luftangriffe werden gegen Nippes geflogen. Es kommt zu leichten Sachbeschädigungen.

28. 2.   Unter der Titel–Schlagzeile *„Jetzt Kampf mit allen Mitteln und Waffen!"* ruft der Gauleiter und Reichsverteidigungskommissar Josef Grohé zu härtestem Widerstand auf. In seiner Rede an die Volksgenossen und Volksgenossinnen sagt er u. a.: *„Nun werden wir unseren ganzen seit Jahren angesammelten Haß gegen die personifizierte Gemeinheit dem Feind ins Gesicht schleudern! – Es wird jetzt nur noch gekämpft und nur noch für den Kampf gearbeitet, das ist der Wille unseres ganzen Volkes!"* und *„Unser gemeinsamer Einsatz entscheidet für immer über die Existenz unseres Volkes."* Er schließt mit den Worten: *„Nieder mit dem Feind! Es lebe Deutschland!"*

1. 3.   *„Fußpflege bietet Anna Hermann, Köln–Nippes, Schwerinstraße 14."*

1. 3.   Der Rechtsanwalt Dr. Ernst Lehnen aus Daaden an der Sieg hält Sprechstunden in der *„Grabbestr. 24 dienstags, mittwochs und donnerstags zwischen 13 und 15 Uhr"* ab.

3. 3.

Die NSDAP, hier der Ortsgruppenleiter Hermann Siebensohn, macht die Flucht der Zivilbevölkerung vor den heranrückenden Amerikanern möglich. Aber man bleibt und begrüßt erleichtert die Amerikaner ...

Das Reichsbahn–Ausbesserungswerk wird geschlossen, die übriggebliebene Belegschaft verläßt das Gelände.   4. 3.

Der Ortsgruppenleiter der Sechzig, Hermann Siebensohn, flüchtet mit seinen Nazi–Freunden aus dem Bunker an der Werkstattstraße über die Hohenzollernbrücke ins Rechtsrheinische. Zuvor hat sich Siebensohn seiner braunen Uniform entledigt und die feldgraue angezogen. Am nächsten Tag, gegen Mittag, werden deutche Pioniere die Hohenzollernbrücke sprengen.   5. 3.
Nach einem Augenzeugenbericht hatten die Nazis Teile des Bunkers für sich gemütlich eingerichtet. Aus mehreren Kabinen hatten sie eine große gemacht. Ein roter Teppich aus der evangelischen Kirche bedeckte den Boden. Orgien sollen hier angeblich von den Nazis gefeiert worden sein. Beim Verlassen des Bunkers soll Siebensohn den Zurückbliebenden zugerufen haben: „Ihr vertraut auf Gott? Gott wird Euch was scheißen!"
Die Nippeser im Sechzig–Viertel hatten sich für Siebensohn schon etwas Besonderes für die Zeit nach dem Krieg ausgedacht. Man wollte ihn teeren, federn und auf einem Handkarren durch Nippes ziehen.

Über die Neusser Straße rollen von Norden kommend die ersten amerikanischen Panzer der 6. Armee auf Nippes zu. Auch aus Richtung Ehrenfeld stoßen Truppen vor.   6. 3.

Das Realgymnasium Köln–Nippes beklagt 93 gefallene, vermißte und in Kriegsgefangenschaft gestorbene Schüler.

Nippes nach dem Krieg
und in den ersten Jahren der Bundesrepublik (1945–1969)

Die Amerikaner rücken am 5.3. und 6.3. bis in das Zentrum Kölns vor. Die Nazi–Größen setzen sich kurz vorher ins Rechtsrheinische ab. Köln ist ein Trümmerfeld, aus dem einzig und allein der Dom scheinbar unbeschädigt herausragt.

Die Amerikaner bilden eine Militärregierung, nach ihrem Weiterzug übernehmen die Briten die Verwaltung der besetzten Stadt. Köln soll wieder aufgebaut werden, neues Leben beginnt. Die Stadtverwaltung nimmt ihre Arbeit auf, Parteien gründen sich neu. Köln wird vom Schutt befreit. Die Trümmermenge beträgt in der Kölner Innenstadt 11.464.000 cbm und in Nippes 1.727.000 cbm. Nur Ehrenfeld mit 2,5 Millionen cbm und Mülheim mit 1,869 Millionen cbm hat von den Vororten mehr als Nippes aufzuweisen.Entnazifizierungskommissionen versuchen, die braunen Parteigenossen aus der Bevölkerung herauszusieben und von allen öffentlichen Ämtern auszuschließen. Kriegsheimkehrer, Flüchtlinge und Kriegsgefangene strömen in die Stadt zurück. Die erste demokratische Wahl für das kommunale Parlament findet am 13.10.46 statt. Die CDU erreicht 41 der 51 Sitze. Die SPD folgt mit 8 Abgeordneten und die KPD mit 2 Sitzen.

Obwohl in den ersten Nachkriegsjahren große Not an den Dingen des alltäglichen Bedarfs und an Lebensmitteln besteht, erblüht langsam auch wieder kulturelles Leben aus den Ruinen. 1948 feiern die Kölner *700 Jahre Dom* und die Gründung des 1. FC Köln, 1949 geht der erste Rosenmontagszug nach dem Krieg durch die Trümmerlandschaft Innenstadt (Motto: „Mer sin widder do un dun wat mer künne") und 1950 gibt es die Festlichkeiten zum Jubiläum *1900 Jahre Stadt Köln*. Die Währungsreform am 21.6.1948 bringt die Deutsche Mark, die die Reichsmark ablöst. Die Wirtschaft kommt langsam in Gang, Ford nimmt am 1.10.1948 die Produktion wieder auf. Am 7.9.1949 wird die Bundesrepublik Deutschland gegründet.

Die folgenden 20 Jahre werden als die Jahre des deutschen Wirtschaftswunders in die Geschichte eingehen. *Made in Germany* wird weltweit zu einem Qualitätsbegriff. Deutsche Arbeitskräfte sind auf einmal rar.

Ab 1960 werden ausländische Arbeitnehmer angeworben. Gastarbeiter aus Italien, Portugal und der Türkei kommen nach Köln und auch nach Köln–Nippes.

Die Stromkabelverbindung zwischen Nippes–Ehrenfeld–Müngersdorf ist wieder hergestellt. Der Strom wird aus dem Kraftwerk der Glanzstoff Courtaulds GmbH in Niehl geliefert. Das Umspannwerk III der stadtkölnischen elektrischen Versorgung an der Florastraße ist erheblich beschädigt.

8. 3.

„Als einziger evangelischer Pastor wird Fritz Schellenberg in Nippes ermittelt."

14. 3.

Die Amerikaner beginnen mit der Registrierung der Bevölkerung. Neben der Ermittlung der exakten Einwohnerzahl will man durch sie auch NSDAP–Parteimitglieder und andere verdächtige Personen ermitteln. Die Militärpolizei hat dazu 6 Büros im Stadtgebiet eröffnet. Eines davon ist in Nippes.

14. 3.

„Erster kurzlebiger Versuch einer Lieferung von Strom vom Werk Fortuna in Knappsack nach Nippes."

16. 3.

28. 3.

Nach der nicht in Anspruch genommenen Abreisebescheinigung für Christine Römlinghoven (s. S. 132) folgt die Registrierung mit Abdruck des rechten Zeigefingers durch die Militärregierung.

Das Vinzenz–Hospital versorgt erkrankte Zwangsarbeiter, die in den vergangenen Jahren in Nippeser Betrieben arbeiten und hier in Lagern leben mußten.

April

Eine Zweigstelle der Sparkasse der Stadt Köln wird im Haus Mauenheimer Str. 32 eröffnet.

4. 4.

1945

April   *Blick in die Neusser Straße stadtauswärts. Links die Einmündung der Wilhelmstraße.*

12. 4.   Der von den Amerikanern wieder in sein Amt eingesetzte ehemalige Oberbürgermeister Kölns, Konrad Adenauer, besucht bei seiner Rundfahrt durch die zerstörte Stadt Köln auch Nippes.

1. 5.   Zwischen 10 und 12 Uhr werden all jene volksschulpflichtigen Kinder, die zwischen dem 1.10.1931 und 30.9.1938 geboren wurden, in der für ihren Kölner Wohnbezirk zuständigen Volksschule angemeldet. In Nippes ist dies einzig die Volksschule Auguststraße.

15. 5.   Trude Herr, 17 Jahre, zieht mit ihrer Familie, aus Kalk kommend, in die Mauenheimer Straße 62.

26. 5.   „Evangelische Gottesdienste finden jeden Sonntag um 9 Uhr in der Yorckstr. 12 statt; Kindergottesdienste um 10.15 Uhr und eine Bibelstunde donnerstags um 19.30 Uhr."

1. 6.   Das Umspannwerk an der Florastraße ist wieder instandgesetzt. Es liefert Gleichstrom an die Straßenbahn.

24. 7.   Erster Schultag für die Kölner Kinder. In Nippes gehen sie in das Schulgebäude Auguststraße, das als einziges in Nippes noch einige wenige benutzbare Klassenräume bietet.
„Über dreitausend sechs– bis zehnjährige Kinder sind gestern im linksrheinischen Köln eingeschult worden. Die Bedeutung dieses Anfangs zum Wiederaufbau des Schulwesens in Köln wurde in einem Klassenzimmer der Volksschule Auguststraße,

Köln–Nippes, feierlich begangen. Kinder, Eltern, Vertreter der Militärregierung und der Behörden nahmen an der kleinen offiziellen Eröffnungsfeier teil. Als Vertreter der Stadt sprach Professor Dr. Kroll, der Leiter des Schul– und Kulturwesens der Stadt, und wies darauf hin, daß nun endlich wieder für die Kinder ein neues Leben beginne, in dem Arbeit und Erholung ihren gemäßen Platz in der Erziehungsarbeit finden sollen. Der Vertreter der Militärregierung, Major Manchester, wünschte dem neuen Beginnen der schulischen Arbeit allen Erfolg und den Kindern viel Freude am Lernen. Zu der Feier war auch Captain Elliot erschienen, der Schulderzernent der aus Köln weggegangenen amerikanischen Militärbehörden."

Der mit Anni Cassmann verheiratete Toni Steingass kehrt aus dem Krieg in das Haus seiner Eltern, Gneisenaustr. 12, zurück.

Juli

Das Arbeitsamt unterhält in Nippes, Mauenheimer Straße 12, Ruf 74400, eine Zweigstelle.

August

„Eine Gedenkstunde für die Kölner Gefallenen findet um 15 Uhr in St. Bonifatius, Köln–Nippes, statt. Die Jugend der Stadt und die Eltern der Gefallenen sind dazu eingeladen."

25. 11.

```
Mit Verfügung vom 16.1o. 45 aufgefordert, sich über wiedereinzustellen
de Beamte zu äußern, möchte ich mich einsetzen für Herrn Stadtinspektor
Christian ███ ( Wohlfahrtsamt ).
Ich habe mit demselben seit über 2o Jahren zusammen gearbeitet und
kann nur sagen, daß Herr ███ trotz seiner Zugehörigkeit zur NSDAP.
ein scharfer Gegner des Nationalsozialismus war. Seine ganze Gesinnung
und religiöse Einstellung , aus der er nie ein Hehl machte, verbot ihm
das. Wie so mancher Beamter, war auch er bei einer Dienststelle, bei der
der Leiter die Mitarbeiter zum Eintritt in die Partei drängte. Bei
dem raffinierten System des Naziregims war dann von dem Eintritt in
die Partei um sich vor Terror zu schützen, kaum vorbei zu kommen. Ich
kann bestätigen, daß ich gerade mit Herrn ███ mich sehr oft gegen
das ganze Nazisystem unterhalten habe.
Herr ███ kann unbedenklich wieder eingestellt werden. Von ihm ist
keine nationalsozialistische Propaganda zu erwarten, sondern nur wert-
vollste Mitarbeit zum Wiederaufbau der Verwaltung und der Stadt Köln.
```

Schreiben der Wohlfahrtskreisstelle Nippes an das Personalamt der Stadt Köln. Um Entnazifizierung ist auch die Kölner Stadtverwaltung bemüht.

12. 12.

„Die Schutträumung ist nun so weit gediehen, daß die Neußer Straße, Venloer Straße, Aachener Straße, Bonner Straße, Ringstraße und Militärringstraße vollständig schuttfrei sind."

24. 12.

In der Wilhelmstraße eröffnet Elfriede Oerder ein Spielzeuggeschäft.

1946

1.1. „Die Geschäftsstelle der Deutschen Arbeiterpartei 1945 befindet sich ab heute in Köln-Nippes, Auerstraße 48, Ecke Eichstraße."

3.3. Die *GKG Närrische Insulaner 1927 e.V.* veranstaltet am Karnevalssonntag inoffiziell ihre erste Sitzung nach dem Krieg.

16.3. „Unter dem Vorsitz von Gerhard Schmitz trat der Bezirk Nippes der Union mit einer Kundgebung an die Öffentlichkeit, auf der Geschäftsführer Johannes Wolff in klaren Worten über die Ziele der Partei sprach. Er appellierte an die Bauern, ihrer Abgabepflicht gegenüber den notleidenden Städtern nachzukommen, sprach sich für einen Austausch der belasteten Pg (Parteigenossen) gegen die Kriegsgefangenen aus und forderte die Bürger auf, in den nächsten Wochen für die konfessionelle Schule einzutreten."

April   *Eine Menschenschlange vor dem Lebensmittelgeschäft Peter Hässy auf der Sechzigstraße, Hausnummer 41, Ecke Knechtstedener Straße. Eine Lebensmittellieferung ist angekündigt.*

11.4. Stadtverordneter Peter-Josef Schaeven (CDU) tritt als Redner in der *Restauration Neuenfeldt* (früher Lang), Holbeinstraße, auf.

30.4. „Religiöse Feierstunde. Alle christlichen Werktätigen Kölns sind am heutigen Dienstagabend, 19 Uhr, zu einer religiösen Feierstunde, in deren Mittelpunkt die christliche Wertung von Arbeit und Arbeiter steht, nach St. Bonifatius in Nippes, Gneisenaustraße, eingeladen (Linie 7, 9, 17). Der Kardinal selbst wird anwesend sein. Die Stunde soll ein Bekenntnis der Werktätigen zur Soziallehre der Kirche und zum christlichen Sittengesetz als einem Fundament des öffentlichen Lebens sein."

„Der Kreckelhahn *von Jupp vum Neppes*

28. 5.

Et gitt Minsche, die han immer rääch,
Wat andere dun, eß immer schlääch,
Se künnen dich mem Schänge
Rack us dem Hüsge bränge.

Letz trof ich einen op der Stroß,
Kaum soch hä mich, do gingk et los,
Hä schaut, bes dat ein Wolk vun Dreck
Kom vun däm Haufen op der Eck
Mem Wind – un stoppten im dann do
Die große Muul – sin Haupbooch – zo.
Hä speit un schleck un stammelt dann:
„Wann kommt der Dreck weg, sag nur wann?"

Doch wie ich frogten, of hä schon
Doch ald beim Schöppe metgedon,
Do platzten im der Krage:
„Was? – Daß ich Schutt abtrage,
Kommt nicht von fern in Frage!"
Ich waden op dä Augenbleck
Wo dä Kääl an däm Dreck versteck."

Ständige Arbeiter und freiwillige Helfer haben u.a. folgende Straßen vom Schutt völlig geräumt: Teklastraße, Bergstraße, Merheimer Straße und Friedrich–Karl–Straße.

28. 5.

Exequien für Johann Linnertz (Gocherstr. 5) in der Kreuzkapelle, Mauenheimer Straße.

28. 5.

„Lehrer in Nipes sucht Zimmer, Bett vorhanden, Köln–Nippes, Auguststr. 35."

14. 6.

Neueröffnung! Viktoria-Lichtspiele Köln. Nippes. Neußer Straße 338 „Der weiße Flieder". 14. 16. 18 u. 20 Uhr. Vorverk. tägl. von 10-12 Uhr. Zu erreichen Linie 10 u. 11 bis Florastraße.

Wiedereröffnung des im Oktober 44 stillgelegten Kinos U.T. Lichtspiele, Neusser Str. 338, unter dem neuen Namen Viktoria–Lichtspiele mit einer deutschen Liebeskomödie. Friedrich Hengst hat sich das Lichtspiel–Theater von Franz Grohé angeeignet und betreibt es als Erstaufführungskino.

12. 7.

„Die Moderne Galerie Köln–Nippes, Gustav–Nachtigal–Straße 8, zeigt von August bis September Gemälde von Hofer, Hünemeyer, Lauterbach, Masereel, Paling, Pastor, Planson, Teuwen, und Plastiken von Pankok."

10. 8.

Bei der Wahl zur Stadtvertretung stimmen im Wahlbezirk Nippes 10.011 Personen für die CDU, für die SPD 5.338, für die KPD 1.319 und für die FDP 157.

13. 10.

Volkszählung. In Nippes leben 32.186 Menschen. 17.960 weiblichen stehen 14.226 männlichen Personen gegenüber.

29. 10.

Der von den Nazis 1933 von Erzberger– in Königin–Luise– umbenannte Platz an der Schillstraße erhält wieder den 1923 festgelegten Namen Erzbergerplatz.

1947

März

Oben: *Das alte Gebäude des Bluhmschen Kaufhauses hat den Weltkrieg nur leicht beschädigt überstanden. Der Verkauf verlief während der Kriegsjahre ohne Unterbrechung.*

13. 4.

Die Schule Ossendorfer Straße nimmt ihren Betrieb wieder auf.

21. 7.

Rechts: Christine Römlinghoven wird vom Kölner „Entnazisierungs–Hauptausschuß" hinsichtlich ihrer politischen Vergangenheit entlastet.

1. 10.

Der Touristenverein *Die Naturfreunde*, Bezirksgruppe Nord, nutzt Räume der Wirtschaft *Em golde Kappes* als Vereinslokal.

31. 12.

In Nippes wohnen 33.440 Personen.

Entlastungs-Zeugnis 1213
(Clearance Certificate)

Hiermit wird bescheinigt, daß
(It is hereby certified that)

Name (buchstabiert) R ö m l i n g h o v e n , Christine

Wohnhaft Köln-Nippes, Merheimerstr. 79

geb. am 12. Januar 1914

Personalausweis Nr. 4N 540236 BAB

unter den Bestimmungen der Verordnung Nr. 79 der Militärregierung entlastet worden ist.
(Has been cleared under the provisions of Military Government Ordinance No. 79

Datum 21. Juli 1947

Ort Köln

Unterschrift
(Signed)

Rank and Designation of Public Safety Officer.
Vorgesetzter der Denazifizierungskammer
Vorsitzender des Entnazisierungs-Hauptausschusses SK Köln

140

Die Kölner Stadtverwaltung hat in Nippes folgende Verwaltungsstellen: Januar

Ordnungsbezirk 15, Nippes	Leipziger Platz	Ruf 76677
Städtische Sparkasse	Neusser Str. 177	Ruf 72660
Steuerzahlstelle	Florastr. 105	Ruf 71828
Standesamt (ab 1.1.1948)	Florastr. 105	Ruf ohne
Versorgungsamt–Bezirksstelle 4	Blücherstr. 15–17	Ruf 71595
Versorgungsamt–Bezirksstelle 4A	Rembrandtstr. 2	Ruf 78936
Wohlfahrtsstelle Nippes	Siebachstr. 68	Ruf 74190
Tierkörperverwertungsanstalt	Schiefersburger Weg 150/51	Ruf 55081

Das Postamt befindet sich als Provisorium vorübergehend im Haus Neusser Straße 340.   Januar

Die *GKG Närrische Insulaner 1927 e.V.* feiert ihren *Neppeser–Bunne–Ball* in allen Räumen   14.2.
der Wirtschaft *Em golde Kappes.*

Die Fußballmannschaft von *SuS Nippes 12* ist der erste Gegner des gerade neu gegründeten   15.2.
1. FC Köln (Erster Fußball–Club Köln 01/07, entstanden aus den Vereinen Sülz 07 und Kölner Ballspiel–Club). Das Spiel endet mit 2:8 (1:3). 5000 Zuschauer sehen in der Stadion-
Radrennbahn die FC–Spieler: Nelles, Langen, Hungs, Hennes Weißweiler, Czilinski, E.
Moog, Ladant, Alexius, Faber, Willy Weyer, Liponer.

25.3.

*Der markante
Glockenturm der
Schule Turm-
straße hat den
Krieg überstan-
den. Seine Stun-
den sind den-
noch gezählt.*

15. 1.   Köln soll „*Buchstadt*" werden. Der Hochbunker an der Kevelaerer Straße, Nr. 18, wird zum „*Verlegerbunker*". Nach Umbaumaßnahmen finden hier Buchverlage ein vorläufiges Domizil. Zu den ersten Nutzern gehören: Eugen Diederichs Verlag (Jena), Kiepenheuer & Witsch (Berlin/Weimar), Böhlau Verlag (Weimar) und Agrippina Verlag Swildens & Co (Köln).

25. 3.   *Das Gymnasium Nippes an der Blücherstraße. Auch die Grünanlage auf dem Leipzigerplatz ist verwüstet.*

2. 6.   Um 15.30 Uhr läßt der *Heimatverein Alt–Köln* in der Unterkirche von St. Bonifatius das Puppenspiel *Gräfin Wooschtemann* von dem in Nippes geborenen Jean Jenniches aufführen.

6. 7.   Erster ofizieller Marktag auf dem Wilhelmplatz nach dem Krieg.

15. 9.   „Der frühere Kölner Ortsgruppenleiter Johann Müller, der von 1938 bis 1943 die Ortsgruppe Köln–Nippes, dann anschließend die Ortsgruppen Köln–Niehl und Köln–Weidenpesch leitete, bestritt vor dem Bielefelder Spruchgericht, gewußt zu haben, daß die Politischen Leiter weisungsgemäß mit der Gestapo zusammenarbeiteten. Es wurde ihm aber vorgehalten, daß er sich selbst im Falle des Zeugen Nell sehr hartherzig zeigte, als die Gestapo die Entlassung des Nell aus dem KZ von der Befürwortung durch ihn als Ortsgruppenleiter abhängig machte. Weiteres Material, das den Angeklagten persönlich belastet hätte, lag nicht vor. Die Spruchkammer erkannte auf ein Jahr Gefängnis unter Anrechnung der Internierungshaft."

16. 10.   „*In Nippes, wo infolge der Überschneidung mit dem Einflußbereich der im Norden entstehenden Industriestadt die Neuordnung großen Schwierigkeiten begegnet, sucht man die Entwirrung dadurch zu erreichen, daß man den Raum in ein südliches Groß–Nippes und*

*ein nördliches Groß–Merheim mit gemeinsamer Mitte bei den Mauenheimer Höfen glie-
dert."* Aus dem Generalbebauungsplan für Köln von dem Stadtplaner Professor Dr. Rudolf
Schwarz. Nach seiner Vorstellung sollen die Vororte eigenständige Nebenstädte bilden,
während die Innenstadt als kulturelle Hochburg die Hauptstadt bilden soll.

Stadtverordnetenwahl. In Nippes wählen 7.201 Personen die CDU, die SPD 5.135, die KPD
1.229 und die FDP 1.027.

17. 10.

Wiedereröffnung des 1940 von *Kino für Jedermann* in *Filmburg* umbenannten Kinos an der
Neusser Str. 264.

21. 12.

Filmburg Köln
Neußer Straße 264. Wiedereröffnung
21. 12. (geschlossene Vorstellung). —
Ab Mittwoch tägl. 13.30, 15.45, 18.00,
20.15 Uhr Richard Tauber in „Dein ist
mein Herz". Vorverkauf ab Mittwoch
10—12 Uhr

*Zeitungsanzeige
für die erste
Vorstellung des
wiedereröffneten
Kinos Filmburg.*

„Mit dem Schubert–Film „Dein ist mein Herz" eröffnete die Filmburg in Köln–Nippes
ihr neues Lichtspiel–Theater. Der Raum ist geschmackvoll, wenn auch einfach eingerichtet, und wird den Filmfreunden in Nippes zu einem angenehmen Ort der Erholung
und Besinnung werden.
Im Rahmen der Eröffnungsfeier sangen und spielten die bekannten Kölner Schlagersän-
ger Vier Botze karnevalistische Schlager und lockerten so die Stimmung des geladenen
Publikums. Weniger ansprechend war die Eröffnungsansprache Willy Hartungs vom
Kulturamt in Düsseldorf. Sollten seine vorgetragenen Ansichten seiner wahren Mei-
nung entsprechen, steht er dem Film kritiklos gegenüber und findet für jeden wertlosen
Streifen eine Entschuldigung.
Die Tatsache, daß Köln–Nippes nun ein eigenes Film–Theater besitzt, ist ein weiterer
Schritt auf dem Wege zur kulturellen Erneuerung unserer Stadt und wird von den Be-
wohnern dieses Stadtteils sicher dankbar zur Kenntnis genommen."

23. 12.

„60 Jahre sind 1948 seit der Eingemeindung der linksrheinischen Vororte und der
rechtsrheinischen Vororte Deutz und Poll verflossen. Seit 1888 sind also die Nippeser,
Ehrenfelder, ... Kölner Bürger. So sehr mancher damals über diese neue Würde
geschimpft haben mag, so sehr haben sich die Enkel heute daran gewöhnt."

Ende Dezember wohnen in Nippes 34.440 Personen.

31. 12.

17.1.   Die Evangelische Kirche nimmt den Schulbetrieb im Gebäude Steinbergerstraße wieder auf.

29.1.   Der *Katholische Kaufmännische Verein Köln–Nippes, gegr. 1910*, veranstaltet einen Familien– und Unterhaltungsabend im Vereinslokal, der Gaststätte von Johannes Deutsch am Wilhelmplatz, Wilhelmstr. 59.

Juni   *Neusser Straße, Ecke Schill– und Blücherstraße. Ein Volkswagen rollt über die Neusser Straße in Richtung City. Von den Nazis wurde er als KdF Wagen 1938 der Öffentlichkeit vorgestellt. Von privater Hand konnte er ab 1948 erworben werden. Unter der Bezeichnung Käfer wird der Wagen millionenfach vom Band rollen. Er wird weltweit das meistverkaufte Auto werden.*

9.7.   Die neuen öffentlichen Feuermelder werden im Kölner Stadtgebiet in Betrieb gesetzt. In Nippes befinden sie sich an folgenden Standorten: Nordstr. 21, Neusser Str. 171, Neusser Straße / Ecke Einheitstraße und Neusser Str. 385.

9.7.   „Nippeser 'Liedertafel' feiert Jubelfest. Nippes hatte am vergangenen Sonntag einen großen Tag: Prozession und Kirmes, und sein Männergesangverein 'Liedertafel' feierte sein 75jähriges Bestehen. Die Sänger begannen den Tag mit einem Gottesdienst in der Kreuzkapelle an der Mauenheimer Straße und anschließend gab es zum Besten des Wiederaufbaus der Marienkirche ein Platzkonzert. Am Nachmittag zog ein Festzug durch die Straßen von Nippes zum großen Saal der Land– und Seekabelwerke in der

Xantener Straße, wo ein Festakt unter Mitwirkung des Kölner Kinderchors, des Chors und Orchesters der Reichsbahndirektion stattfand."

Bei der Bundestagswahl erhalten in Nippes die CDU 47,2% der Stimmen, die SPD 31,2%, die FDP 11,2% und die KPD 7,0%.

14. 8.

Die *St. Sebastianus–Schützen–Bruderschaft 1876*, vormals *Schützengilde Köln–Nippes* und *Schützengesellschaft Köln–Nippes*, feiert erstmals nach dem Krieg wieder ein Schützen- und Volksfest auf dem Festplatz am Erzbergerplatz. Ein Festbuch erscheint.

20.–
24. 8.

Willy Bündgen
Spezial-Lederhandlung

Köln-Nippes, Neußer Straße 339

Leder- und Gummi-Sohlen und -Absätze

Schuhbedarfs-Artikel — — Verputzerfilz

Koffer - Lederwaren - Sandalen - Turnschuhe

Lederfärberei - Annahmestelle Nord.

Einige Anzeigen aus dem Festbuch der St. Sebastianus–Schützen–Bruderschaft 1876 Köln–Nippes.

Wwe. Gustav Krähmer
BAU- u. REPARATURGLASEREI

Schaufensterglas in allen Größen · Auto-Scheiben
Fensterglas · Thekenaufsätze · Platten . Einrahmen
von Bildern · Spiegel aller Art · Glasversicherungen

Ältestes Fachgeschäft am Platze!

KÖLN-NIPPES, Neußer Straße 324 · **Fernruf 7 95 05**

29. 10.   Der Kölner Stadt–Anzeiger erscheint wieder. In der ersten Nummer nach dem Krieg (73. Jahrgang) inserieren die Nippeser Geschäfte:

Herbert van Husen, Schuhe, Neusser Str. 273,

30 Jahre Rolladen Riem, Merheimer Str. 355,

Robert Heikaus, Großhandlung, Möbelstoffe Markisenstoffe Polstermaterialien, Neusser Str. 173 (Toreinfahrt),

Pelzhaus Fritz, Neusser Str. 391, früher Heinrichstraße, gegründet 1914,

D. Hertgen, Monning & Co, seit 50 Jahren regensichere Dachentlüfter, Nordstr. 49/51,

Gebrüder Friedrichs, Bürobedarf, seit 1837, Merheimer Str. 229,

Karl Günther, Hoch–,Tief–, Eisenbeton– und Straßenbau, Gustav–Nachtigal–Str. 25,

Optik Wilsing, Neusser Str. 281 (gegenüber der Filmburg),

Möbel Eutebach, das Möbelhaus des Nordens, Neusser Straße 228,

Pelze Oehme, Neusser Str. 188,

Josef Kirch, Fahrradgeschäft, Neusser Str. 186 und

das Putzmacher–Handwerk aus Anlaß der Woche des Hutes vom 30.10.–6.11.1949:

Mathilde Kogel, Neusser Str. 183,

Gerta Grass, Siebachstr. 106,

Else Offermann, Cranachstr. 4,

Schlunke–Kloshöhn, Auguststr. 42,

Käthe Kulartz, Christinastr. 53 und

Wilhelmine Fromm, Eisenachstr. 27.

19. 11.   „Endlich daheim! Aus der neuesten Kölner Heimkehrerliste: Herbert Quast, Nippes, Viersener Str. 17, 7845 Moskau.“

Aus Anlaß seines 80jährigen Bestehens gibt der *Männerchor Köln–Nippes* ein Festkonzert in der Kirche St. Marien.

31. 12.   In Nippes wohnen 35.706 Personen.

Willy Schetzka eröffnet das Fachgeschäft Radio Nord an der Neusser Straße im Haus 261.　　2. 1.

Oben: Die erste Zeitungsanzeige von Radio Nord.
Anzeige vom 25.3.1950.

„In dem großen Saal der Land– und Seekabelwerke hatte die Nippeser 'Närrische Bür-　　11. 2.
gerwehr' ihr Lager aufgeschlagen, und bald war das vollbesetzte Haus in prächtiger Fas-
telovendsstimmung. Es traten auf: Bauer und Jungfrau, Tanzkorps mit Mariechen,
Abordnungen der Blauen Funken, Ehren– und Prinzengarde, Tanzkorps der Mehlwür-
mer, die Redner und Sänger Jean Schlösser, Jupp Cremer mit 'Herrn Dillendopp', Tünnes und Schäl, Valentin als Thekensteher, Matthias Brück, die drei Mötze, Gebr.
Kürsch, 'Schwatz–Wieß' Prinz/Kayser, die 'Weltenbummler' Wolter und Küster. Fritz
Knott brachte das ganze Haus zum Schunkeln."

Der erste karnevalistische Dienstagszug nach dem Krieg geht durch Nippes.　　21. 2.

Die Ruine　　9. 6.
der Schule
Kretzer-
straße 5–7.

1950

9. 6.

Schule Steinbergerstraße 40.

Mai   Die Pfarre St. Marien feiert ihr 100jähriges Bestehen. Eine Festschrift wird herausgegeben.

Einige Anzeigen aus der Festschrift der Pfarre St. Marien.

Die Schule Siebachstraße wird eröffnet; in 6 Räumen werden 608 Schüler unterrichtet. 1. 7.

15. 7.

Die Sparkasse der Stadt Köln eröffnet den Betrieb im eigenen Haus an der Neusser Straße / Ecke Wilhelmstraße. Hier hinein zog sie aus dem früheren Café Bollig im Haus Neusser Straße 177, Ecke Kempener Straße.

Die *St. Sebastianus–Schützen–Bruderschaft 1876 Köln–Nippes* feiert ihr 74. Stiftungsfest. Eine Festschrift erscheint.

19.–
23. 8.

Eine Anzeige aus der Festschrift der Schützen.

19. 8.

„Explosion in einem Kabelschacht. Während des Fackelzuges der Nippeser Schützen am Samstagabend, dem 19. August, bei dem auch ein Feuerwerk abgebrannt wurde, ereignete sich an der Ecke Niehler und Wilhelmstraße ein eigenartiger Unglücksfall. Vermutlich waren Funken von brennenden Feuerwerkskörpern in einen Kabelschacht gefallen. Dadurch gerieten die in dem Schacht angesammelten Erdgase zur Entzündung und explodierten. Die Wucht der Explosion war so stark, daß zwei Kanaldeckel hochgedrückt wurden und eine Stichflamme aus dem Kanalschacht emporschoß. Von den Schaulustigen, die sich in der Nähe des Schachtes befanden, wurden vier Personen durch die Stichflamme verletzt. Zwei anderen Personen wurden die Kleidungsstücke versengt.“

1950

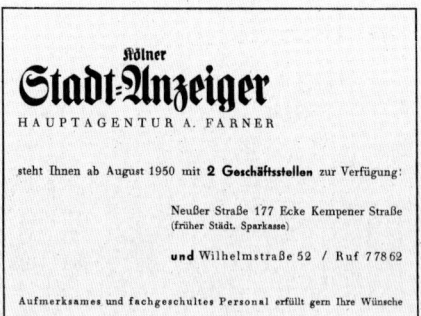

23. 10. Die Volksschule Turmstraße gibt es nicht mehr. Nach einem Umbau ist hier am 5. 4. diesen Jahres die Staatliche Ingenieurschule für Bauwesen eingezogen. Der Glockenturm und das Spitzdach sind abgenommen worden. Ein Flachdach deckt jetzt das Gebäude.

26. 12. „Vierklassige Schule in Köln–Nippes. An der Gellertstraße in Köln–Nippes ist jetzt eine moderne, vierklassige Schule in Form eines Baracken–Flachbaus (Baurat Rother) ihrer Zweckbestimmung zugeführt worden. Die feierliche Übergabe nach einem Gottesdienst und der Kreuzsegnung in der Pfarrkirche ließ die Freude und Dankbarkeit der Bevölkerung für diesen Schulbau, der gegenüber der bisherigen Beschränkung einen wesentlichen Fortschritt darstellt, erkennen. In der neuen Schule werden die Kinder der Unter– und Mittelstufe aus der Pfarre St. Bonifatius unterrichtet. Die Klassenräume wirken hell und freundlich. Sie sind mit beweglichem Mobiliar ausgestattet. Das ermöglicht die Durchführung der neuen Unterrichtsform mit arbeitenden Gruppen, Aussprachenkreisen usw. Der Lehrer steht nicht mehr 'vor der Front', sondern wirkt mitten unter den Schülern. Auch Konferenz– und Schulleiterzimmer zeigen ein neues Gesicht. Im Kellergeschoß wird noch der Werkraum ausgebaut, in denen die Knaben basteln und die Mädchen stopfen, stricken, häkeln werden."

20 Jahre *Frauenchor Köln–Nippes*. In der Flora findet ein Festkonzert statt.

31. 12. In Nippes wohnen 31.919 Personen.

Die Staatliche Ingenieurschule für Bauwesen feiert: 1 Jahr in Köln–Nippes, Turmstraße 7.　　5. 4.

24. 5.

Die Luftbildaufnahme (Ausschnitt) zeigt Trümmergrundstücke und abgedeckte Häuser zwischen Gocherstraße und Neusser Straße (diagonal verläuft die Mauenheimer Straße, am rechten Bildrand der Niehler Kirchweg).

Juni

Eine Prozession auf der Neusser Straße, Ecke Mauenheimer Straße. Zu sehen sind die Fronten der Häuser Neusser Str. 301 bis 307.

19. 8.   Die *St. Sebastianus–Schützen–Bruderschaft Köln–Nippes* feiert ihr 75 jähriges Bestehen.

September *Blick in die Neusser Straße, rechts die Einmündung der Scharnhorststraße. Im Erdgeschoß des Eckhauses befindet sich die Greif–Apotheke, die am 24.12.1902 als dritte Apotheke in Nippes öffnete.*

10. 10.   Die Einwohnerzahl von Nippes beträgt 38.443. Davon sind 17.808 männlich und 20.635 weiblich. Unter den Nippeser Einwohnern leben 405 in Bayern geborene Personen.

26. 11.   Das Postamt am Wilhelmplatz wird nach vollständigem Neuaufbau teilweise in Betrieb genommen.

Das Steingass–Terzett landet mit dem von Toni Steingass getexteten und komponierten und im Eigenverlag herausgegebenen Lied *Der schönste Platz ist immer an der Theke* einen großen Erfolg. Von der Blücherstraße 3 aus, hier wohnt die Familie Steingass, macht es seinen Siegeslauf um die Welt.

Rechts: Das im Jahr zuvor eröffnete Fachgeschäft Radio Nord, Neusser Straße 261.

Die Deutsche Bundesbahn will das Ausbesserungswerk Köln–Nippes schließen.   Januar

Die *GKG Närrische Insulaner* feiert ihr 25jähriges Bestehen. Eine Festschrift erscheint.   Februar

24.3.

Links: Schaufenster des Ofen-hauses Leisten, Neusser Str. 241, Ecke Wilhelmstraße. Ferdinand Leisten hat sein Hauptgeschäft in der Hahnen-str. 55, neben den Hahnen-tor-Lichtspielen. „Seit 40 Jahren führendes Fachge-schäft für Heiz–, Koch–, Kühl–, Wasch– und Badeap-parate – Groß– und Einzel-handel– Großküchen", heißt es in einer Anzeige, und „Sonntag von 2–6 geöffnet".

Rechts: Das Glas- und Bilder-rahmengeschäft Krähmer im Haus Neusser Straße 324, Ecke Blücherstraße. Im selben Haus befinden sich auch der Asbest–Zement–Vertrieb von Heinz Koerver und das Parfümerie-und Friseurgeschäft Saftig.

Links: Das Schaufenster von Radio Nord. Unter den zahl--reichen Radiogeräten befindet sich auch ein erstes Fernseh-gerät im Angebot. Pünktlich zum Weihnachtsfest in die-sem Jahr wird das Erste Deut-sche Fernsehen auf Sendung gehen.

24. 5.

UNION
Theater Köln-Nippes
Sechzigstraße 6,
Ecke Merhelmer Str.

Wiedereröffnung heute 17.00 Uhr
mit dem Revue-Lustspielfilm
Die Diebin von Bagdad - Jugd¹ ab 16 Jahre
mit Sonja Ziemann, Rudolf Prack, Theo Lingen,
Paul Kemp u. v. a.
14.30   17.30   20.00   Samstag auch 22.15

Das Union-Theater (vormals Viktoria-Lichtspiele) an der Sechzigstraße 6, die Lichtbildbühne von Josef Grohé, öffnet wieder seine Türen. Allerdings hat seine Ehefrau die Lizenz zur Betreibung des Kinos erhalten.

„In Nippes hat sich ein neues Lichtspieltheater aufgetan. Es nennt sich Union–Theater und ist an der Stelle des im Jahre 1943 durch Kriegseinwirkungen zerstörten Lichtspielhauses in der Sechzigstraße erstanden. Der Besucher betritt die Kassenhalle und dann ein geräumiges Foyer, in dem die Garderoben untergebracht sind. Ausstellungsvitrinen ziehen hier den Blick auf sich. Der breit gelagerte Saal steigt nach hinten an und besitzt gute Sichtverhältnisse. Sehr geschmackvoll sind die Farben aufeinander abgestimmt. Dem Lindgrün der Wandbespannung und dem hellen Blaugrün des Bühnenvorhanges steht das satte Dunkelbraun der Holzvertäfelung gegenüber. Die gut gebauten Leuchten beleben als dekorative Elemente das Bild. Aus akustischen Gründen hat man die Decke in einer starken Auskehlung bis zum Bühnenrahmen heruntergezogen. Auch in technischer Hinsicht ist dieses neue Kölner Lichtspielhaus auf das modernste eingerichtet. Das betrifft vor allem die Klimaanlage sowie die Geräte für Bild und Ton."

26. 7.

Der Inhaber des Vereinsheimes des *ESV Olympia* im Gleisdreieck, der sogenannten *Nippeser Schweiz*, erhält die unbeschränkte Schankerlaubnis. Aus der Begründung des Antrages: Der Ausbau der Kanalstraße schaffe eine völlig neue Situation und die Anlage sei ein Erholungsplatz für alle, die nicht in Urlaub fahren könnten.

September

90 Jahre Firma Clouth. Eine Festschrift wird herausgegeben.

9. 11.

Bei der Stadtverordnetenwahl erhält in Nippes die CDU die meisten Stimmen, gefolgt von der SPD, FDP und KPD.

31. 12.

In Nippes wohnen 40.189 Menschen.

50 Jahre *GNKG Närrische Bürgerwehr.* In der Jubiläumssitzung des Vereins in der Flora tritt neben Karl Berbuer, der *Agrippinas Pänz* und *Das Wechselspiel der Natur* vorträgt, auch das Steingass–Terzett *mit Verschmitztes Familienleben* auf. Es erscheint eine Festschrift.

10. 2.

50 Jahre Gymnasium Köln–Nippes. Eine Festschrift erscheint.

5. 7.

Das wieder instandgesetzte Gebäude des Gymnasiums an der Blücherstraße. Auch der Leipziger Platz ist wieder als Spielplatz und Grünanlage hergerichtet.

Ein Schützen– und Volksfest zwischen Erzbergerplatz und Mauenheimer Straße veranstaltet die *St. Sebastianus Schützenbruderschaft von 1876 e.V. Köln–Nippes.*

22.–
26. 8.

Anzeige aus der Festschrift der St. Sebastianus Schützenbruderschaft von 1876 e.V. Köln–Nippes.

75 Jahre *Turn–und Fechtgemeinde Köln–Nippes.* Eine Festschrift wird herausgegeben.

August

In einer Privatwohnung im Haus Leipziger Platz 3 öffnet die städtische Kinderbücherei.

15. 12.

Nippeser sport– und fußballbegeisterte Katholiken finden sich in dem Verein *DJK Grün–Weiß Nippes* (DJK: Deutsche Jugendkraft) zusammen. Bereits in den 20er Jahren war er unter dem Namen *DJK Sportfreunde Köln* in Nippes tätig.

1954

30. 1.   Eröffnung der neuen Aula des Gymnasiums Nippes im Rahmen einer Feierstunde.

24.–
27. 3.   Feier zum 50jährigen Bestehen der Katholischen Volksschule Ossendorfer Straße. Eine Festschrift wird herausgegeben.

16. 6.–
4. 7.   Die Fußballweltmeisterschaft in Bern führt in den Nippeser Fachgeschäften zum erneuten Ausverkauf der Fernsehgeräte. Im Jahr zuvor war es bereits aus Anlass der Fernsehübertragung der Krönungsfeierlichkeiten der englischen Königin Elisabeth zu einem Engpaß gekommen. Bei Radio Nord muß man erneut ein Gerät für den eigenen Bedarf sicherstellen.

10. 11.   Der *Volksbildungsverein Köln–Nord e. V.* wird in dem Jahr vom Oberstudiendirektor Dr. Hermann Gundermann, tätig am Gymnasium Nippes, neu gegründet. Der Verein will die langjährige Tradition des ehemaligen *Vereins für Volksbildung Köln–Nippes* wieder aufleben lassen. Dieser war 1938 aufgelöst worden.

Rechts: Ein Plakat des Volksbildungsvereins Köln–Nord e.V. informiert über die Veranstaltungs-reihe im Winterhalbjahr 1954/55.

Die Staatl. Ingenieur-schule für Bauwesen, Turmstr. 7, feiert in diesem Jahr ihr 75jäh-riges Bestehen.

Volksbildungsverein Köln-Nord e. V.

Veranstaltungen des Winterhalbjahres 1954/55

Alle Veranstaltungen finden in der Aula des Neusprachl. Gymnasiums Köln-Nippes, Blücherstr. 17, statt.

1. Abend

Mittwoch, den 10. November 1954, 20 Uhr

Beethoven-Konzert

VORTRAGSFOLGE:

Ouvertüre zu „Die Geschöpfe des Prometheus", op. 43
Violin-Konzert in D-Dur, op. 61
IV. Symphonie in B-Dur, op. 60

Ausführende: Kölner Orchester-Gesellschaft 1888, Leitung: Peter Hammers.
Solist: Walter Schulze-Prisca, Violine.

Karten: Zimmer 9 im Gymnasium Köln-Nippes, Tel. 72513 (tägl. 9-14 Uhr) oder an der Abendkasse
Eintrittspreis für Nichtmitglieder DM 1.50

Programmvorschau:	
7. Dezember:	Weihnachtsvortrag mit Lichtbildern. Studienrat Paeschke und der Kirchenchor St. Bonifatius.
13. Januar:	Lichtbildervortrag „Islam in Ost und West". Professor Hoenerbach, Universität Bonn.
9. Februar:	Ne kölsche Ovend. Albert Schneider, Dr. Klersch, Knaben des Kölner Domchors unter Leitung von Mgr. Wendel.
9. März:	Liederabend (Schubert): Albert Weikenmeier, Tenor.
6. April:	Lichtbilder-Vortrag über den Isenheimer Altar. - Dr. L. Sittler, Archivdirektor von Colmar. Mit zeitgenössischer Musik.
11. Mai:	Bunter Abend, unter Mitwirkung von Willi Schneider.

Außerdem noch 2 Sonderveranstaltungen.

Wer Mitglied der Teilnehmergemeinde des Volksbildungsvereins werden will, wende sich an die Geschäftsstelle im Neusprachlichen Gymnasium Köln-Nippes, Blücherstraße 17. Z. Zt. werden Anmeldungen noch entgegengenommen.

Volksbildungsverein Köln-Nord e. V.

In den Nippeser Kinos wird es bunt. Das Union–Theater zeigt: *Gegenspionage – Gary Cooper in einem seiner besten Farbfilme.* In der Filmburg läuft: *Das sündige Dorf – Der Farbfilmschwank in Agfacolor mit dem Motto „Der Storch ist noch kein Standesamt."* Sie lachen sich gesund und krank bei diesem losen Farbfilmschwank. Das Viktoria spielt: *Schule für Eheglück – Das neueste deutsche Lustspiel mit Paul Hubschmid und Liselotte Pulver.*

18. 2.

Margit Nünke aus Köln–Nippes wird in Baden–Baden zur *Miss Germany* gewählt. Am 22.3.55 hatte sie im *Kaiserhof* bereits den Titel *Miss Köln* errungen.

11. 6.

Margit Nünke nach ihrer Wahl zur Miss Germany und vor ihrem Elternhaus Merheimer Str. 264 bei ihrer Rückkehr aus Baden–Baden am 17.6.1955.

Das Geschäft von Peter Geishecker in der Siebachstraße 45.

1955

August

Blick in die Kempener Straße. Rechts die Einmündung der Merheimer Straße.

Oktober

Blick in die Kevelaerer Straße. Die Wohnhäuser wurden nach dem Krieg durch die Gemeinnützige Wohnungs–Genossenschaft Ehrenfeld E.G.M.B.H. wieder aufgebaut.

In der Florastraße 1 eröffnet Rita Raeder ein Spielzeuggeschäft.

Agathe Hartfeld, die Schwester von Trude Herr, wohnhaft Mauenheimer Str. 62, gründet neben der bestehenden Spedition eine Fahrschule. Es ist die erste in Nippes nach dem Krieg.

„In der Flora regierte der Humor bei den Närrischen Insulanern. Jupp Bichler hatte den Stammtisch *Ruß geschmisse Geß* zu Gast, aus dem die große KG des Kölner Nordens hervorgegangen ist. Es ging deftig-genöglich her im großen Programm. Der Bölsche Boor kam ebenso zu Wort wie der Fremdenführer Hans Schumacher. Herbert Bertrand und das Steingass-Terzett waren die fröhlichen Sänger. Karl Küppers' Berichterstatterrede schlug wie eine Bombe ein."

11. 2.

Links: Der Sessions–Orden der Nippeser Bürgerwehr befaßt sich mit einer alten Nippeser Forderung. „Neppeser Badeanstalt. Wann ess et endlich esu wick – mer wahde schon zick 1904."

Einweihung des Wohnheimes Carl–Sonnenschein–Haus in der Gocherstraße 11.

15. 4.

An der verlängerten Eichstraße (50–62 und 41–57) entstehen die neuen Wohnhäuser der Gemeinnützigen Post–Bau– und Wohnungsgesellschaft Köln mbH mit insgesamt 182 Wohnungen. Die ersten Mieter und gleichzeitig Postangehörigen ziehen im Februar ein. Die Miete für die neue Dreizimmerwohnung mit Küche–Diele–Bad und Balkon beträgt 74 DM.

Mai

„Anfragen für Wohnungen zwecklos" verkündet das Bauschild. Der vierjährige Hans Lange aber freut sich. Sein Vater arbeitet bei der Post und wohnt nun in der Eichstraße Nr. 60 (im Hintergrund).

16. 6.

Blick vom Turm der St. Bonifatius–Kirche in Richtung Dom (oben), St. Marien (Mitte), Leipziger Platz mit Gymnasium (unten) und Firma Clouth (nächste Seite oben).

Margret Krähmer aus Köln–Nippes erblickt das Licht der Welt.   28. 8.

Im Haus Hogenbergstraße 6 wird die *Erwachsenenbücherei* der Volksbücherei eröffnet.   1. 10.

Wahl zum Kölner Stadtrat. Die SPD gewinnt. Auch in Nippes bekommt sie die meisten   28. 10.
Stimmen. Die Stimmenanzahl im Wahlkreis 19, Nippes I/Mauenheim: SPD 5.593, CDU
5.574, FDP 752; im Wahlkreis Nippes II: SPD 4.116, CDU 3.767, FDP 731. Die gewählten
Stadträte sind Aleff–Baumöller im Bezirk 19 und Franz Schlösser im Bezirk 20.

Blick aus der   Dezember
Nelkenstraße
auf die Häuser
der Neusser
Straße 257-261.
Von links:
Lederwaren
Laufenberg,
Werner Melder
(Tee, Kaffee)
und Radio
Nord.

1957

25.2. Der *Köln–Nippeser Bürgerverein* verlangt von der Stadt den Bau eines Schwimmbades und einer Festhalle in Köln–Nippes.

Februar Die Cornelius Stüssgen AG eröffnet eine Filiale auf der Neusser Straße im Haus Nr. 265, Ecke Viersener Straße. Hier befand sich ehemals des Biophoto–Theater.

5.3. „Nippes bekommt eigenen Sender. Die ständigen Klagen von Nippes, das Kölner Funkhaus kümmere sich zu wenig um Nippes und bevorzuge in unerträglicher Weise Braunsfeld, Lindenthal und Sülz, weil dort einige der leitenden Angestellten des WDR wohnen, haben Gehör gefunden. Nippes hat im Kampf gegen den Kölner Zentralismus einen entscheidenden Sieg erfochten: Es erhält endlich einen eigenen Sender. Wie unsere Leser wissen, haben wir uns schon immer für diesen alten Wunsch der Nippeser Hörer eingesetzt. Wir erinnern in diesem Zusammenhang an die von uns oft gerügte Vernachlässigung der Sitten und Bräute von Nippes durch das Kölner Funkhaus. Der Sender Nippes (17 und 4 km oder 4711 Herz und Nieren) wird seinen Sendebetrieb sofort oder etwas später aufnehmen.“

Aus der Karnevals–Beilage des Kölner Stadt-Anzeigers.

5.3. Der erste Dienstagszug der Narren nach dem Krieg geht durch Nippes.
„Fasteleer im 'Ausland'. Es war einmal ein treuer Husar, so tönte es zur selben Stunde durch die Straßen von Nippes. Die 'staatse' Närrische Bürgerwehr mit ihren goldenen Helmen und orange–weißen Uniformen hatte einen prachtvollen Zug inszeniert, in dem die Festwagen aus dem Rosenmontagszug 'Spanischer Pfeffer' und 'Das Blumenorakel' mitfuhren. Zum großen Lacherfolg wurde der Aufzug der '1. Damenfußballmannschaft von Nippes 12'. Frauen als Schulmädchen, Kluten, Ringroller, Mexikaner und Indianer waren weitere lustige Fußgruppen. Ein Wagen 'Kölsche Wasser–Jungfrau' pries die Kölner Wohlgerüche auch im 'Ausland' Nippes. In Lappenkostümen erschien sogar der Nippeser 'Hochadel'.“

162

Die Katholische Volksschule Kretzerstraße wird wieder eröffnet.

Die Bundesbahn errichtet im Sechzig–Viertel an der Werkstattstraße gleich neben dem Ausbesserungswerk eine große Anzahl von Wohnneubauten. Insgesamt 210 Wohnungen werden noch in diesem Jahr und im folgenden von Mitarbeitern der Bahn bezogen.

Juli

Margit Nünke wird in Stockholm zur *Miss Europa* gewählt. Die Filmbranche wird auf sie aufmerksam. In den folgenden Jahren spielt sie die weibliche Hauptrolle in abendfüllenden Filmen. Ihre Filmpartner sind Hans Albers *(Die Verlobten des Todes)*, Toni Sailer *(12 Mädchen und ein Mann)*, Walter Giller *(Bobby Dodd greift ein)*, Peter Alexander *(Das haut hin)*, Gustav Knuth und Willy Birgel *(Geliebte Bestie)* sowie Fred Bertelmann *(Gitarren klingen leise durch die Nacht)*. Auch wird sie in Zukunft Theater spielen, in Fernsehfilmen mitwirken und Platten aufnehmen.

August

Ein gekröntes Nippeser Haupt. Das offizielle Foto der Miss Europa.

Bei den Bundestagswahlen erreichen die Parteien in Nippes folgendes Ergebnis: CDU 57,9 %, SPD 32,7 %, FDP 6,2 %, sonstige 3,2 % der Stimmen.

15. 9.

50jähriges Jubiläum der Pfarre St. Josef. Eine Festschrift erscheint.

8. 12.

Joseph Lindener ist in diesem Jahr verstorben. Das Schuhgeschäft Neusser Str. 289 führt nun seine Frau Maria weiter.

In Nippes wohnen 47.099 Menschen.

31. 12.

28.3.   *Links: Der Inhaber von Radio Nord hat die künftige Werbeschrift an der Fassade des Eckhauses Neusser Straße/ Kempener Straße schon einmal in einem Foto eingezeichnet. Vor dem Haus steht der Kiosk von Fritz Erle. Rechts: Eine Zeitungsanzeige der Firma Radio Nord.*

28.3.   „Pläne zur Leistungssteigerung der Neußer Straße. Bei Aufstellung des Generalver-kehrsplanes hat man sich den Kopf darüber zerbrochen, wie die Leistungsfähigkeit der Neußer Straße gesteigert werden kann. Wegen der Bebauung ist aber ein großzügiger Ausbau in absehbarer Zeit nicht zu verwirklichen. Eine Entlastungsmöglichkeit bietet sich an durch die Einführung des Einbahnverkehrs in der Neußer Straße stadtauswärts und durch Führung des Gegenverkehrs im Zuge von Jesuitengasse, Merheimer Straße und Kempener Straße stadteinwärts. Die seit 1891 festgelegten Fluchtlinien, die eine Fahrbahnbreite von 14 m mit beiderseitigen Rad– und Fußwegen gestatten, begünsti-gen diesen Plan."

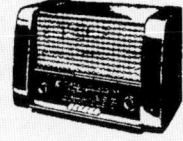
Zeitungsanzeige von Radio Fenrich.

Woolworth eröffnet eine Filiale auf der Neusser Straße, Ecke Kuenstraße.   7. 8.

Das Foto entstand wenige Tage nach der Eröffnung des Kaufhauses. (Negativ leider irreparabel beschädigt.)

Die Wahrheit über die Atomgefahr. Ein Vortrag mit Experimenten und Lichtbildern von   13. 12.
Dr. Hermann Gundermann, veranstaltet vom *Volksbildungsverein Köln–Nord e.V.* in der
Aula des Neusprachlichen Gymnasiums Köln–Nippes, Blücherstraße 17.

In Nippes wohnen 47.850 Menschen.   31. 12.

1959

22. 3.   Die katholische Pfarrgemeinde St. Heinrich und Kunigund an der Mauenheimer Straße wird eröffnet. Mutterkirche ist St. Marien. Eine Festschrift erscheint.

Ein Inserat aus der Festschrift der neuen Pfarre St. Heinrich und Kunigund.

Sauberkeit ziert allezeit! Unter diesem Motto kommt zü Seifen-Otto.
Seifen Parfümerien MAX OTTO SCHILLSTR. 10

März   Die Volksschule Steinberger Straße wird als Neubau dem Schulbetrieb übergeben. Der Architekt ist H. Wirminghaus.

Juni

Der Wagenpark der Bewohner der Post–Siedlung an der Eichstraße. Noch gibt es mehr Parkplätze als Autos ...

September   Der *Veedelsverein Neppeser Ahr–Schwärmer* wird von Bewohnern des Sechzig–Viertels gegründet. Sie bringen mit dem Namen ihre Vorliebe für die Weinregion zum Ausdruck. Dort verbringen Mitglieder regelmäßig ihren Camping–Urlaub.

17. 9.   Josef Kirch, 1. Vorsitzender des *Köln–Nippeser Bürgervereins*, Vorsitzender des Kölner Einzelhandelsverbandes und seit 35 Jahren Inhaber eines Geschäftes auf der Neusser Straße stellt fest: *„Das Stadtzentrum kann durch die Verkehrsnot nicht mehr alle Käufer aufnehmen."* Er regt an: *„So müssen in den Vororten Einkaufszentren geschaffen werden. Das Sortiment der Einzelhändler hier muß größer und umfangreicher werden."*

„Nippes erhält ein Hallenbad. In Nippes wird das Hallenbad nun endgültig gebaut, nachdem der Rat der Stadt Köln dem CDU–Antrag zugestimmt hat. Die Baukosten dürften etwa 2,5 Millionen betragen. Es bleibt abzuwarten, ob der Beschluß, bis 1961 mit dem Bauen des Bades zu beginnen, auch wirklich eingehalten wird." 10. 10.

Ein Plan, 3. 11.
der nie
verwirklicht
wurde ...
Ausschnitt aus
einer Kölner
Tageszeitung.

Der Mauenheimer Hof in Nippes wird Keimzelle | eine neue Kirche und ein Jugendheim gebaut.
für neues Leben werden. Auf dem Gelände wird | Die Pläne liegen bereits vor. (R)-Foto: Wirtz

Älter Hof wird neues Gemeindezentrum

Neue Kirche, Schule, Jugendheim und Sportplätze in Nippes geplant

Der Vorort Nippes breitet sich   Aufgabe der Planer war es, früh-   stücke für eine neue kath. Volks-
ständig aus, zur Zeit vor allem   zeitig genug Grundstücke für kul-   schule an der Ecke Merheimer
in östlicher Richtung. Mutter Co-   turelle und sportliche Einrichtun-   und Mauenheimer Straße ausge-

Die Gesellschaft *Kajuni* (Katholische Jugend Nippes) wird in diesem Jahr gegründet.

Zwischen 1957 und 1959 entstand im Rahmen des sozialen Wohnungsbaus an der Mauenheimer Straße, zwischen Merheimer – und Kempener Straße eine Siedlung. Die über 100 Wohnungen sind für Flüchtlinge aus der Sowjetischen Besatzungszone (SBZ) vorgesehen. Die Architekten der Siedlung heißen Oswald Mathias Ungers und Harald Ludemann. Ihr Motto: „*Sozialer Wohnungsbau ist nicht gleichzusetzen mit Einförmigkeit und Uniformität.*"

Die Einwohnerzahl von Nippes (Bezirk) ist seit 1951 um rund 10.000 auf 48.789 gestiegen. 31. 12.
Der Stadtteil Nippes besteht aus den Bezirken Nippes, Mauenheim, Riehl, Niehl, Weidenpesch, Longerich, Volkhoven, Weiler und Merkenich.

1960

26. 1.   In den drei Nippeser Kinos laufen die Filme:
Filmburg, Neusser Str. 264: *Nasser Asphalt* – Ein harter Film mit Horst Buchholz und Martin Held;
Union Theater, Sechzigstr. 6: *Starr vor Angst* – mit Dean Martin und Jerry Lewis sowie *Der König bin ich* mit Yul Brunner;
Viktoria, Neusser Str. 338: *Gefährdete Mädchen* – ein mitreißender und erschütternder Krimi mit Marina Petrowa und Wolf Albach–Retty.

25. 2.   Weiberfastnacht. Zum ersten Mal wird der Straßenkarneval auf dem Wilhelmplatz eröffnet. „In Nippes eröffnet die KG Närrische Bürgerwehr 1903 heute morgen um 9 Uhr auf dem Wilhelmplatz während des Marktes die Weiberfastnacht. Sogar Karnevalisten werden zur fröhlichen Feier der Neppeser Maatfraue auftreten."

„Was für die Innenstadt der Altermarkt ist, soll für Nippes der Wilhelmplatz werden. Unter diesem Leitsatz hat die Große Nippeser KG Närrische Bürgerwehr 1903 den Karneval in Nippes gestellt. Die Närrische Bürgerwehr will den Volkskarneval pflegen und ließ deshalb Flugblätter verteilen mit dem Aufruf an alle Marktfrauen, Weiberfastnacht im Kostüm auf dem Markt zu erscheinen. *,Dot Uech maskeere un kutt, der Maat gehööt Uech!'* In der Mitte des Platzes hatte die KG ein Podium errichtet. Unter anderen trat auch das Steingass–Terzett, die zwei Wibbelstätze als Tünnes und Schäl und das Tambour–Korps der Nippeser Bundesschützen auf."

Dicht gedrängt stehen die Jecken aus Anlaß der ersten Eröffnung des Straßenkarnevals auf dem Wilhelmplatz.

Auftritt von Tünnes und Schäl, dargestellt von den Brüdern Jansen, auf dem Wilhelmplatz.

25. 2.

Februar 26. Freitag 17 Uhr

Neueröffnung

der Gaststätte

„ALT NEPPES"

in Köln-Nippes, Neußer Straße 301 / Ecke Mauenheimer Straße
Küche und Keller bieten das Beste und dazu laden herzlichst ein:

Hans Wolfshohl und Frau Liselotte

Im Ausschank:

Bitburger Pils | Würzburger Hofbräu | Gaffel Kölsch

„In Nippes wiederum betreuten die Karnevalsgesellschaften Närrische Bürgerwehr und Närrische Insulaner den fröhlichen Umzug, in den sich auf der Neußer Straße noch einige Bahnen der Linie 9 und 12 einschoben. Die anderen großen Wagen aber stammten aus dem Rosenmontagszug, der 'Fuchs Adenauer' und das 'Straußenei, das stinkt'. Viel belacht wurden die Fußtruppen, der Neppeser Hochadel, die Fibbese vum Neppes und die Gruppe der Ahrschwärmer. So gab es noch einen heiteren Karnevalsausklang auf den Straßen Kölns."

2. 3.

Die Kinder– und Jugendbücherei zieht vom Leipziger Platz in das städtische Gebäude Florastraße 105, in dem seit 1894 auch das Nippeser Standesamt untergebracht ist.

Dezember

Die Kirche St. Hildegard in der Au an der Florastraße wird erbaut. Der Glockenturm steht frei neben dem Kirchenbau.

Nippes hat 50.907 Einwohner.

31. 12.

26.1. Aus einem Zeitungsbericht über die 1956 eröffnete Bücherei in der Hogenbergstraße 6:

„Es ist eine besonders schöne Bücherei. Die beiden Ausleihräume im Erdgeschoß (Sachliteratur) und im Obergeschoß (Schöne Literatur) sind durch eine frei nach oben schwingende halbrunde Treppe miteinander verbunden. Die Konstruktion dieser Treppe vor dem Hintergrund einer durch beide Stockwerke sich hinziehenden Fensterfront gibt der Bücherei eine ganz besondere Athmosphäre. Die hohen und freundlichen Räume sind außerdem mit schönen vom Schreiner angefertigten Holzregalen und Büchereimöbeln ausgestattet."

9.7. *SuS Nippes 12* bezieht die neue Sportanlage an der Friedrich–Karl–Straße.

August *Herbert und Hilde Krähmer auf dem Leipziger Platz.*

Blick aus der Eichstraße 60 auf Verkehrskindergarten, Innere Kanalstraße und Agnes Kirche.

15.8. Auf dem Wilhelmplatz wird nachts um 3.20 Uhr eine Frau aus der Mauenheimer Straße überfallen, niedergestochen und ausgeraubt.

Die Postleitzahlen unter zusätzlicher Angabe des Zustellbezirkes werden eingeführt: Nippes erhält die Zahl 60. Die postalische Anschrift für Nippes lautet nun: 5000 Köln 60.

Die Zahl der Jahresdurchschnittsbevölkerung im Stadtbezirk Nippes betrug 52.610.

Der Kölner Rat beschließt den Bau der Stadtautobahn (in etwa im Verlauf der Inneren Kanal- 19. 7. straße) als innerstädtische Entlastungsstraße. Im Herbst wird mit dem Bau der Zoobrücke begonnen.

Der Verein *SuS 1912 Köln–Nippes e. V.* veranstaltet aus Anlaß seines 50jährigen Bestehens August das erste Nordstadt–Turnier auf der Sportanlage an der Friedrich–Karl–Straße.

Die Fa. Franz Clouth, Rheinische Gummiwarenfabrik AG, feiert das 100jährige Bestehen. September Eine Festschrift erscheint. *Das Werksgelände der Firma Clouth an der Niehler Straße.*

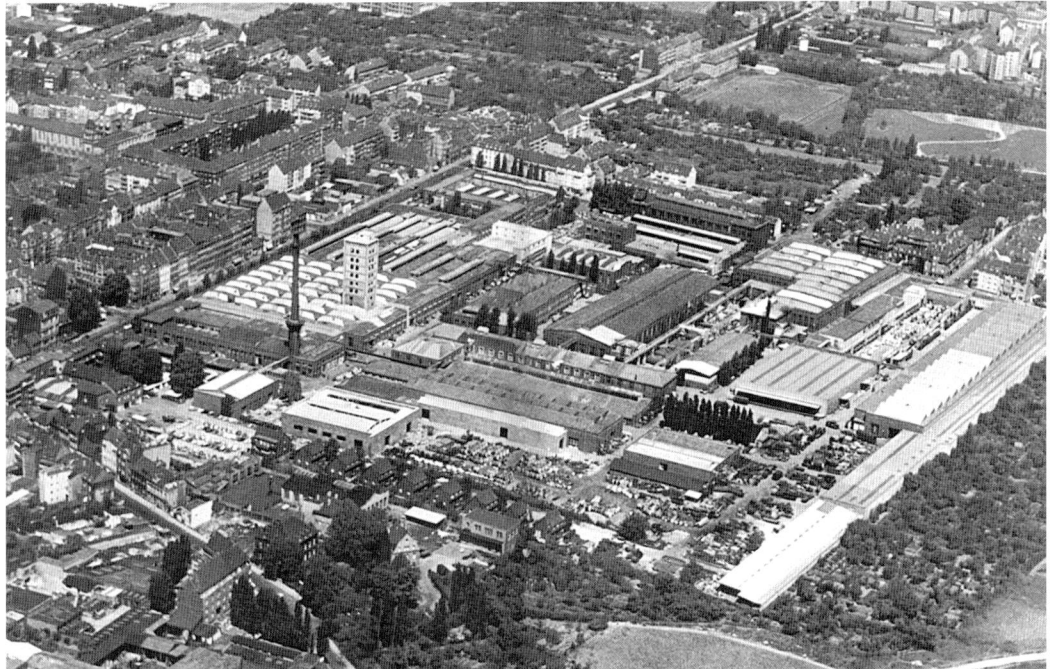

Die Firma Garde–Prinz–Kaffee eröffnet in der Sechzigstraße 33 ein Kaffeegeschäft mit Pro- 6. 10. bierstube.

„Keine Knöllchen–Jagd im Samstag–Verkehrstrubel. Ein Foto (ohne Abbildung, der 11. 10. Autor) von der Kempener Straße in Nippes am verkaufsoffenen Samstag gegen 13 Uhr beweist, daß längst nicht alle Möglichkeiten zum Parken in der Geschäftsgegend ausge- nutzt wurden. Wenn auch die Polizei mehr als ein Auge zudrückte, manche Zuwider- handlung gegen Parkverbot wäre nicht notwendig gewesen. Aber viele Kraftfahrer sind fußmüde. In der Blücherstraße parkte so gut wie kein Auto."

1962

30. 10.   Heute erfolgt die Wiedereröffnung des Kaufhofs nach einem größerem Umbau.

Mit Sonderangeboten drinnen und einer musikalischen Darbietung durch Fanfarenbläser draußen bedankt sich die Leitung des Kaufhofs bei den Kunden für ihre Geduld und Treue.

Unten: Eine Menschenmenge säumt die Neusser Straße, lauscht den Fanfarenbläsern und wartet auf die Ankunft des Ehrengastes Willy Millowitsch.

15. 12.

18. 12.   „Nippeser können baden gehen. Es war angekündigt, dann wieder abgeblasen worden und fand schließlich gestern abend doch statt: Die Eröffnung des Hallenbades Nippes. Das Wasser war klar und durchsichtig, jeder konnte bis auf den Grund des neuen Schwimmbeckens sehen."

Die mittlere Jahresbevölkerung lag in diesem Jahr bei 53.832 Einwohnern.

„Nach mehrjähriger Pause veranstalteten die Schüler des Gymnasiums Nippes wieder einmal eine zünftige Karnevalssitzung unter dem Motto ‚Jet för ze laache'. Eltern und Schüler waren von dem Programm begeistert, und wohl noch nie haben die Stühle in der Aula des Gymnasiums eine solche Schunkelbelastung aushalten müssen wie an diesem Abend."

18. 2.

Die Realschule Niederichstraße bezieht ihr neues Gebäude am Niehler Kirchweg. Im folgenden Monat erhält sie den Namen Edith–Stein–Realschule. Damit bleibt die Erinnerung an die von den Nazis 1942 verschleppte und ermordete Philosophin auch in Nippes wach. Ursprünglich war sie Jüdin, ließ sich 1922 taufen und trat 1933 in den katholischen Orden der Unbeschuhten Karmelitinnen in Köln–Lindenthal ein.

7. 5.

Rechts: Die Jugendbücherei im Gebäude Florastraße 105.

August

Die Erwachsenenbücherei im Haus Hogenbergstraße 6.

Die Kuppel für eine Sternwarte wird auf dem Turm des Gymnasiums errichtet.

Das Gymnasium Köln–Nippes feiert sein 60 jähriges Bestehen.

16. 12.

1964

17.2.   10 Jahre *Volksbildungsverein Köln–Nord e.V.* In der Aula des Gymnasiums findet eine festliche Aufführung des Oratoriums *Die Schöpfung* von Joseph Haydn statt.

Februar   Die *Große Nippeser Karnevalsge-sellschaft Närrische Bürgerwehr* nennt sich jetzt *Kölner Karne-valsgesellschaft Nippeser Bürger-wehr 1903 e.V.*

Trude (Gertrud) Herr, Schauspielerin, die in den 50er Jahren in der Mauenhei-mer Straße 62 wohnte – übrigens einem Haus, das dem berühmten Rennfahrer Graf Berghe von Trips gehörte – hat während der Karnevalssession einen umjubelten Auftritt als „Cleopatra von Nippes".

Juni   *Herbert Krähmer (der Junge, der sich zum Fotograf umdreht) vor dem Haus Neus-ser Straße 313. Im Hintergrund (links im Bild) las-sen sich die Häu-ser jenseits der Einmündung der Florastraße in die Neusser Straße erkennen. Sie ragen in die Neusser Straße hinein. Jahre später werden sie wegen des Baues der U–Bahn nie-dergelegt werden.*

3.7.   Das *Kammerorchester Kölner Studenten* gibt in der Aula des Nippeser Gymnasiums ein Konzert. Der Erlös soll den bei dem Brandanschlag in Volkhoven am 11.6.64 verletzten Kindern und deren Familien zugute kommen.

9.9.   Die neue Volksschule Bülowstraße ist nach 2 Jahren Bauzeit fertiggestellt worden und wird heute eingeweiht.

Die Stadtautobahn soll im Bereich Nippes nach dem einstimmigen Willen des Kölner Rates nördlich, parallel zur Inneren Kanalstraße gebaut werden.   23. 2.

Bei der Karnevalssitzung in der Aula des Gymnasiums tritt das Kölner Dreigestirn auf.   24. 2.

Das Kinoprogramm in Nippes.   27. 4.
Filmburg: *Jetzt dreht die Welt sich nur um Dich*. Ein Farbfilm–Lustspiel mit Gitte und Rex Gildo.
Viktoria: *Die Rache des Pharao*. Ein abenteuerlicher Farbfilm.
Filmburg: *Freddy, Tiere, Sensationen*. Zwei Stunden Sensationen und Musik.

Blick in die Neusser Straße, auf der linken Seite mündet die Wilhelmstraße ein.   August

Zwei Wohnhäuser für das Personal des Vinzenz–Hospitals sind gegenüber dem Kranken-haus an der Merheimer Straße errichtet worden. In diesem Jahr werden die Häuser mit einem Festakt eingeweiht und in Betrieb genommen.

In Nippes wohnen am Ende des Jahres 55.755 Person   31. 12.

1966

22. 2.

Szene aus
dem Diens-
tagszug auf
der Sech-
zigstraße.
Dieser
Wagen
nimmt jene
Vermieter
aufs Korn,
die jeden
noch so
kleinen
Raum ihres
Hauses mit
Arbeit-
nehmern
aus dem
Ausland
überbe-
legen.

23. 4.   Eröffnung der Bezirkssportanlage an der Merheimer Straße durch Oberbürgermeister Theo Burauen. Die *TFG von 1878 Nippes*, der *Männerchor Köln–Nippes 1869 e.V.* und weitere Mitwirkende gestalten das Festprogramm.

Oberbürgermeister Theo Burauen (links) bei der Eröffnung der Bezirkssportanlage Nippes, Merheimer Straße.

Bei der Landtagswahl erhalten in Nippes bei einer Wahlbeteiligung von 63%:   10.7.
Die SPD 56,7%, die CDU 37% und die FDP 6,1% der Stimmen.

*Die Bahnun-
terführung
der Eisen-
bahnstrecke
Köln–Neuss
an der Kem-
pener Straße
in der Nähe
der Mauen-
heimer
Straße.*

Der erfolgreiche *1. FC Köln* bestreitet sein 1.000stes Spiel. Er hat dazu seinen ersten Gegner   15.8.
aus dem Jahr 1948 in die Stadionradrennbahn eingeladen: *SuS 12 Nippes*. Die Amateure aus
Nippes unterliegen diesmal 18:1. Die Spieler auf Nippeser Seite sind: Bremen, Meier, Haß-
kerl, Schmitz, Frommont, Vandeck, Wagner, Kreis, Wißmann, Drexelis und Rost. Die Kölner
Spieler: Soskic, Pott, Regh, Rumor, Sturm, Hemmersbach (Rausch), Magnusson, Jendrossek,
Löhr, Overath, Hornig. Torwacht Schumacher sitzt auf der Auswechselbank.

*Der Rohbau
der neuen
Realschule an
der Neusser
Straße 421.*   Oktober

Aus den städtischen Volksbüchereien wird die Stadtbücherei Köln. Die bisherige Volksbücherei VIII, Nippes, wird zur Zweigstelle Nippes.

In Nippes wohnen 56.171 Menschen.   31.12.

1967

1. 1.   Die Schule Ossendorfer Straße wird aufgrund der Änderung des Straßennamens zur Schule Osterrather Straße.

26. 2.   Weiberfastnacht.
Auf dem Wilhelmplatz wird morgens um 9 Uhr der Straßenkarneval eröffnet. Zum ersten Mal nimmt hieran das Kölner Dreigestirn teil.

Das Steingass–Terzett neben dem Kölner Dreigestirn auf dem Wilhelmplatz.

30. 11.

Der Lebensmittel–Verbrauchermarkt Heidi öffnet seine Pforten und sieht für seine autofahrenden Kunden keine Parkplatzprobleme. Bei einem Gewinnspiel erinnert er an den Fußballnationalspieler Uwe Seeler vom Hamburger Sportverein.

Eröffnung der Realschule für Jungen, Neusser Straße 421. Der Umzug hierher erfolgt aus dem Gebäude in der Dagobertstraße. Dort wurde die Schule in den 90er Jahren des vorigen Jahrhunderts gegründet.

75 Jahre besteht die Filiale Nippes der Sparkasse der Stadt Köln. Es wird gefeiert.   Dezember

Oben: Front der Sparkassenfiliale an der Ecke Neusser Straße/Wilhelmstraße. Unten: Innenansicht.

Am Ende des Jahres hat Nippes 55.553 Einwohner.   31.12.

1968

5. 1.	„Kolibri, Köln–Nippes, Gellertstr. 22. Eine Bar mit Niveau, ein reizendes Erlebnis mit charmanten Frauen, Sonntags geschlossen."
5. 1.	Im Kino 3, Neusser Straße 264, werden die Filme *Zwei Frauen um Chopin* und das Lustspiel *Achtung Tankstelle* gezeigt.
April	Mit der Filmburg schließt das letzte Kino in Nippes.
7. 6.	Die Volksschule Bülowstraße wird zu einer katholischen Angebotsschule.
9. 8.	Die Volksschule Bülowstraße wird in eine katholische Grund– und Hauptschule umgewandelt.
3. 9.	Ein Gewitterregen während der Hauptverkehrszeit führt zu katastrophalen Verhältnissen auf Kölns Straßen. Die Florastraße steht 40 cm unter Wasser. Auch auf der Neusser Straße kommt der Verkehr vollständig zum Erliegen. Die Wassermengen können von den Abwasserkanälen nicht mehr aufgenommen werden. Der Rückstau führt zur Überflutung.

Blick in die Florastraße nach dem Gewitterregen am 3.9.68.

26. 9.	„Im Zuge der großangelegten U–Bahn–Arbeiten verkehren seit Montag letzter Woche sämtliche Straßenbahnen von Weidenpesch nach Köln und umgekehrt: in Richtung Köln: Neußer Straße – Auerstraße – Niehler Straße bis Agneskirche, dann wieder Neußer Straße; in Richtung Weidenpesch: Neußer Straße – Agneskirche – Niehler Straße – Kuenstraße – Neußer Straße."

In Nippes gibt es 3.432 Wohngebäude. Davon sind 640 bis 1900, 986 zwischen 1901 und 1948 und 1.806 ab 1949 errichtet worden. In den 3.432 Wohngebäuden befinden sich 19.404 Wohnungen. Zwei von den Wohngebäuden sind landwirtschaftliche Wohngebäude. Der Mietpreis in den 6.373 Altbauwohnungen (bis 1948 errichtet) beträgt im Durchschnitt 2,30 DM pro Quadratmeter, in den 7.891 Neubauwohnungen 2,64 DM.

25. 10.

Der Kirchenchor St. Cäcilia in der Kirche St. Josef besteht 60 Jahre. Mit einem Festprogramm begeht man diesen Stiftungstag.

3. 11.

Die Stadt Neuß legt per Ratsbeschluß die Änderung der Schreibweise ihres Stadtnamens fest: von Neuß in Neuss. Folgerichtig wird auch die Schreibweise der Neusser Straße in Köln–Nippes, bisher Neußer Straße, geändert. Die veralteten Straßenschilder werden ausgetauscht.

21. 11.

Dezember

Die *Turn– und Fechtgemeinde Köln–Nippes 1878* gründet eine Fußballabteilung.

Am Ende des Jahres wohnen in Nippes 54.753 Menschen.

31. 12.

24.4.   Der Kölner Rat beschließt die Bildung des neuen Stadtbezirkes Bilderstöckchen aus dem westlichen Teil von Nippes und Teilen von Neu–Ehrenfeld und Ossendorf. Das Stadtgebiet gliedert sich in 8 Stadtteile und 53 Stadtbezirke. Der Stadtteil Nippes besteht nun aus den Bezirken Nippes mit 39.610 Einwohnern, Mauenheim mit 7.469, Riehl mit 14.150, Niehl mit 19.481, Weidenpesch mit 14.344, Longerich mit 16.707 und Bilderstöckchen mit 16.608. Durch die Neubildung des Bezirkes Bilderstöckchen verliert der Bezirk Nippes an Bilderstöckchen 15.143 Einwohner.

11.9.   „Der Jugendverkehrskindergarten in Nippes ist wieder instandgesetzt. Das Jugendwerk der Deutschen Shell AG hat eine ganze Reihe von neuen Verkehrszeichen und Ersatzteilen sowie 4 neue Go–carts zur Verfügung gestellt.“

17.9.   Am Morgen setzt ein ungewöhnlich starker Regen einige Teile der Stadt Köln unter Wasser.

Im Bild die Neusser Straße zwischen Schillstraße und Mauenheimer Straße. Ihre Kanäle sind mit der Aufnahme der Wassermengen völlig überfordert.

28.9.   Bei den Bundestagswahlen erhalten in Nippes von den Erststimmen (Wahl des Abgeordneten): die SPD 54,8%, die CDU 37,1%, die FDP 4,4%, die ADF (Aktion demokratischer Fortschritt) 0,7% und die NPD 2,9%. Die Verteilung bei den Zweitstimmen (Sitze im Bundestag): SPD 53,7%, CDU 36,0%, FDP 6,1%, ADF 0,6% und NPD 3,3%.

9.11.   In Nippes erreicht bei der Kommunalwahl die SPD 57,4%, die CDU 35,5%, die FDP 4,8%, die DKP 0,6% und die NPD 1,3% der Stimmen.

Die Bundesbahn will nach 1952 erneut die Schließung des Ausbesserungswerkes in Nippes. Kommunal– und Landespolitik, Gewerkschaften und der Präsident der Bundesbahndirektion Köln setzen sich für den Erhalt des Betriebes und damit der Arbeitsplätze ein.

100 Jahre *Männerchor Köln–Nippes*. Das Jubiläum wird u.a. mit einem Festkonzert im Kölner Gürzenich gefeiert.

Die unruhigen 70er
und die alternativen 80er Jahre (1970–1989)

1969 legt das Stadtplanungsamt eine Konzeption vor, nach der einige Stadtteile zu sogenannten B–Einkaufszentren umgestaltet werden sollen. Das A–Zentrum, die Kölner Innenstadt, war bereits zur auto– und einkaufsfreundlichen Zone gemacht worden: 1962 durch den Bau der Nord–Süd–Fahrt, 1967 durch die Schaffung der Fußgängerzonen Schildergasse und Hohe Straße und 1970 durch den Bau der Domterrasse mit Parkhaus. Nun soll es an die Umgestaltung von Nippes gehen.

Das Kernstück der Pläne ist die Umwandlung der Neusser Straße zwischen Kempener Straße und Schillstraße/Blücherstraße in eine Fußgängerzone. Den Durchgangsverkehr will man über die Kempener Straße, Merheimer Straße und die Niehler Straße führen. Den Anschluß der Straßen an die ebenfalls geplante Stadtautobahn (Ausbau der Inneren Kanalstraße) sehen die Planer auch vor. Der Bau von Parkplätzen (z.B. auf dem Leipziger Platz) und Parkhäusern entlang der Neusser Straße (in der Nelkenstraße, Gartenstraße und am Wilhelmplatz) soll das Parkproblem lösen. Der Ausbau des U–Bahnnetzes zwischen dem Ebertplatz und Weidenpesch ist Teil der Gesamtplanung.

Der Verwirklichung des Planes stehen aber zahlreiche Häuser, bebaute Grundstücke, Grünanlagen und immer mehr Nippeser Bürger und Bürgerinnen im Weg. Nippes befindet sich vor einer langdauernden Welle des Bürgerprotestes, der extremen politischen Auseinandersetzungen, des Kampfes Bürger gegen die Bürokratie der Verwaltung und die Arroganz der Politiker. Nippeser fordern jetzt mehr Bürgerbeteiligung an politischen Entscheidungen Sie wollen selbstbestimmter leben, entwickeln alternative Lebensformen und setzen diese in die Praxis um.

Stehen die 70er Jahre ganz im Zeichen des stürmischen Protestes gegen Politikwillkür und Bürgerbevormundung, sind die 80er Jahre in Nippes geprägt von der Entstehung einer alternativen Kultur. Selbstverwaltete Geschäfte, Bio–Läden, eine Vollkorn–Bäckerei, Szene–Kneipen gehören genauso dazu wie die Forderungen nach einem Bürgerzentrum, mehr Demokratie und einer gesunden Umwelt. Mit der aus dieser alternativen Szene hervorgehenden neuen Partei Die Grünen, die erstmals bei der Kommunalwahl 1984 in die Nippeser Bezirksvertretung einzieht, wandelt sich die politische Landschaft in Nippes nachhaltig.

1970

Januar   Im Nippeser Tälchen werden die letzten Behelfsheime geräumt. Sie waren nach dem Krieg zur Linderung der Wohnungsnot errichtet worden. Auch die zahlreichen Schrott- und Baulager werden in den nächsten Monaten dort abgeräumt.

April   Das Stadtplanungsamt gibt unter dem Thema *Einkaufszentren in Köln* eine überarbeitete Heftreihe heraus. Das Heft 1 trägt den Titel: *Städtebauliche und verkehrsmäßige Neuordnung des Einkaufszentrums Nippes (Neußer Straße)*. Der Anlaß ist die Absicht einer *„Aufwertung des Einkaufszentrums"* bei gleichzeitiger *„Verbesserung des Parkraumangebotes"*. Die *„U–Bahn–Baumaßnahmen"* sind eine flankierende Maßnahme. Der Vorschlag lautet: *„Umleitung des Durchgangsverkehrs"* und Einrichtung eines *„kombinierten Fußgänger–*

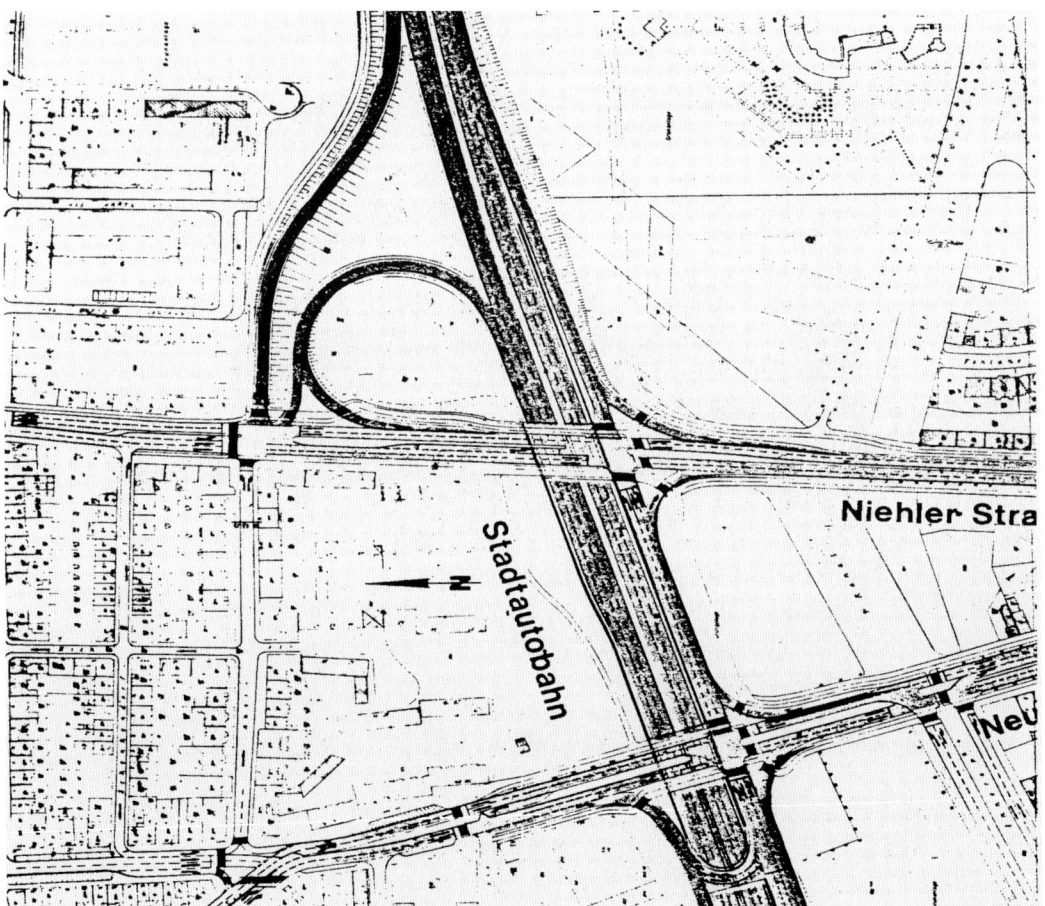

Ausschnitt aus dem Plan „Neuordnung von Nippes". Aus ihm geht u.a. hervor, daß 190 Schrebergärten entlang der Inneren Kanalstraße zwischen Neusser- und Merheimer Straße der Stadtautobahn zum Opfer fallen.

und *Parksystems*". Neben dem Einkaufszentrum im innerstädtischen Kernbereich (A–Zentrum) sollen nun in den Stadtteilen ebenfalls Einkaufszentren entstehen (B–Zentren). Konkret plant man nach der Eröffnung der U–Bahnstrecke entlang der Neusser Straße die Umwandlung der Neusser Straße zwischen Holbeinstraße und Blücher–/Schillstraße in eine Fußgänger– und Parkzone. Der Durchgangsverkehr soll über die Kempener– und Merheimer Straße geführt werden. Man will über 1.000 neue Autoabstellplätze in Parkhäusern entlang der Neusser Straße einrichten und die Neusser Straße an die ebenfalls geplante Stadtautobahn (der Bau soll nördlich und parallel zur Inneren Kanalstraße erfolgen) anbinden. Mit diesen Überlegungen soll angestrebt werden, *„daß die Anzahl der Autokunden aus diesem natürlichen Einzugsbereich wesentlich größer wird bzw. die Größenordnung erreicht, wie sie aus vergleichbaren Zentren mit ausreichendem Parkraum bekannt ist."*

Schweres Gerät für den U–Bahnbau steht auf der Neusser Straße an der Einmündung der Auerstraße bereit. Die Bauarbeiten nehmen Rücksicht auf den hier stehenden alten Kastanienbaum, der an die längst vergangenen Zeiten der Neusser Straße erinnert, als diese noch eine Allee war.

Bei der Landtagswahl erhält die SPD in Nippes 54,9% der Stimmen, die CDU 36,1%, die FDP 6,5%, die NPD 1,2%, die DKP 1,1% und das Zentrum 0,25%.

Die Staatliche Ingenieurschule für Bauwesen zieht wegen fehlender Ausbreitungsmöglichkeiten aus dem Gebäude an der Turmstraße aus und in einen Neubau in Köln–Deutz ein. Nach Renovierungsarbeiten wird das Gebäude als Gemeinschaftshauptschule genutzt.

In Nippes wohnen 38.351 Personen.

14. 6.

Ausschnitt aus einem Stadtplan von 1971. Der Verlauf der zukünftigen U–Bahn–Strecke entlang der Neusser Straße bis zur Friedrich–Karl–Straße ist bereits eingezeichnet. Auch ist hierin die Haltestelle Kempener Straße aufgenommen, deren Planung aber wieder verworfen wurde. An ihre Stelle trat die Haltestelle Lohsestraße an der Inneren Kanalstraße. Die beiden Fotos wurde auf der Neusser Straße in Höhe der Wilhelmstraße aufgenommen. Oben: Blick nach Norden. Hier wird der U-Bahn-Schacht ausgehoben. Unten: Blick nach Süden. Hier wird der Boden des Schachtes betoniert.

Die Edith–Stein–Realschule feiert ihr 75jähriges Bestehen.

Schulhof der Edith–Stein–Realschule am Niehler Kirchweg.

Umzug der Bücherei in der Hogenbergstraße und Florastraße in die Räumlichkeiten des neu errichteten Gebäudes Ecke Blücherstraße/Yorckstraße. Aus den beiden bisher getrennt untergebrachten Erwachsenen– und Kinderbüchereien ist nun eine Familienbücherei geworden. 19.000 Bände stehen den kleinen und großen Lesern zur Verfügung.

Aus dem Kölner Rat: *„Beigeordneter Dipl.–Ing. Werner Baecker: In der Neusser Straße, Ecke Florastraße, wird ein Bahnhof für die U–Bahn gebaut. Dieser Bahnhofsbau löste für die Ostseite der Neusser Straße eine Sanierung aus, weil eine breitere Straßenfläche als sie bisher vorhanden war benötigt wurde. So wurde die alte viergeschossige Bausubstanz abgetragen und etwa fünf Meter zurück durch eine sieben– und dreizehngeschossige Bebauung ergänzt. Die Neubebauung ist mit öffentlichen Mitteln finanziert. Der Vorteil der Sanierung liegt damit nicht nur in der Verbreiterung des Straßenraumes, sondern vor allem in der Schaffung neuer Baustrukturen, die hochwertiger genutzt werden können, weil der U–Bahnhof vor der Haustür liegt. In konzentrierter Aktion zwischen Liegenschaftsverwaltung, Stadtplanung und Wohnungsbauförderung und der Bereitwilligkeit der hier Beteiligten ist diese Sanierungsmaßnahme ohne großen Umstand abgewickelt worden, und wir hoffen, daß sie noch zum guten Ende gebracht werden kann.“* Und zur Überbauung der Florastraße heißt es: *„Die Überbauung erfolgte deshalb, weil durch die Zurücknahme der Bauflucht die Bausubstanz auf den verbleibenden Restgrundstücke so klein gewesen wäre, daß eine Freistellung erforderlich wäre. Wir haben die Überbauung deshalb in diesem Plan vorgeschlagen, um dort den Betroffenen noch eine vernünftige Bausubstanz geben zu können.“*

1972

15. 2.　　Ein Bebauungsplan im Zusammenhang mit dem Papier *Einkaufzen-
tren in Köln* wird öffentlich. Ein
Parkhaus soll hinter dem Kaufhof
in der Nelken– und Gartenstraße
entstehen. Der dafür nötige Raum
soll durch den Abriß etlicher Häuser in den beiden Straßen geschaffen werden.

*Rechts: Eine Fotomontage zeigt das
geplante Parkhaus über der Nelkenstraße.*

Februar　　Am Aschermittwoch trennt sich das Steingass–Terzett nach fast 20jähriger Tätigkeit.

19. 6.　　Eröffnung der Filiale der Dresdner Bank im Haus Neusser Straße 265.

27. 11.　　„Nach einer Mitteilung der Bundesbahndirektion Köln bleibt das Bundesbahn–Ausbesserungswerk Köln–Nippes, über dem mancher schon die schwarze Flagge wehen sah,
erhalten. Es wird sogar um– und ausgebaut zu einem von zwei in NRW geplanten
S–Bahn–Betriebswerken."

Dezember　　Die erste Ausgabe der neuen und als monatliches Blatt geplanten Zeitung für Nippes mit dem
Namen *Rude Kappes* erscheint. Gemacht wird sie von einer „*Handvoll Leuten, durchweg
Nippeser*". Über das, was in die Zeitung gehört, schreiben die Herausgeber:
„*1. Alles, was in Nippes von Nippeser Bürgern an politischen Aktionen gemacht wird: damit
wir daraus lernen können. 2. Alles, wo Nippeser Bürger Hilfe brauchen, um ihre Interessen
(Wohnung, Arbeitsplatz, Kindergarten, Schule) gegenüber dem Stadtrat und der Regierung
zu vertreten: um Ihnen zu
helfen. 3. Alles das, was für das
tägliche Leben wichtig ist, was
aber manchmal Zeitungen ver-
schweigen: damit wir Bescheid
wissen über unsere eigenen
Angelegenheiten und uns
wehren können, wenn über
unsere Köpfe hinweg regiert
wird .*"

Kopf der Titelseite des Rude Kappes Nr 1.

188

Die zweite Ausgabe des *Rude Kappes* erscheint. U. a. wird über die Absicht der Stadtplaner berichtet, die eine Tiefgarage unter dem Wilhelmplatz bauen wollen.

Januar

Das Komitee *Nippes wird nicht abgerissen* wird von engagierten Menschen gegründet.

15. 3.

März

Oben: Die neuen Häuser aus Beton an der Neusser Straße/Ecke Florastraße sind im Rohbau fertig. Links: Die alte viergeschossige Bausubstanz ist abgetragen. In der nächsten Bauphase wird die Überbauung der Florastraße und der Bau des 13 geschossigen Hochhauses erfolgen. Die U-Bahn-Haltestelle Flora straße liegt bereits unter der Neusser Straße.

März

26. 3. In der Nelkenstraße demonstrieren viele Betroffene gegen den Abriß von elf Häusern.

13. 4.

Kommt alle zur Demonstration
gegen die Zerstörung von NIPPES
am Freitag, 13. April `73 um 16³⁰ Uhr
auf dem Wilhelmplatz

In Nippes werden billige Altbauwohnungen abgerissen für Park- und Kaufhäuser und teure Appartmentwohnungen. Von der Scharnhorststr. bis zur Wilhelmstraße entsteht auf dem ersten Geschoß eine durchgehende Parkplatzfläche. In der Mauenheimer- und Niehler Straße, sowie in der Wilhelmstraße sollen Eigentums- und Appartmentwohnungen entstehen. Der Leipziger- und der Wilhelmplatz sollen Tiefgaragen werden. In der Mauenheimer- und Niehler Straße laufen die ersten Kündigungen. In der Garten- und Nelkenstraße sollen über 50 Familien auf die Straße gesetzt werden. "Die 'Alten Leute' gehen sowieso kurz über lang in die Riehler Heimstätten." (So der Planungsbeamte Rosen)

20. 6. *Das Komitee „Nippes wird nicht abgerissen" lädt mit diesem Flugblatt zu einer weiteren Veranstaltung ein.*

Veranstaltung---Fest---Tanz

Nippes gehört uns

veranstaltet vom Komitee "Nippes wird nicht abgerissen"

Programm:
Komitees berichten
Neue Nippes-Lieder vom Karl
Der Kölner Arbeiterschrift-
steller Peter Neuneier
Theresia die Geigerin

Schwank aus Nippes: vom Theater
"Der wahre Anton", Tymian singt
Das Rotam-Stück von Rotam-Mietern
Türkische und griechische Folklore
Versteigerungen (mit Würlitzer)
Tanz in die Mitternacht

Eintritt frei!
WO? Gaststätte "Drei Kannen", Holbeinstraße / Ecke Auguststraße
WANN? Mittwoch, 20 Juni, 19 Uhr

Nippeser und alle Kölner Bürger sind herzlich eingeladen.

27. 6. Eröffnung eines Bauspielplatzes des *Wink e. V.* auf dem Leipziger Platz. Wink steht für „Wohin in Nippes Kinder?" Der Verein wurde von einer engagierten Elterninitiative gegründet.

17. 11. Auf dem Wilhelmplatz kommt es zwischen Anhängern der KPD und der NPD zu einer Schlägerei. Zehn Kommunisten stürmen einen Informationsstand, zwanzig Neonazis setzen sich zur Wehr. Mehrere Funkstreifenwagenbesatzungen der Polizei schlichten in einem harten Einsatz den Streit. Einige Teilnehmer werden verhaftet. Erst 1976 wird es zu einem Urteilsspruch kommen. Fünf Kommunisten erhalten wegen Körperverletzung eine Gefängnisstrafe. Heinrich Böll kommentiert das Urteil im *Stern* (Nr. 18, 1977, S. 200 ff.).

In Nippeser Schulen wird vorläufig die 5–Tage–Woche eingeführt. 10. 12.

Im Rahmen des U–Bahn–Baus entlang der Neusser Straße wird aus Kostenersparnisgründen die Unterführung für die Stadtautobahn an der Inneren Kanalstraße gebaut, zugeschüttet und das Gelände wieder eingeebnet. Nur noch die Brückengeländer ragen aus dem Boden.

Eine Initiative gegen den Bau einer Tiefgarage unter dem Wilhelmplatz und der *Wink e. V.* sammeln über 16.000 Unterschriften und verhindern damit die Umsetzung des Planes.

Der evangelische Kindergarten Nippes zieht aus der Yorckstraße 12 in einen Neubau in der Gustav–Nachtigal–Straße, Hausnummer 32.

Blick vom Merheimer Platz auf die Bebauung zwischen Merheimer– und Siebachstraße. November

In Nippes wohnen 37.010 Personen. Davon sind 17.341 männlichen und 19.669 weiblichen Geschlechtes. Gegenüber dem Vorjahr erfolgte eine Abnahme der Gesamtbevölkerungszahl um 609 Personen. 2.300 Einwohner zogen in dem Jahr ganz aus Köln, von außerhalb zogen 2.739 zu. 4.870 Personen verließen Nippes mit dem Ziel *„übriges Köln"* und 4.747 zogen in Nippes neu hinzu.

1974

Januar

Februar
Die Bürgerinitiative *Nippeser Baggerwehr* wird von Mitgliedern verschiedener Initiativen gegründet mit dem Ziel, die Stadtautobahn und alle mit ihr zusammenhängenden nachteiligen Veränderungen im Stadtteil Nippes zu verhindern.

Mai

Oben: Ein Verkehrsknotenpunkt entsteht im Bereich Geldernstraße/Gürtel/Mauenheimer Straße. Über- und untereinander fahren: Die neue Gürtelbahn der KVB als U–Bahn bzw. Hochbahn, die S–Bahn nach Chorweiler, die Züge nach Neuß und die Kraftfahrzeuge über den Gürtel sowie die Kempener Straße.

Haltestelle Neusser Straße/Gürtel. Sie ist der Kreuzungspunkt der neuen U–Bahn mit der neuen Hochbahn.

Roter Sturm Ausgabe Nr. 4, Juli/August. Die Macher des RUDE KAPPES, jetzt ROTER STURM, gehen in die Offensive, wollen die sozialistische Revolution.

Juli/August

Eröffnung der U‑Bahnstrecke Ebertplatz–Weidenpesch. 50.000 begrüßen die erste U‑Bahn in Nippes. „Für die Nippeser Kaufleute, die befürchten, mit der U‑Bahn rolle nun der Käuferstrom aus dem Kölner Norden an Nippes vorbei, hatte der KVB‑Chef Josef Prinz eine Idee. Ähnlich wie Innenstadtgeschäfte Parkgebühren vergüten, sollten die Nippeser Geschäfte das Fahrgeld den Kunden ganz oder teilweise erstatten. Der Arbeitskreis Nippeser Kaufleute will darüber beraten. Trotz des Jubels über die U‑Bahn konnten protestierende Bürger nicht übersehen werden. Mit Flugzetteln und Wandzeitungen versuchten Vertreter von Bürgerinitiativen auf die Nachteile der U‑Bahn und der Fahrplanänderungen hinzuweisen."

24. 8.

Marie Luise Nikuta singt zur Eröffnung der U‑Bahn vor Radio Nord.

Das Standesamt Köln–Nippes, Florastr. 105, hat seinen letzten Tag. Ab dem morgigen Tag wird es zum Standesamt Köln–Nord und bedient die Bezirke Nippes und Chorweiler.

31. 12.

1975

1. 1.   Durch das Gesetz zur Neugliederung der Gemeinden und Kreise des Neugliederungsraumes Köln („*Köln–Gesetz*") vergrößert sich das Stadtgebiet erheblich. Die Städte Porz und Wesseling, die Gemeinde Rodenkirchen und Teile angrenzender Gemeinden gehören jetzt zu Köln. Gleichzeitig werden die bisherigen Stadtbezirke zu Stadtteilen und die bisherigen Stadtteile zu Stadtbezirken umbenannt. Köln hat jetzt 9 Stadtbezirke. Nippes heißt der neue Stadtbezirk mit der Nr. 5 und besteht aus den Stadtteilen: Nippes mit 36.585 Einwohnern, Mauenheim (6.616 E.), Riehl (14.442 E.), Niehl (18.244 E.), Weidenpesch (14.049 E.), Longerich (16.840 E.) und Bilderstöckchen (15.190 E.).

4. 5.   Bei der Kommunalwahl erhält im Stadtteil Nippes die SPD 53,9% der Stimmen, die CDU 37,2%, die FDP 7,7%, die DKP 0,7% und die KPD 0,4%. Im Bezirk liegen die Zahlen in der gleichen Parteien–Reihenfolge bei 50,6%, 40,6%, 8,0%, 0,6% und 0,2%. In das erste Stadtteilparlament Nippes ziehen ein: die SPD mit 10 Sitzen, die CDU mit 8 Sitzen und die FDP mit einem Sitz. Zum Bezirksvorsteher wird Mathias Nießen von der SPD gewählt.

10. 5.   Die *Nippeser Baggerwehr* eröffnet um 15.00 Uhr ein Bürgerzentrum in der Simon–Meister–Str. 25d, Ecke Merheimer Straße.

23. 6.   Die *Nippeser Baggerwehr* lädt zu einem Informationsabend unter dem Thema *Einkaufszentrum Nippes und die Folgen* ein.

Juni   *Mit diesem Flugblatt machen Nippeser Baggerwehr und Wink e. V. auf eine Veranstaltungsreihe im Nippeser Bürgerzentrum gegen die Planungen für Nippes aufmerksam.*

7. 6.   Die Stadt startet zusammen mit den Nippeser Kaufleuten den Versuch einer autofreien Neusser Straße. Die Bläck Fööss spielen ab 11 Uhr vor Radio Nord. Die dauerhafte Einrichtung einer Fußgängerzone an den verkaufsoffenen Samstagen setzt sich aber nicht durch.

MÖCHTEN SIE IM PARKHAUS WOHNEN?

Die Stadt Köln plant in Nippes ein B–Zentrum, d. h.: der Kaufhof bekommt – von unseren Steuergeldern – ein Parkhaus geschenkt, die Geschäftsleute auf der Neußer Straße bekommen ein Paradies für gesteigerten Umsatz und höhere Preise. Damit das alles schneller geht, sollen Schnellstraßen und Stadtautobahn massenweise Käufer nach Nippes bringen.

Das „schöne, neue Nippes"

Das "schöne, neue Nippes" sieht für uns so aus: billige und gut erhaltene Wohnhäuser werden abgerissen zugunsten von Betonklötzen und Horror–Mieten; Parkplätze anstatt der vorhandenen Spielplätze; Grünflächen, Gärten, Bäume, alles wird planiert. Die neuen Schnellstraßen stinken quer durch Nippes. Auf dem Leipziger Platz können die Kinder in der Tiefgarage spielen, und der Markt findet zwischen Autos und Abgasen auf dem Wilhelmplatz statt. Die alten Leute werden in die Riehler Heimstätten gestopft.

„Kein Auto kam mehr durch. Die Fußgänger eroberten auch die Wilhelmstraße. Geschäftsleute hatten einen Teil ihres Angebotes aus den Läden auf Tischen nach draußen gebracht. Religiöse und politische Gruppen agitierten an Ständen, mit Flugblättern und sogar mit einer Art Straßentheater für Gott und linke Welten. ... Auf die Frage, ob es zukünftig die Fußgängerzone Neusser Straße geben soll, antworteten die meisten sinngemäß: ‚Das ist prima. Das soll so bleiben.'

Ein Anwohner, der vom Balkon auf die Neusser Straße die Menschenmenge beobachtete, meint: ‚Daß die Leute da rumlaufen, das ist ja gar nicht schlecht. Das macht weniger Krach als die Autos, die sonst da fahren. Aber die Musik ist kaum zum Aushalten.' Ein Geschäftsinhaber: ‚Die autofreie Neusser Straße an verkaufsoffenen Tagen ist sicher zu begrüßen.'

Die Bläck Fööss spielten u. a. das Lied: ‚Das Schönste, was m'r han, is unser Veedel.'"

Blick in die Mauenheimer Straße mit dem Getränkeauslieferungs–Fahrzeug des seit 1962 hier bestehenden Getränkehandels von Kallisch. Im Hintergrund (über dem Dach des LKWs noch zu erkennen) die 1972/73 neu gebauten Häuser Mauenheimer Straße 39–43.

1975

Schillplatz gegen Mauenheimer Str. 28–32, aufgenommen aus der Simon-Meister-Straße.

25. 9.   Der Bau der Stadtautobahn im Bereich von Nippes zwischen Zoobrücke und Lukasstraße etwas nördlich des Verlaufs der Inneren Kanalstraße (Nordtrasse) mit ihren Auf- und Abfahrten für die Niehler – und Neusser Straße wird im Kölner Rat beschlossen. Die Merheimer Straße soll als Brücke über die Innere Kanalstraße geführt werden.

25. 9.   Im Kölner Rat wird die Anfrage der SPD-Fraktion betreffend die Stillegung des Bundesbahnausbesserungswerkes Köln–Nippes behandelt. Trotz der Einwände der Stadt gegen die beabsichtigte Aufgabe des Werkes stimmt die Landesregierung grundsätzlich für die Schließung. Etwa 600 Arbeitsplätze gehen hier verloren. Hinsichtlich des Geländes werden erste Überlegungen zur zukünftigen Nutzung angestellt.

        Der Arbeitskreis Nippeser Kaufleute wird zum eingetragenen Verein. Dem erheblich erweiterte Vorstand sitzt Willy Schetzka (Radio Nord) vor.

        Das Hallenbad Nippes zählte in dem Jahr 311.152 Besuche, gegenüber 302.222 im Vorjahr.

31. 12.   Am Ende des Jahres wohnen in Nippes nur noch 35.808 Personen. Dies bedeutet einen Bevölkerungsrückgang um 777 Personen innerhalb eines Jahres.

19. 2.

Einladung zur Bürgerversammlung

gegen die Stillegung des Werkes von "Land & See"

! am 19.2.1976 um 19 Uhr
im Gemeindesaal St.Marien,
Baudriplatz / Turmstraße **!**

Werk Nippes darf nicht geschlossen werden!
Die 410 Arbeitsplätze bei "Land & See" müssen
unter allen Umständen erhalten bleiben!

Die Stillegung der Land & Seekabelwerke an der Xantener Straße droht. Auch die Stadtteilzeitung der KPD/ML
„Roter Sturm" fordert in der Jan./Feb. Ausgabe: „Land und See muß bleiben! Nicht stillhalten! Kämpfen!"

Februar

Nippeser Informationen

Februar 1976

Herausgegeben vom

Nippeser Bürgerzentrum

Simon-Meister-Straße 25d (Ecke Merheimerstraße)

Heute besonders für Frauen

WO BLEIBEN FRAUEN MIT IHREN KINDERN, WENN DIE
STADTAUTOBAHN FERTIG IST?
Spielen unsere Kinder dann auf der Stadtautobahn, in Parkhäusern und
auf Schnellstraßen, wenn es den Grüngürtel und die Parkanlagen nicht
mehr gibt?

TIEFGARAGE UNTER DEM WILHELMPLATZ?
Sollen wir unser Obst und Gemüse neben den Entlüftungsschächten einer
Tiefgarage kaufen?

SOLLEN WIR AUS NIPPES AUSZIEHEN?
Um in der "Neuen Stadt" in Hochhauskasernen zu wohnen?

So stellen sich jedenfalls die Stadtplaner das neue Nippes vor. Sie wohnen
ja auch nicht hier!
Diese und andere Probleme, die besonders uns Frauen in Nippes betreffen,
wollen wir im Bürgerzentrum besprechen.

Dazu zeigen wir am Freitag, den 20.2.76 um 19:30 Uhr

den Film 'Für Frauen'

Im Fassadenwettbewerb der Stadt Köln wird die renovierte gründerzeitliche Fassade des
Hauses Florastr. 1, Ecke Neusser Straße, mit dem 2. Preis ausgezeichnet.

April

Schützen- und Volksfest aus Anlaß des 100 jährigen Bestehens der *St. Sebastianus Schützen-*
bruderschaft e.V. Köln-Nippes auf dem Festplatz am Niehler Kirchweg.

21.-
24. 8.

27. 9.   Mit der Neuordnung der Stadtteile und Stadtbezirke im Vorjahr ging auch die Einrichtung der Bezirksverwaltungsstellen einher. Alle für den Bezirk wichtigen städtischen Dienststellen werden der Bevölkerung nun unter einem Dach geboten. Die Bezirksverwaltungsstelle 5 (Nippes) öffnet dem Publikum an diesem Tag die angemieteten Räume des Hochhauses („Lego–Turm") an der Neusser Straße 284–286/Ecke Florastraße. Gleichzeitig beziehen die gewählten Bezirksvertreter der politischen Parteien ihre Büros im obersten, dem 13. Geschoß.

Symbolische Schlüssel-übergabe für die neue Bezirks-verwaltungs-stelle Nippes. Von links: Der erste Bezirks-stellenleiter Eike Johannis, Beigeordneter Herbert Kallewegge, Bezirksvorsteher Mathias Nießen, Beigeordneter Dr. Lehmann--Grube.

29. 9.   *Wahlwerbung der CDU.*

3. 10.   Das Ergebnis der Bundestagswahl in Nippes:
SPD – 55,7%,
CDU – 35,9% und
FDP – 6,7%.

Alternative 76

CDU

Am 3. 10. 1976

aus Liebe zu Deutschland

Freiheit statt Sozialismus

C D U : sozial – sicher – frei

Werden Sie Mitglied!

Auskunft erteilt:

Werner Elfgen MdR
5 Köln 60
Karl-Peters-Straße 12
Telefon 76 64 51

Wahlkampfspenden erbeten auf das Konto der Deutschen Bank, Köln-Nippes,
Konto-Nr.: 410/268/1716/01

31. 12.   Letzter Tag des Standesamtes Köln-Nord in Nippes, Florastraße 105.

31. 12.   Bis zum Ende des Jahres hat die Bevölkerung von Nippes erneut abgenommen. 665 Menschen leben gegenüber dem Jahresanfang weniger in Nippes, insgesamt sind es noch 35.143.

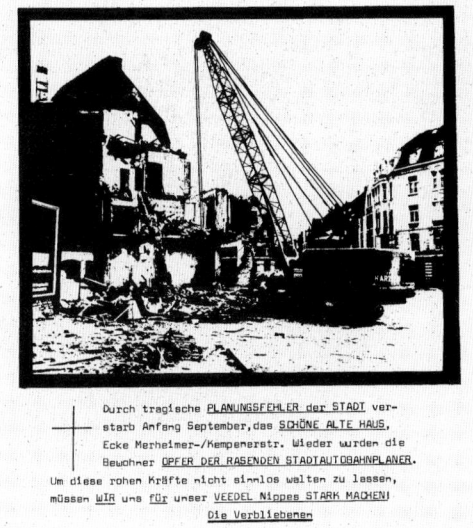

Bei den Land- und Seekabelwer- März
ken, die zwischenzeitlich zu Felten
& Guilleaume gehören, drohen weiterer Arbeitsplatzabbau und sogar
die Schließung. Die DKP nimmt sich
des Problems an. Das Zentrum der
DKP Nippes befindet sich Holbeinstraße 71, Ecke Siebachstraße.

*Links: Titelblatt der DKP-Stadtteilzeitung
„Uns Neppes".*

Die Bürgerinitiative *Nippeser Bag-* April
gerwehr bringt die erste Nummer
des *Veedels-Blattes* heraus. Links
die Titelseite der neuen Nippeser
Zeitung.

Beginn der Abholzung der Bäume 2.5.
und Planierung der Schrebergärten
auf dem Gelände an der Neusser
Straße, Ecke Innere Kanalstraße.

„Noch einige starke Männer, die bereit sind, bei der Neugestaltung des Spielplatzes im   6.5.
Kindergarten Christinastraße mitzuwirken, suchen die Pfarren St. Marien und St.
Heinrich und Kunigund. Die Verschönerungsarbeiten sollen am 7. und am 14. Mai
(samstags) jeweils vormittags ausgeführt werden."

1977

9. 5.   Gewaltsame Räumung des besetzten Platzes an der Inneren Kanalstraße durch die Polizei

im Auftrag der Stadt. Hier hatten nach der Abholzung und Planierung etliche Gegner des Baus der Stadtautobahn, u.a. *Nippeser Baggerwehr* und *Bürgerinitiative nördliche Altstadt (Bina)*, ein Hüttendorf und ein Info-Zentrum aufgebaut. 65 Personen werden verhaftet und wegen Hausfriedensbruchs angeklagt. Alle werden im folgenden Jahr freigesprochen.

25. 5.   *Rechts: Luftaufnahme des geräumten Geländes. Im Bild unten die Niehler Straße, darüber die Neusser Straße, links die Innere Kanalstraße. Immer noch protestieren zu der Zeit einige Gegner auf dem planierten Gelände.*

27. 5.   Die Evangelische Kirchengemeinde Köln–Nippes wendet sich an den Kölner Stadtrat. Er soll die Stadtautobahnpläne überdenken. Gegen die Verkleinerung des Kirchengrundstückes an der Merheimer Straße (geplante Verbreiterung auf 17 m) will sie sich mit allen gesetzlichen Mitteln wehren. Häuser an der östlichen Seite der Merheimer Straße sind bereits von der Stadt aufgekauft und zum Teil abgerissen.

2. 6.   Mitglieder der *Nippeser Baggerwehr* unterbrechen die Sitzung der Bezirksvertretung und fordern den Baustop der Stadtautobahn. Der Bezirksvorsteher Mathias Nießen droht den Saal räumen zu lassen.

Die Stadt Köln reagiert mit einem Info–Blatt auf die Nippeser Ereignisse des Vormonats.   Juni

Titelseite des Infoblattes der Stadt Köln.

DIE STADT KÖLN INFORMIERT

Thema: Stadtautobahn im Bereich Nippes

Verehrte Bürger von Nippes!

Über die Auswirkungen des bevorstehenden Ausbaus der Stadtautobahn im Bereich des Stadtteils Nippes sind in jüngster Zeit Darstellungen verbreitet worden, die unzutreffend sind und Unsicherheit auslösen können. Es ist durchaus das Recht jedes Bürgers, die kommunalen Pläne und Maßnahmen kritisch zu verfolgen – gerechte Beurteilung setzt aber richtiges Informiertsein voraus. Die Stadtverwaltung gibt deshalb hiermit einen sachlichen Überblick über Motive und Beschlüsse, die zu den bevorstehenden Maßnahmen geführt haben. Dieser Überblick belegt, daß die gewählten Vertreter der Bürgerschaft nach intensiven Beratungen zum Wohle der Gesamtstadt und des Stadtteils entschieden haben und daß die Verwaltung aufgrund ordnungsgemäßer Beschlüsse tätig ist. Nippes hat keine Benachteiligungen zu befürchten – wie sich aus den folgenden Darlegungen klar ergibt:

Es dürfte unbestritten sein:

Verkehr ist unvermeidbar, ja notwendig!

Starker und geordneter Verkehr erfordert ein geplantes Verkehrsnetz!

Die Innenstadt und die Vorortzentren sollen entlastet werden!

Etwa 100 Nippeser Frauen und Kinder veranstalten einen Protestmarsch durch Nippes unter dem Motto: *Wir sind gegen diesen Wahn – Frauen gegen die Stadtautobahn.*   25. 6.

Wink e. V. bietet im Nippeser Tälchen einen Bauspielplatz an. Täglich kommen bis zu 100 Kinder.   1.– 20. 8.

Schützen– und Volksfest auf dem Festplatz am Niehler Kirchweg   20.– 23. 8.

Zu den größten Kölner Gemeinschaftsgrundschulen gehört die Steinberger Straße. Mit 580 Schüler und Schülerinnen liegt sie auf Rang 4 aller Grundschulen.   15. 10.

Die Pläne der Stadtautobahn werden vom Landes– und dem Bundesminister genehmigt.   20. 10.

Der neue Oberstadtdirektor Kurt Rossa besucht auf seiner *„Tour durch die Gemeinde"*, d.h. durch die neun Stadtbezirke, zuerst Nippes. Rossa, Nießen und Verwaltungschef Eike Johannis sind sich einig: *„Nippes ist einmalig".*   18. 11.

Rossa (5.v.r.), Nießen (3.v.r.) und Johannis (1.v.r.).

1978

Januar	Vom Stadtentwicklungsausschuß wird die Einrichtung eines sozial-kulturellen Zentrums in Nippes mit 1. Priorität beschlossen.
Februar	Die *KKG Nippeser Bürgerwehr* 1903 stellt in dieser Session 77/78 das Dreigestirn mit Heinz Landen als Prinz, Hans Mirbach als Bauer und Heinz–Josef Jungverdorben als Jungfrau.
26. 6.	Der Ratsausschuß Tiefbau und Verkehr beschließt, die Stadtautobahn zwischen Zoobrücke und Merheimer Straße durch einen Tunnel zu führen.
Juli	100 Jahre *Turn– und Fechtgemeinde 1878 Köln–Nippes e. V.* Ein Gala–Abend in der Flora und ein Sportfest auf der Bezirkssportanlage an der Merheimer Straße finden statt.
August	

26. 9.	75 Jahre Gymnasium Köln–Nippes. Ein Fest mit einem Musikabend in der Aula findet statt.
27. 9.	Im Vinzenz–Hospital wird gefeiert. Mit einem Festakt und Dankgottesdienst wird an das 50jährige Bestehen des Neubaus von 1928 erinnert.
	Die Kneipe Basil's öffnet am Leipzigerplatz, Ecke Bülowstraße.
	Der Karnevalsverein *Neppeser Naaksühle e. V.* wird gegründet.
31. 12.	In Nippes wohnen 34.076 Personen.

„Herr Schiefer schickt die Oberstufe mit Schaufeln zum Schneeschippen auf den Schulhof, 25. 1.
weil – wie in allen anderen Schulen Kölns – die Schulhausmeister die riesige Schneemenge
nicht bewältigen können. Die Räumung der Schneeberge erfolgt schließlich durch Privatun-
ternehmer." Auszug aus der Chronik der Hauptschule Bülowstraße.

In zwei Veranstaltungen werden den betroffenen und interessierten Bürgern des Stadtbezir- 26. u.
kes 1 (Innenstadt) und 5 (Nippes) die neuen Planvarianten zur Stadtautobahn vorgestellt. 28. 3.
Veranstaltungsort ist die Realschule Neusser Str. 421.

Der Wink e. V. äußert gegenüber der Stadt seine ablehnende Haltung hinsichtlich der Stadt- 3. 4.
autobahn. Er fordert eine Verminderung der Verkehrsbelastung in Nippes, Maßnahmen zur
Verkehrsberuhigung und Verkehrssicherheit sowie zum Schutz der Erholungsanlagen gegen
Lärm und Abgase. Noch im selben Monat werden die Bauarbeiten zur Stadtautobahn eingestellt.

Erste Wahl zum europäischen Parlament. Die Nippeser wählen wie folgt: SPD 49,4%, CDU 10. 6.
38,5%, FDP 5,9%, Die Grünen 5,1% und DKP 0,9%.

Zwei Anzeigen aus der Festschrift der Turn– und
Fechtgemeinde 1878 Köln–Nippes e.V. des Vorjahres.

Bei der Kommunalwahl erhält die SPD in Nippes 47,8%, die CDU 39,4%, die Kölner Alter- 30. 9.
native Liste 6,3%, die FDP 5,5% und die DKP 1,0%

„Wohnungsnot in Nippes!" Schlagzeile eines Flugblattes der Nippeser Baggerwehr. Hierin Oktober
aufgeführt werden alle leerstehenden Wohnungen und Häuser in Nippes. Darunter auch Ob-
jekte von Günter Kaußen: Bülowstr. 33, Mauenheimer Str. 97 und Waterloostr. 13. Diese
sollen von den Bürgern und Bürgerinnen beim Wohnungsamt angezeigt werden.

Der Veedelsverein Neppeser Schlapphöt vun 1979 und die Karnevalsgesellschaft Neppeser
Schlümpfe werden gegründet.

In diesem Jahr wohnten durchschnittlich 33.764 Menschen im Stadtteil Nippes. 31. 12.

14. 3.   Der „a. j. buchladen neusser straße" (Nr. 197) eröffnet. Die Buchstaben a und j stehen für die Nachnamen der beiden Inhaber: Dieter Aretz und Christian Jakobs.

Mai   „So wie es jahrelang keinen Buchladen gab und jetzt gleich zwei, blüht auch die Café–Kultur seit neuestem. Café Wellblech (Neußer Str. 339) mit leckerem Eis und ab 9 Uhr gibts Frühstück. Ich hab als Gast sogar schon mal 5 Pfennig Trinkgeld gekriegt. Café Penny Lane (Nordstr. 59) wird vermutlich so um Pfingsten aufmachen, bin ich noch gespannt drauf."

Mai   Im *Café Wellblech*, Neusser Straße 339, trifft sich montags um 20 Uhr der *Wink e. V.*

Der Wihelmplatz im Winter mit ...

... und im Sommer ohne parkende Fahrzeuge.

16. 6.   Zur Stadtautobahn–Nord findet eine 2. Bürgeranhörung im Eis– und Schwimmstadion an der Lentstraße statt. Die neuen Pläne sehen einen 1.700 m langen Tunnel zwischen Zoobrücke und Merheimer Straße vor, wobei die Zu– und Abfahrten Niehler– und Neusser Straße unverändert bleiben. 500 Bürgerinnen und Bürger sind erschienen.

5. 10.   Bundestagswahl. Das Ergebnis in Nippes bei der Erststimme: SPD 53,2% der Stimmen, CDU 34,6%, FDP 7,8%, Die Grünen 3,7%, DKP 0,6%. Die Prozentanteile bei der Zweitstimme in der gleichen Reihenfolge der Parteien: 52,2%, 33,5%, 11,0%, 2,4% und 0,4%.

Die *Taverne Volos* – Imbiß, Gartenrestaurant, Biergarten – eröffnet an der Merheimer Straße, Ecke Kempener Straße.

„Oberbürgermeister Norbert Burger besucht Nippes. Er wird u. a. von Bezirksvorsteher Mathias Nießen und Verwaltungschef Eike Johannis begrüßt. Nach einem Informationsgespräch, an dem die Bezirksvertreter und Mitarbeiter der Verwaltung teilnahmen, begab man sich auf einen Fußmarsch zum Leipziger Platz, dem Einkaufszentrum Neusser Straße und dem Wilhelmplatz. Johannis bedauerte in einem abschließenden Gespräch, daß die Verwaltungsstelle zu wenig Mitarbeiter habe, um seinen größten Wunsch, den nach einem grünen und blühenden Nippes, erfüllen zu können."

9. 3.

Der erste Flohmarkt zieht viele Händler und Besucher an.

Der erste Flohmarkt auf dem Wilhelmpatz, organisiert von Harry Owens. Nach dem großen Erfolg soll er zu einer ständigen Einrichtung werden. Die Standmiete beträgt 10,–DM je Meter.

22. 3.

Das Ödland an der Ecke Neusser Straße/ Innere Kanalstraße verkommt mehr und mehr zu einer Müllabladestelle. Eine provisorische Einebnung und Begrünung soll Abhilfe schaffen. Noch besteht der Plan, hier eine Ausfahrt der Stadtautobahn zu bauen.

April

Toni Steingass feiert seinen 60. Geburtstag.

13. 4.

65 Jahre *Frauengemeinschaft in der Pfarre St. Bonifatius.* Im Kriegsjahr 1916 als *Heinzelmännchen von St. Bonifatius* gegründet, hilft sie heute unbürokratisch in Notlagen.

April

Oberbürgermeister Norbert Burger ist wieder einmal in Nippes. Diesmal übergibt er den neu gestalteten Leipziger Platz der Nippeser Bevölkerung. Nach mehrmonatigen Umbauarbeiten ist auf ihm eine moderne Grünanlage mit einem großzügigen Spielplatz entstanden. Das Gymnasium Nippes übernimmt die Patenschaft.

7. 6.

Links: AnwohnerInnen des Erzbergerplatzes bei der großen Friedensdemonstration in Bonn.

10. 10.

1982

Januar   Die Stadt Köln beschließt das Förderungsprogramm für Stadterneuerungsmaßnahmen. Im Rahmen ihres Stadtentwicklungskonzeptes sollen insbesondere *„verdichtete, ältere und umweltbelastete Stadtteile"* durch *„wirksame kleine kostengünstige Maßnahmen in ihrer Lebensqualität verbessert werden. Verbesserungen im Wohnumfeld und im Verkehrsablauf sollen die Wohnfunktion stärken und Beeinträchtigungen, Nachteile oder gar Mißstände abbauen."* Nippes gehört zu den betroffenen Stadtteilen genauso wie das Agnes–Viertel, das Brüsseler–Platz–Viertel, Ehrenfeld, Kalk, Mülheim–Nord und Alt–Sülz. In den folgenden Jahren bis Anfang der 90er Jahre werden Nippeser Straßen durch Aufpflasterungen, Ausweisung als Tempo–30–Zonen, Pflanzungen, Einbahnstraßen–Regelungen verkehrsmäßig beruhigt. Darüber hinaus werden mehr Raum für den Fußgänger geschaffen, Plätze neu gestaltet, der öffentliche Bereich insgesamt mit mehr Grün versehen. Zu den ausgewählten Straßen, die verkehrsberuhigt werden sollen, gehören u.a.: Christinastraße, Gocherstraße, Kuenstraße, Eichstraße, Mauenheimer Straße, Merheimer Straße.

Alle sind begeistert vom neuen
1000 qm großer **Kontra-Supermarkt** im Stadtteil Nippes in der Nohlstraße 24. Mit diesem neuen Markt bietet Ihnen Kontra an 3 günstigen Punkten im inneren Stadtgebiet (Agneskirche-Beethovenstraße und jetzt Nohlstraße) ein echtes Einkauferlebnis des billigen und guten Einkaufens.
Ja die Preise stimmen!

3. 5.   *Aus einem Werbeprospekt.*

„... wir sagen Ihnen Dankeschön! Sie haben es ja mit erlebt, was bei uns los war. In allen 3 Märkten haben wir alles eingesetzt um den starken Andrang zu bewältigen und Ihnen zu dienen. Besonders im Objekt Nippes, Nohlstr., mußten wir wegen Überfüllung öfters schließen. Arg gefreut haben wir uns über die vielen Autokunden aus Mauenheim, Neu-Ehrenfeld, Bilderstöckchen, aus der Escherstraße, Ossendorf, Longerich, Seeberg und Weidenpesch usw. Der günstige Zufahrtsweg zur Nohlstraße und dem großen Parkplatz hat dem Autofahrer eine neue billige und bequeme Einkaufsstätte ermöglicht."

2. 11.   Jürgen Jendrossek eröffnet im Haus Neusser Str. 310 eine Lotto-Annahmestelle.

3. 12.   Ein paar Jungs aus Nippes treffen sich im Blücherpark am Betonpilz erstmals zum Fußballspielen. Die Volkswiese wird zum wöchentlichen Treff von *Dynamo Blücherpark*.

Besetzte Häuser an der Niehler Straße werden geräumt und abgerissen. Sie sollen Platz machen für den Ausbau der Niehler Straße. Immer noch steht die Planung der Stadtautobahn und damit die Umwandlung der Neusser Straße zur Fußgängerzone im Raum.

Hundertjahrfeier der Kirchweihe von St. Marien. Eine Festschrift erscheint.

Der *Verein für ein Bürger– und Kulturzentrum in Nippes e.V.* wird gegründet.

Die Kneipe und Veranstaltungslokalität *Feez* öffnet in der Holbeinstraße, Ecke Auguststraße.

Bundestagswahl. Die SPD erringt in Nippes bei den Erststimmen 52,4% der Stimmen, bei den Zweitstimmen 48,4%, die CDU 38,5% (35,7%) und die Grünen 6,4% (10,0%). Die FDP kommt auf 2,1% (5,2%). Bundesweit gewinnt die CDU, Helmut Kohl bleibt Kanzler.

6. 3.

Die Beratungsstelle für Weiterbildung der Stadt Köln, Zweigstelle Nippes, Steinberger Str. 40, legt ihren Jahresbericht für 1982 vor. Sie bietet seit 1976 wirksame Hilfen für erwachsene Arbeitslose und von Arbeitslosigkeit bedrohte Arbeitnehmer an.

März

Links: Ein Schnappschuß aus dem Nippeser Tälchen.

Neusser Straße, Ecke Blücher Straße.

Die Vollkornbäckerei Kornstube beginnt mit ihrem Betrieb in einer ehemaligen Bäkkerei und Backstube an der Neusser Straße 319. „Für unsere Brote und Backwaren verwenden wir ausschließlich Rohstoffe aus kontrolliert biologischem Anbau. Natürlich verwenden wir nur das volle Mehl und sieben nichts aus, so daß Sie die wertvollen Bestandteile des vollen Korns in jedem Produkt finden."

2. 10.

Nippes umfaßt eine Fläche von 315 ha; davon entfallen 315 ha auf Land und 0 ha auf Wasser. Auf je einen ha Landfläche leben 108,3 Einwohner. Davon hat Nippes 34.125. Unter ihnen sind 7.439 Ausländer.

31. 12.

1984

17. 6.   Europawahl. In Nippes wird die SPD mit 45,5%, die CDU mit 32,5%, Die Grünen mit 13,9% und die FDP mit 3,5% der abgegebenen Stimmen gewählt.

August

Blick auf das im Mai 1977 für den Bau der Stadtautobahn geräumte Gelände an der Inneren Kanalstraße.

September   Die Grünen stellen ihr Wahlprogramm in ihrer Wahlzeitung für den Stadtbezirk Nippes vor.

Die Kandidaten der Grünen. Von links: Karin Nabert (kandidiert für die Bezirksvertretung 5), Bernd Harter (Bezirksvertretung), Erich Hermans (Bezirksvertretung), Ingeborg Braunert (Stadtrat), Elisabeth Daerr (Stadtrat), Friedhelm Rimmler (Stadtrat), Martin Stankowski (Stadtrat). Nicht auf dem Foto: Ute Tielke, Hans Joachim Dieckmann und Petra Kordewich. Sie kandidieren für die Bezirksvertretung und Heinrich Pachl für den Stadtrat.

18.11.   *Der Verein für ein Bürger- und Kulturzentrum in Nippes fordert den Altenberger Hof als Sitz des zukünftigen Bürgerzentrums. Die Mauenheimer Straße bietet noch zahlreiche Parkplätze.*

Kommunalwahl. In Nippes erhalten bei einer Wahlbeteiligung von 54,5% die SPD 49,1%, CDU 31,4%, Die Grünen 15,3% und die FDP 3,6% der Stimmen. Die Grünen sind die großen Gewinner der Wahlen. Nach 1979, damals noch als Kölner Alternative Liste und ohne Sitz in der Nippeser Bezirksvertretung, erhalten sie jetzt 2 Sitze im 19 köpfigen Stadtbezirksparlament. 10 Sitze erringt die SPD, 7 die CDU und die FDP geht erstmals leer aus. Bezirksvorsteher bleibt Mathias Nießen (SPD), sein Stellvertreter wird Albert Jaeger (CDU).

30. 9.

Alternative Produzenten und Geschäfte lassen sich zunehmend in Nippes nieder.

November

Zwischen Merheimer- und Siebachstraße am Merheimer Platz. Bagger schaffen Raum für ein neues Wohn- und Geschäftshaus, die Tage der alten Bebauung sind gezählt.

Nippes hat 32.938 Einwohner; davon sind 7.087 Ausländer. Der seit 19 Jahren zu beobachtende Trend in der Abnahme der Einwohnerzahl hält an.

31. 12.

1985

Januar	In der Mauenheimer Straße, Simon–Meister–Straße und Turmstraße werden neue Fahrbahnen, Fußgängerwege und Parknischen angelegt und Bäume gepflanzt. Aufpflasterungen sollen den Autoverkehr verlangsamen. Nippes wird im Volksmund danach auch *Hubbelrath* genannt.

Schule Turmstraße.

20. 2. Gisela Thode eröffnet die *Weinstube Morio am Platz vor der ahl Kirch*, Schillstr. 12.

März Im Vorfeld der Landtagswahlen in NRW taucht die KPD in Nippes auf. Eine Unterschriftensammlung u.a. in Nippes soll der KPD die Zulassung zu den Landtagswahlen am 12.5. möglich machen.

Rechts: Titelblatt „de rude Kappes". Es ist die dritte Ausgabe der neuen Stadtteilzeitung.

21. 3. Stadtkonservatorin Dr. Hiltrud Kier ist zu Gast bei Werner Höfers Rodenkirchener Gespräche im Maternus–Senioren–Haus. Sie gesteht ihre Vorliebe für den Stadtteil Nippes ein.

9. 5. Das Haus Niehler Straße 83, Ecke Florastraße, will die Stadt kaufen und abreißen lassen, da es über der gültigen Fluchtlinie der Niehler Straße steht. 1982 war es aus der Liste der Denkmäler gestrichen worden.

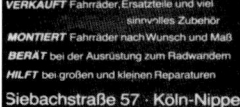

12. 5. Bei den Landtagswahlen schneiden die Parteien in Nippes wie folgt ab: SPD 57%, CDU 28%, Die Grünen 9,5% und die FDP 4,1%.

Rechts: Zwei Zeitungsanzeigen. Der alternative Fahrradladen wurde bereits 1980 eröffnet, pro natura in diesem Jahr.

Der Verein *Jugendhilfe Köln e.V.*, der benachteiligten jungen Menschen eine berufliche Qualifizierung bietet, macht Nippes durch Fassadengestaltungen bunter.

August

Hauswandgestaltung zwischen Florastraße und Wilhelmstraße durch arbeitslose Jugendliche der Jugendhilfe Köln. Weitere Arbeiten des Vereins in Nippes in dem Jahr: Begrünung der Bahndämme entlang der Escher Straße und Geldernstraße sowie die farbliche Gestaltung des Hochbunkers an der Werkstattstraße.

SPD- und CDU-Fraktion der Bezirksvertretung stellen den Antrag auf Umbenennung der Viersener Straße in Willy-Schetzka-Straße. Massive Proteste aus allen Richtungen bringen den Antrag letztlich zum Scheitern; der Antrag wird in der Bezirksvertretung zunächst ausgesetzt und im folgenden Jahr so nicht weiter verfolgt.

Oktober

Junge Leute besetzen das leerstehende Haus Viersener Straße 16.

Ein Islamisches Zentrum eröffnet an der Merheimer Straße Nr. 229.

In Nippes wohnen 15.600 männliche und 16.967 weibliche Personen, zusammen 32.567. Das sind 3,4% von der Gesamteinwohnerzahl Kölns.

31. 12.

1986

Juni   Die Diskussion um den Wilhelmplatz wird erneut von dem Arbeitskreis *Interessengemein-schaft Nippeser Kaufleute* angestoßen. Ihre Forderung: mehr Parkplätze u. a. durch den Bau einer Tiefgarage unter dem Marktplatz.

12. 7.   Im Nippeser Tälchen findet eine Demonstrationsveranstaltung gegen Atomkraftwerke statt.

August   Bei einem Großbrand auf dem Gelände der Clouth–Gummiwerke an der Niehler Straße werden große Teile der Fabrikanlagen ein Raub der Flammen.

Nippes von oben. Im Bild oben links die durch Feuer zerstörten Hallen der Fa. Clouth an der Niehler Straße.

9. 10.   SPD und CDU stellen in der Bezirksvertretung den Antrag auf Anbringung einer Ehrentafel für Willy Schetzka. Die Bezirksvertretung beschließt entsprechend.

3.-7. 11.   Mit einer Jubiläumswoche feiert die Stadtbücherei Köln–Nippes ihr 75jähriges Bestehen.

11. 11.   Erstmalig veranstaltet die *KKG Nippeser Bürgerwehr 1903* einen Fackelzug durch Nippes.

Die Zeiten ändern sich. Nippes auch.

„Wie Vieles in Nippes muß ein Lokal, wie dieses von 1907 zeitgemäß wiederbelebt werden.
Dann zeigt es, was es ehemals war und heute wieder ist.
Ein Ort des Zusammenseins und des Genießens.
Ein Treffpunkt in heller, freundlicher Atmosphäre zum feinen Essen,
Trinken und auch zum Treffen. Sie sind herzlich eingeladen."

*Täglich Frühstück von 10–15 Uhr
und Mittagstisch von 12–15 Uhr.*

Gernot Reinhardt eröffnet das *Bistro, Cafe, Restaurant Gernot's* am *Platz vor der ahl Kirch*, Mauenheimer Str. 32.

Fassadengestaltung an der Merheimer Straße, Ecke Cranachstraße durch den Verein Jugendhilfe Köln e.V.

Am Haus Radio Nord, Viersener Straße, wird die Gedenktafel für Willy Schetzka enthüllt. — Mai

Der Rat der Stadt Köln beschließt einen Ideenwettbewerb zur Verschönerung der Kölner Plätze. Auch um den Wilhelmplatz bemühen sich Architekten, Planer und Bürger. Eine Tiefgarage soll dabei berücksichtigt werden. — 6. 5.

Toni Steingass, einer der größten Stimmungs– und Karnevalssänger im Rheinland, wegen seiner zotenfreien Karnevalslieder auch *Pastur von Neppes* genannt, stirbt. — 29. 10.

Solidarität mit Nicaragua ist das Thema einer Veranstaltung in der VHS Nippes mit einem Lichtbildervortrag eines Brigadisten und einem Basar mit Produkten aus Nicaragua. Eingeladen haben: die Arbeitsloseninitiative *Loss jon*, die *Demokratische Frauen–Initiative* (DFI), die DKP, Die Grünen, die *Nippeser Friedensinitiative*, die *Jungsozialisten in der SPD*, *Nippeser gegen Arbeitslosigkeit und Sozialabbau*, die Sozialistische Deutsche Arbeiterjugend (SDAJ), die Sozialistische Jugend Deutschlands/Die Falken. — 19. 12.

Das bundesweite Ansteigen der Arbeitslosenzahlen führt auch in Nippes zur Gründung einiger Initiativen: *Nippeser Bürger gegen Arbeitslosigkeit und Sozialabbau* und der *Nippeser Arbeitslosentreff Loss jon.* Letztere trifft sich jeden Montag zwischen 9 und 12 Uhr im Evangelischen Gemeindezentrum Yorckstr. 12. Gegen die Nutzung der Atomkraft arbeiten: *Nippeser Bürger gegen Atomenergie* und *Nippeser Grüppchen gegen Atomanlagen.*

Die erste Telefonkette wird in Nippes gegründet. Diese Einrichtung für Senioren, initiiert von Toni Kürten, bietet den Teilnehmern Sicherheit und Hilfe durch einen Rundruf.

Das Gelände des ehemaligen Eisenbahnausbesserungswerkes verwildert zunehmend.

6. 3.	Bürgeranhörung zur Gestaltung des Wilhelmplatzes in der Hauptschule Turmstraße. Keiner der etwa 200 Teilnehmer spricht sich für den Bau der Tiefgarage aus.
31. 3.	Vor 100 Jahren endete die Selbständigkeit von Nippes und begann die Zeit von Köln–Nippes.
April	Die Bezirksvertretung Nippes beschließt aufgrund der massiven Bürgerproteste den Plan einer Tiefgarage unter dem Wilhelmplatz endgültig aufzugeben. Die Neugestaltung des Wilhelmplatzes soll ohne Tiefgarage erfolgen.
25. 6.	Der Arbeitskreis *IG Nippeser Kaufleute* veranstaltet auf der Neusser Straße zwischen Kempener Straße und Schwerinstraße aus Anlaß der Eingemeindung vor 100 Jahren ein Fest.
August	Die *Nippeser Nachrichten* erscheinen zum ersten Mal. Das Blatt wird von Mitgliedern der Humanistischen Bewegung herausgegeben. Es ist kostenlos und liegt in Geschäften, Kiosken und Imbisstuben aus. Die Humanistische Bewegung geht zurück auf den argentinischen Philosophen Maria Rodrigez Cobos, genannt Silo. In Köln entstehen sogenannte Nachbarschaftstreffs. Die Humanistische Partei tritt im folgenden Jahr bei der Europawahl an.

Die 1973 gebaute Brücke Neusser Straße in der Nähe der Inneren Kanalstraße wird freigelegt.

28. 11. u. 5. 12.	Bürgerbeteiligung an der Rahmenplanung Nippes. *„Im Rahmenplanungsgebiet leben rund 28.700 Einwohner in ca. 14.400 Wohnungen. Hauptsächliches Ziel der Stadterneuerung ist eine Fortführung von Maßnahmen zur Verbesserung der Wohn–, Arbeits– und Einkaufsverhältnisse. Zur weiteren Verbesserung soll im Planungsgebiet eine behutsame Stadterneuerung und –modernisierung, Schließung von Baulücken und Neuordnung von Blockinnenbereichen, Begrünungs– und Verkehrsberuhigungsmaßnahmen etc. fortgeführt werden. Verdrängungstendenzen zu Lasten der einkommensschwächeren Bevölkerung soll durch Sicherung preisgünstigen Wohnraums entgegengewirkt werden. Damit soll die im Gebiet lebende Bevölkerung in ihrer sozialen Struktur erhalten bleiben.“*

Der Verein *Löstige Gladiatoren 1989 e. V.* wird in den Yorck–Stuben, Scharnhorststr. 8, gegründet.   7. 1.

Die Schule für Lernbehinderte Kretzerstraße (Hausnr. 5) nennt sich jetzt Nordpark–Schule.   22. 3.

„In einer Sondersitzung berieten die Nippeser Bezirksvertreter über die von der Stadtverwaltung erarbeitete Rahmenplanung Nippes und stimmten über die jeweils einzelnen Punkte des umfassenden Konzepts ab. Endgültig entscheidet allerdings der Rat der Stadt über das Konzept. Den Beschlüssen der Bezirksvertretung war eine Bürgeranhörung vorangegangen. ... Das Verwaltungskonzept zur Neugestaltung des Wilhelmplatzes lehnte die Bezirksvertretung mehrheitlich ab, ebenso den Bau einer Tiefgarage unter dem Marktplatz. Um der Parkplatznot in Nippes ein Ende zu machen, stimmten SPD und Grüne gegen die Stimmen der CDU für die Einführung des Anwohnerparkrechts. Übereinstimmend abgelehnt haben alle Fraktionen ein Parkhochhaus in der Nelkenstraße. ... Im einzelnen beschloß die Bezirksvertretung die Verkehrsberuhigung der Auerstraße, der Schenkendorfstraße, der Blücherstraße, der Eisenach– und Wartburgstraße einschließlich des Wartburgplatzes, der nördlichen Geldernstraße, der Mauenheimer Straße westlich der Merheimer Straße und der Merheimer Straße nördlich der Mauenheimer Straße. ...“   22. 3.

Blick auf den Häuserblock zwischen Mauenheimer Straße und Neusser Straße; dahinter das Nippeser Tälchen.   16. 5.

Richtfest am alten Worringer Bahnhof, der auf dem Bundesbahngelände an der Kempener Straße wieder aufgebaut wird. Der Bahnhof stand an der Bahnstrecke Köln–Neuss–Krefeld.   23. 5.

215

1989

25. 5.   Das 10. Frühlingsfest auf dem Erzbergerplatz findet an diesem Fronleichnamstag statt.

15. 6.   An der Rückseite des Hauses Gartenstr. 1 (Ecke Wilhelmstraße) zieht Oberbürgermeister Norbert Burger den letzten Pinselstrich an einer überdimensionalen Europakarte. Auf ihr sind die Partnerstädte der Stadt Köln zu sehen. Gestaltet wurde das Wandbild von der *Kölner Jugendhilfe e.V.*

18. 6.   Europawahl. Das Ergebnis in Nippes: die SPD bekommt 43,4% der Stimmen, die CDU 24,4%, die Grünen 18,2%, die REP 6,2% und die FDP 4,4%.

16. 8.   Die Grünen legen ihr Programm zur Kommunalwahl vor. U.a. soll Nippes atomwaffenfreie Zone bleiben und waffenfreie Zone werden, die Straßennamenschilder, die Militaristen und Kolonialisten benennen, sollen zusätzliche Infoschilder bekommen und die Straßen, die nach Verbrechern benannt sind (z.B. Carl Peters), sollen umbenannt werden. Die Kandidaten für die Bezirksvertretung Nippes 1989–1994 sind: Petra May, Richard Wagner, Erich Hermans, Peter Höffken, Johannes Spahn, Bernd Harter, Klaus Dörpholz, Ingeborg Braunert, Alfons Müller, Horst Becker, Detlev Grieshammer und Elisabeth Daerr.

September   Das städtebauliche Planungskonzept sieht für die Neusser Straße in Nippes vor, keine weiteren Vergnügungsstätten, insbesondere Spielhallen, zuzulassen. *„Die Ansiedlung weiterer Vergnügungsstätten aller Art (Spielclubs, Automatenspielhallen, Sexbetriebe) in diesem Bereich, der das Bezirkszentrum Nippes einschließt, würde den bisherigen Charakter einer Einkaufsstraße negativ beeinflussen und ihre Attraktivität stark beeinträchtigen"*, heißt es in der Begründung.

1. 10.   Kommunalwahl. Bei einer Wahlbeteiligung von 58,1% erreichen in Nippes: die SPD 42,5% der Stimmen, die CDU 23,5%, die Grünen 19,2%, die Republikaner 9,5% und die FDP 4,4%. Die Sitzverteilung in der Bezirksvertretung: SPD 9, CDU 6, Grüne 2, FDP 1, REP 1.

9. 11.   Die Mauer fällt, die DDR ist Vergangenheit. Bald werden die ersten Trabbis (abgeleitet von Trabant, was soviel bedeutet wie Begleiter, Diener) in Nippes gesichtet.

Seit einem Jahr besteht das Türkische Erziehungs– und Kulturzentrum in der Holbeinstr. 57.

Der *Bürgerverein Stadtteilarchiv Köln–Nippes e.V.* nennt sich jetzt *Stadtteilarchiv Köln–Nippes e.V., Geschichts– und Videowerkstatt.*

31. 12.   Von den 32.832 Einwohnern in Nippes sind 7.601 Ausländer. Das Hallenbad Nippes wurde in diesem Jahr 164.358 mal aufgesucht.

Nippes in den 90er Jahren (1990 – 1999)

Der in den 70er Jahren begonnene Prozeß der Ausprägung von alternativem Leben und der Gestaltung und Veränderung der Gesellschaft durch Initiativen und Interessengruppen setzt sich in den 90er Jahren fort. In Nippes gibt es neu z.B. das *Väter Projekt* des Vereins *Väteraufbruch für Kinder e.V.*, *Natur & Kultur e.V.*, die Gruppe *INVERNI* (Internationalistische Vertriebenenhilfe Nippes), *KölnKlima e.V.*, den *Arbeitskreis für eine Autofreie Siedlung* auf dem Eisenbahngelände, den Verein *Zurück in die Zukunft*, der sich um arbeitslose ausländische Jugendliche kümmert, den *Jugendladen Nippes* und den Verein *Kääls e.V.*

Einher geht diese Entwicklung mit dem verstärkten Rückzug des Staates aus der Gesellschaft. Schlagworte und Leitsätze wie z.B. *„Wende"*, *„Schlanker Staat"*, *„Privatisierung"* und *„Abbau von Sozialleistungen"* sind nicht nur immer wieder zu hören und zu lesen, sondern werden auch in die Tat umgesetzt. Der Umbau der Gesellschaft ist in den 90er Jahren im vollem Gange. Die Vereinigung der DDR mit der BRD kostet ein Vermögen, ebenso die Masse der Arbeitslosen. In 1998 erreicht die Arbeitslosenzahl die Rekordhöhe der Nachkriegszeit von über 4,5 Millionen. Die Zahl der arbeitslosen Jugendlichen steigt genauso wie die der Sozialhilfeempfänger und die der Straftaten von Kindern und Jugendlichen. Rechtsextremismus ist auf dem Vormarsch.

Parallel dazu entwickelt sich eine gigantische Medienlandschaft und Freizeitindustrie, die für Unterhaltung und Ablenkung rund um die Uhr sorgt. Ein Millionenpublikum dankt es den Anbietern mit steigender Nachfrage. Sport, Spiel und Spaß sind die neuen Werte der freien Konsumgesellschaft.

In Nippes schließen in den 90er Jahren einige Einzelhandelsfachgeschäfte. Supermärkte und Billigladenketten prägen mehr und mehr das Bild der Neusser Straße. Kioske spriessen wie Pilze aus dem Boden, Fastfood–Ketten öffnen ihre xte Filiale in Nippes und ausländische Mitbürger öffnen den soundsovielten Döner–Imbiss. Nagelstudios, Sonnenbankzentren und Fitness–Studios kommen immer mehr in Mode.

Die Zahl der Arbeitslosen und Sozialhilfeempfänger steigt im Stadtteil Nippes auf bisher nie gekannte Zahlen. Armut zeigt sich wieder mehr auf den Straßen, in öffentlichen Parkanlagen und in den U–Bahn–Haltestellen. Die Sparzwänge der Stadtverwaltung lassen sich an ungepflegten, verwilderten Grünanlagen, dauernd überquellenden Abfallbehältern und mit Unrat übersäten Gehsteigen erkennen. Die Gefahr, auf Nippeser Straßen Opfer einer Gewalttat zu werden, scheint sich zu erhöhen.

Der 27.9.1998 bringt nach 16 Jahren die Ablösung der Regierung unter Bundeskanzler Helmut Kohl durch die SPD. Sie geht eine Koalition mit der Partei Bündnis 90/Die Grünen ein. Steht Deutschland eine neue Wende bevor?

1990

März	Die Stadt kauft den Altenberger Hof und will den unter Denkmalschutz stehenden, über 200 Jahre alten Hof in den folgenden Jahren instandsetzen und als Bürgerzentrum nutzen.
13. 5.	Landtagswahl. In Nippes entscheiden sich 54,4% der Wählerinnen und Wähler für die SPD, für die CDU 23,7%, für die Grünen 13,4%, die FDP 4,4% und die REP 3,6%.
30. 5.	Auf dem Wilhelmplatz wird über die städtischen Umgestaltungspläne für den Platz informiert; die BürgerInnen sollen sich an der Planung beteiligen. Ihre Anregungen und Bedenken werden bei der endgültigen Planfestlegung berücksichtigt.

Das alte Ensemble mit Toilettenanlage, Trafohäuschen und Kiosk auf dem Wilhelmplatz soll durch einen Pavillon ersetzt werden.

16. 8.	Die endgültige Plan für den neuen Wilhelmplatz wird in der Nippeser Bezirksvertretung beraten und beschlossen.
30. 10.	Der von der Baukooperative *Zug um Zug e. V.* auf dem Gelände des ehemaligen Bundesbahnausbesserungswerkes an der Kempener Straße wieder errichtete ehemalige Worringer Bahnhof wird der Öffentlichkeit übergeben.
15. 11.	In der Sitzung der Bezirksvertretung Nippes ist der Bau eines Parkhauses für den Stadtteil wieder ein Thema. Der neue Standort soll jetzt Neusser Straße, Ecke Innere Kanalstraße sein. Dafür müßte der hier seit den 50er Jahren bestehende Verkehrsübungsplatz weichen. Gegebenenfalls könnte er nach Longerich verlegt werden.

Bundestagswahl. In Nippes entfallen auf die Erststimme/Zweitstimme: SPD 49,2%/48,0%, CDU 29,1%/26,8%, Die Grünen 12,5%/10,6%, die FDP 5,8%/9,5%. 2. 12.

Das Vinzenz–Hospital weiht einen neuen Anbau an der Kempener Straße ein. Hier befinden sich jetzt ein OP–Trakt, die Intensivstation, die Radiologie, die Zentralküche und für die MitarbeiterInnen eine Caféteria.

Einige Künstler lassen sich auf dem Gelände des ehemaligen Eisenbahnausbesserungswerkes nieder. Sie schließen sich unter dem Namen *KAN* (Künste im Ausbesserungswerk Nippes) zusammen.

Die Carl-Peters-Straße und die Lüderitzstraße werden in Namibiastraße und Usambarastraße umbenannt.

In Nippes wohnen 32.864 Menschen. Unter den 32.864 Bewohnern sind 7.700 Ausländer. 31. 12. 57 Ärzte haben hier eine Praxis: 13 Allgemeinärzte, 1 Augenarzt, 7 Frauenärzte, 2 Hals–, Nasen–, Ohrenärzte , 10 Internisten, 3 Kinderärzte, 2 Orthopäden, 19 Zahnärzte. Es gibt 8 Apotheken.

Silvesterfeuerwerk über Nippes.

219

Das Bürgerzentrum Nippes besteht mit seiner Vorläufereinrichtung ein Jahr in der Turmstraße. Zahlreiche Gruppen, Initiativen und Vereine treffen sich hier, z.B. die *Arbeitsgemeinschaft Ausbesserungswerk Nippes*, die *Demokratische Fraueninitiative*, die *Friedensinitiative Nippes*, die *Elterninitiative für eine Gesamtschule in Nippes*, die *Bürgerinitiative Stoppt den Gürtel*, der *Hegel–Lesekreis*, der Chor *Die Liederlinge*, und es findet ein Deutschkurs für Türkische Frauen statt.

März   Die Kantine des ehemaligen Eisenbahnausbesserungswerkes schließt endgültig ihre Pforten.

17. 4.   Das Studio 38, Holbeinstr. 38, bietet Unterricht im Bauchtanz bis hin *„zum Bauchtanz für die reifere Frau".*

18. 6.   Der Verein *Zurück in die Zukunft e.V.* wird gegründet. Er bietet arbeitslos und straffällig gewordenen ausländischen Jugendlichen Hilfen bei der Lebensbewältigung.

Juni   Die Realschule Neusser Straße legt auf dem Schulgelände eine Grünanlage mit Teich an.

9. 6.   Anwohner der Bülowstraße feiern das 1. Sommerstraßenfest.

1. 7.   Unter dem Titel *Zwischen Minarett und Kirchturm* veranstaltet das Jugendzentrum in der Werkstattstraße ein Straßenfest.

22. 7.   Die Umbauarbeiten auf dem Wilhelmplatz beginnen. Der Markt findet nun unter der Trasse der Hochbahn (Linie 13 der KVB) am Gürtel zwischen der Neusser Straße und dem Niehler Kirchweg statt.

11. 9.   Wiedereröffnung der Gaststätte *Em Golde Kappes*. In kurzer Zeit sind die Räumlichkeiten vergrößert und renoviert worden.

29. 9.   Das *Musiktheater Nippes* veranstaltet einen Musik– und Literaturfrühschoppen in der Weinstube Morio, Schillstr. 12.

Oktober   13 Maler, Bildhauer und Kunsthandwerker schließen sich zur *Interessengemeinschaft Nippeser Künstler und Kunsthandwerker* zusammen.

Die Clouth Gummiwerke AG, 100%ige Tochter der Continental Hannover, entläßt rund 200 Mitarbeiter und verkauft Teile des Firmengrundstücks.

31. 12.   In Nippes wohnen 32.870 Menschen. Davon sind 7.832 aus dem Ausland.

Die vor Jahren stillgelegte Aral–Tankstelle an der Neusser Straße 374–376 wird abgerissen. In der Baulücke werden 2 Wohnhäuser mit Tiefgarage entstehen. Januar

Die Bezirksvertretung Nippes will die Zahl der Spielhallen in Nippes und insbesondere auf der Neusser Straße eindämmen. 27. 2.

Mit einem kölschen Empfang feiert die Stadtsparkasse Köln an der Ecke Neusser Straße/ Wilhelmstraße ihr 100jähriges Bestehen in Nippes. 2. 4.

Um 3.20 Uhr läßt ein schweres Erdbeben mit dem Zentrum bei der niederländischen Grenztadt Roermond auch die Nippeser aus ihrem Schlaf schrecken. 15 Sekunden lang bringen die Erdstöße Wände zum Wackeln und Gläser zum Klirren. Risse entstehen an Häusern, Scheiben zerspringen, Rohrleitungen reißen. Größerer Schaden bleibt in Nippes aus, Menschen werden hier keine verletzt. Es ist das schwerste Erdbeben in der Region seit 1756. 13. 4.

Die Kantine des ehemaligen Eisenbahnausbesserungswerkes öffnet wieder. Allerdings findet man jetzt hier unter dem Namen Kantine eine Stätte mit Live–Musik und Parties. Mai

Der Wilhelmplatz wird mit einer kleinen Feier mit Musik, Kölsch und einer Rede von Oberbürgermeister Norbert Burger eröffnet. Buh–Rufe und Pfiffe begleiten die Worte Burgers. Der Pavillion stößt auf heftigste Kritik in der Bevölkerung. Sehr bald bekommt das wuchtige und wenig praktische Gebäude den Spitznamen *Tadsch Mahal von Nippes.* 21. 5.

28. 7.

Im Schatten der Domtürme und inmitten von scheinbar undurchdringlichem Grün liegt der Altenberger Hof an der Mauenheimer Straße 92 noch im Dornröschenschlaf. Hier wird das Bürgerzentrum Nippes entstehen.

1992

28. 7. *Ist der Turm von St. Marien tat-*
sächlich höher als die Domtürme?

Juli Die *Kölner Initiative für*
kinderfreundliche Umwelt
(KIKU) wird von engagier-
ten Eltern gegründet. Ziel
ist es, Lebensraum in Nippes zu schaffen, in dem
sich Kinder gefahrlos be-
wegen und spielen kön-
nen. Treffpunkt ist das
Bürgerzentrum Nippes.

12. 7. Die *Neppeser Ahr–Schwärmer* veranstalten ihr Straßenfest im Sechzig–Viertel.

17. 8. *SuS Nippes 12 Köln–Nippes e. V.* feiert sein 80jähriges Bestehen.

6. 9. Die Bezirksvertretung veranstaltet auf dem Wilhelmplatz das Fest *Nippes total.*

12. 9. *„Es war eine Tippse aus Nippes*
bald müde des öden Getippes,
und sie sattelte um.
Doch das Barpublikum
war bald grad so müd' des Gestrippes."   Ein Limerick von Dieter Höss

Oktober Das *Kölner Geburtshaus* öffnet in der Cranachstraße 21.

November Das Eckhaus an der Florastraße/Niehler Straße (Niehler Straße 83) erstrahlt nach Renovierung in neuem Glanz. Über Jahre war es unbewohnt und zu einem Taubenschlag verkom-
men. Es sollte einmal zur Verbreiterung der Niehler Straße abgerissen werden.

Der Verein *Zurück in die Zukunft e. V.* mietet Räumlichkeiten in der Merheimer Straße
92/Ecke Cranachstraße und eröffnet ein Café.

18. 12. Das Nippeser Hallenbad an der Friedrich–Karl–Straße feiert sein 30jähriges Bestehen.

Dezember *Nippes gegen Rechts!* Unter diesem Motto läuft eine Aktion der Nippeser Geschäftsleute, die
an ihre Schaufenster Plakate kleben: *Wir protestieren gegen jegliche Gewalt an Ausländern.*

Die *KKG Nippeser Bürgerwehr*   18. 2.
1903 e. V. stellt zum zweiten Mal
nach 1978 das Kölner Dreigestirn.
Prinz Wilfried I. (Wilfried Jung-
geburth) landet mit seinem Lied
Einmol Prinz zo sin einen Kar-
nevalshit.

Links: Um 9 Uhr 11 wird der Straßenkarneval auf dem Wilhelmplatz eröffnet.
Der neue Pavillon wird erstmals genutzt.

Wieder wird ein Stück des alten Nippes vernichtet: Abbruch des Landarbeiterhauses in der   März
Simon–Meister–Straße, Hausnummer 10.

Das *Umweltzentrum Köln–West* beginnt mit seiner Arbeit auf dem ehemaligen Eisenbahn-   13. 4.
werkstatt–Gelände. Hier werden alle wiederverwertbaren Materialien gesammelt.

Das *Sozialpsychiatrische Zentrum Köln–Nippes e.V.* öffnet in dem im Vorjahr nach einer   Mai
Sanierung wieder fertiggestellten Haus an der Niehler Straße 83, Ecke Florastraße.

23. 5.

Blitz und Donner über dem Erzbergerplatz.

1. 7.   Die neuen Postleitzahlen werden eingeführt. Nippes verbirgt sich nun hinter der Postleitzahl *50733 Köln. Die postalische Bezeichnung 5000 Köln 60* ist Geschichte.

8. 7.

Ein Pferdewagen auf der Neusser Straße erinnert an längst vergangene Nippeser Zeiten.

11.-12. 9.   Der Kölner Stadtbezirk 5, Nippes, wird volljährig. Mit einem Fest erinnert man sich an die Gründung der 9 Kölner Stadtbezirke im Jahr 1975.

Der *Turnerkreis Köln-Nippes 03* feiert sein 90jähriges Bestehen.

Die *Turn- und Fechtgemeinde 1878 Köln–Nippes e.V.* feiert ihr 115jähriges Bestehen.

„Söks Do äch Kölsch Miljöh???
Dann gangk ens nom 'Alt Neppes'.
Beim Kätche un beim Eddy kanns Do et
ganz bestemb finge!
Uns Weetschaff hät dr ganze Dach op,
nur Meddwochs maache mer'en Päusge!"
Eddy und Käthe Werres laden mit diesen kölschen Zeilen in ihre Gaststätte *Alt Neppes* ein.

Besucher von Nippes finden hier drei Hotels vor: *Hotel Stadt Viersen* („im Herzen von Nippes"), Viersener Straße 32, das *Hotel Plümo*, Cranachstr. 9, und das *Siebach Hotel Garni* in der Siebachstr. 14.

Die *Stattauto Köln Car Sharing GmbH* eröffnet eine neue Station an der Niehler Straße zwischen der Florastraße und Wilhelmstraße.

2. 1.

Bei den Sanierungsarbeiten am Altenberger Hof finden sich im Erdreich Reste eines römischen Gebäudes. Der Beginn der Siedlungsgeschichte auf Nippeser Boden kann jetzt noch weiter zurückverfolgt werden. Bisher sah man die Franken als die ersten Siedler an.

März

Immer attraktiv und deswegen stark besucht: die 1913 eröffnete Wirtschaft „Em golde Kappes".

2. 5.

Immer attraktiv und deswegen stark besucht: der 1981 erstmals veranstaltete Flohmarkt auf dem Wilhelmplatz.

29. 5.

12. 6.

Blick vom 13. Stock des Bezirksamtes Nippes auf die Neusser Straße.

12. 6.

Bereits seit dem Anfang des Jahrhunderts befindet sich in dem Eckhaus Neusser Straße 301/Mauenheimer Straße eine Wirtschaft.

Die Neusser Straße. Seit dem Mittelalter ein bedeutender Handelsweg zwischen Köln und dem deutschen und europäischen Norden und Nordwesten.

1994

19. 6.   *St. Marien am Ende der Baudristraße.*

19. 6.

Blick in die leicht ansteigende Franziskastraße. Hier, im Haus Nr. 7, wurde 1901 die Kölner Mundartautorin Lis Böhle geboren. In ihrer Erzählung „Rollschuh-fieber" (Siehe Band 2 dieser Buchreihe) geben die rollschuh-laufenden Kinder auf die Frage der sich vom Radau belästigt fühlenden Anwohner: „Künnt ehr nit in en andere Strooß jon?" die Antwort: „Nein, auf gar keinen Fall. Auf diesem Bergelchen kann man nämlich runterflitzen."

19. 6.   *„Wenn de Sonn' schön schingk ...".*
Idylle an der Kempener Straße, Ecke Merheimer Straße.

Der von den Mitgliedern des Vereins *Stadtteilarchiv Köln–Nippes e. V.*, *Geschichts– und Videowerkstatt* neu gegründete Verein *Archiv für Stadtteilgeschichte Köln–Nippes e. V.* wird in das Vereinsregister eingetragen.

23. 6.

Großes Nippeser Sommerfest im Bürgerzentrum Nippes, Turmstraße 3–5.

4. 9.

Bundestagswahl und Kommunalwahl. In Nippes wird bei der Kommunalwahl so gewählt: SPD 6.835 Stimmen (43,2%), Die Grünen 4.027 Stimmen (25,4%), CDU 3.987 (25,2%) und FDP 373 Stimmen (2,4%). Die Bezirksvertretung nach der Wahl: 9 Sitze für die SPD, 7 für die CDU und 3 für die Grünen.

16. 10.

Links: Gut erhaltene, unter Denkmalschutz stehende Häuser an der Scharnhorststraße, Ecke Yorckstraße. Sie wurden ab 1905 errichtet und haben bis heute ihre Vorgärten behalten.

20. 10.

125 Jahre *Männerchor Köln–Nippes 1869 e. V.* Im Pfarrsaal von Heilig Kreuz in Köln–Weidenpesch findet ein Konzert und Liederabend statt. Eine Festschrift erscheint.

29. 10.

Freitag, 14 Uhr. Ein Marktag auf dem Wilhelmplatz ist zu Ende gegangen.

4. 11.

Die Nippeser Bezirksvertretung beschließt, daß es die dreiwöchige Buchausstellung des türkischen religiösen Vereins *Vereinigung der Neuen Weltsicht in Europa* (AMGT) an der Merheimer Straße 229 zukünftig nicht mehr geben wird. Der erhebliche Autoverkehr aus ganz Europa ist für die Anwohner unzumutbar.

Dezember

Der Anteil der Sozialhilfeempfänger im Stadtteil Nippes liegt bei knapp 8% der Bevölkerung.

Dezember

1995

1. 1. Das Vinzenz–Hospital wird in eine GmbH übergeführt. Neuer Eigentümer ist die Hospital-vereinigung St. Marien GmbH.

6. 1. *Rechts: Noch hängt die Weihnachtsdekoration von 1994 über der Neusser Straße.*

16. 1. Der neue Leiter des Bezirksamtes Nippes, Werner Lemmer, tritt seinen Dienst offiziell an.

26. 1. Der Leiter des Bezirksamtes Nippes, Eike Johannis, verabschiedet sich mit einem großen Fest aus Nippes. Er leitete die Nippeser Verwaltung zwischen 1975 und 1994.

27. 1. *Die Tage des aus dem vorigen Jahrhundert stammenden Bauernhofes, Neusser Str. 355, sind gezählt. Mit seinem Abriß wird im Juni dieses Jahres ein Stück des alten Nippes aus dem Straßenbild verschwinden.*

Februar *Die Straßen im Veedel sollen sicherer werden!*
Unter diesem Motto treffen sich Polizei, Politik, Initiativen, Vereine, Schiedsleute und Schulen am runden Tisch und wollen Konzepte gegen Gewalt und Kriminalität in Nippes entwickeln.

1. 3. *Kääls e.V.* eröffnet in der Lohsestraße 10 ein Büro. Seit 1994 diskutieren Männer über ihre Geschlechterrolle, jetzt wird Hilfe rund um die Themen Beziehung, Sexualität und Vaterschaft angeboten.

Wolken segeln in klarer Luft über dem Leipziger Platz.

3. 3.

Die Neuapostolische Gemeinde feiert die Renovierung ihrer Kirche an der Namibiastraße. 1924 hatten etwa 200 Personen die Kirchengemeinde gegründet.

28. 3.

Ministerpräsident Johannes Rau besucht aus Anlaß des Landtagswahlkampfes Nippes und den Markt auf dem Wilhelmplatz.

2. 5.

Landtagswahl. In Nippes erringt die SPD 44,1%, Die Grünen 26,8%, CDU 23,1% und die FDP 2,8% der Stimmen.

14. 5.

Der Verein *Stadtteilarchiv Köln–Nippes e. V., Geschichts– und Videowerkstatt*, ist im Vereinsregister nach Liquidation erloschen.

20. 7.

Die Freie Schule nimmt in Räumen des Bürgerzentrums an der Turmstraße ihren Betrieb auf. Neun Schülerinnen und Schüler lernen hier in Arbeitsgruppen und Projekten.

28. 8.

Die 5. Nippeser Filmtage verleihen in der Sparte Super–8–Film den Preis *Goldener Nippes*.

28. 10.

Die Nordparkschule in der Kretzerstraße feiert ihr 30jähriges Bestehen.

31. 10.

Der fundamentalistische Islam–Verein Milli–Görüs zieht in die Merheimer Str. 229 ein.

Nippes hat 32.405 Einwohner, davon sind 16.854 weiblich.

31. 12.

1996

16. 3. Frühjahrsputz in Nippes. In einer gemeinsamen Aktion von Nippeser Bürgern und Geschäftsleuten, Schulen und Bezirkspolitikern wird die Neusser Straße gesäubert.

April Die Edith-Stein-Realschule feiert ihr 100jähriges Bestehen. Eine Festschrift erscheint.

8. 6. Der Verein *Frauen gegen Arbeitslosigkeit*, Gellertstr. 45, feiert sein 12jähriges Bestehen.

16. 6. Eröffnungsfest des Bürgerzentrums Nippes im Altenberger Hof. Nach dem Umbau und der Renovierung des Herrenhaus und seines Anbaues, der ehemaligen Remise, können Gruppen (Senioren-, Kinder-, Tanz-) hierher ziehen. Bis dahin nutzten sie Räume in den Gebäuden an der Steinberger- und Turmstraße.

26.–
29. 7. Ihr Schützen- und Volksfest feiert die *St. Sebastian-Schützenbruderschaft Köln-Nippes* im 120. Jahr ihres Bestehens auf dem Festplatz am Niehler Kirchweg im Nippeser Tälchen.

3. 8. Mungo Jerry, Middle of the Road, Equals, Blue Diamonds und Dave Dee – diese Größen der Popmusik der 70er Jahre treten zur Eröffnung eines Autohauses an der Florastraße auf.

16. 8.

Zur Musik von Carl Orff läßt der Betreiber des Biergartens Altenberger Hof im Nippeser Tälchen ein farbenfrohes Feuerwerk abbrennen. Ein zahlreiches Publikum sieht dem Schauspiel begeistert zu.

70 Jahre Arbeiterphotographie. Eine Ausstellung wird in der Merheimer Str. 107 eröffnet.   15. 9.

Über dem Grün des Nippeser Tälchens erheben sich die Alt– und Neubauten der Neusser Straße.   3. 10.

70 Jahre besteht das Nippeser Friseurgeschäft von Karl–Heinz Luttmann, Neusser Str. 372.   1. 11.

Radio Nord ist nach Umbau noch größer und in seinem Produktangebot noch vielfältiger.   21. 11.

Winterliches Vergnügen im Nippeser Tälchen. Kinder freuen sich über die immer seltener werdende weiße Pracht.   30. 12.

In Nippes lag die Arbeitslosenquote in diesem Jahr zwischen 12,2 und 14,9%.   31. 12.

1997

1. 1.

Richtig kalt ist es an diesem Neujahrstag. Der Turm der Lutherkirche ragt dunkel aus dem Nippeser Häuser-meer empor. Links der Herkulesberg („Mont Klamott"), im Hintergrund Colonius und Herkules–Hochhaus.

1. 1.   Die Clouth–Werke werden Teil der Continental AG in Hannover. Eine bahnbrechende Erfin-dung unter dem Kürzel ISAD wird zukünftig bei Automobilen Anlasser, Schwungrad und Lichtmaschine ersetzen.

8. 2.   Der Jeisterzoch 97, wie jedes Jahr organisiert von Erich Hermans und dem Verein *Ähzebär un Ko*, beginnt in Nippes am Niehler Kirchweg und endet auf dem Sudermanplatz. Unter dem Motto *Afrikanische Träume* geht er u. a. durch die Usambara–, Tanga– und Namibiastraße, Gustav–Nachtigal-Straße, Blücher– und Schillstraße sowie Neusser Straße.

29. 4.   Bei Radio Nord beginnt der Räumungsverkauf. Die Schließung läßt sich nicht abwenden.

24. 5.   Auf dem Gelände des ehemaligen Eisenbahnreparaturwerkes findet ein Sommerfest statt.

8. 6.   Das St. Vinzenz–Hospital feiert sein 125jähriges Bestehen u.a. mit einem Tag der offenen Tür. Eine Festschrift erscheint.

2. 7.   Ein Straßenbahnwagen der KVB wird äußerlich zum *Nippes–Zug* umgestaltet. Fortan wirbt er mit Nippeser Motiven in gelber Farbe und roter Schrift für den Kölner Stadtteil.

Links: Die Schäl Sick Brass Band unterhält mit Blasmusik auf dem Schillplatz.

6. 7.

Die Nippeser Schützen präsentieren anläßlich ihres Schützen— und Volksfestes die neugebaute Schießhalle an der Merheimer Straße 292.

25.–
28. 7.

Reklame der seit über 150 Jahre tätigen Sattlerwarenfabrik A. Waldhausen am Haus Neusser Str. 410. Davor entsteht die Seniorenresidenz „Christian Runkel".

31. 8.

Die Räume der Moschee des Verbandes der *Islamischen Vereine und Gemeinden e.V.* (ICCB) am Niehler Kirchweg werden im Zusammenhang mit einem Mord in Berlin von der Polizei durchsucht.

9. 9.

Straßenfeste werden in Nippes immer gerne gefeiert; hier in der Wilhelmstraße, Ecke Siebachstraße.

14. 9.

„Der höchste Anteil von gebürtigen Kölnern an der Gesamtbevölkerung wohnt in Mülheim (15%), gefolgt von Nippes und Kalk. In Rodenkirchen wohnen die wenigsten echten Kölner (9,2%)."

17. 9.

16. 9.

Der Turm der St. Bonifatius–Kirche in der Gneisenaustraße. Im Hintergrund ist die letzte totale Mondfinsternis dieses Jahrhunderts zu sehen. Der Vollmond wird gleich vollständig vom Schatten der Erde bedeckt sein.

16. 9. Ilse Brusis, Ministerin für Stadtentwicklung, Sport und Kultur, informiert sich über die Entwicklung von Nippes. „ 'Sehr vielgestaltig und interessant war die Rundfahrt', berichtete die Ministerin, aber Nippes sei ja ohnehin einer der unproblematischeren Stadtteile. 'Trotzdem müssen wir Nippes im Blick behalten.' 'Eine attraktive Stadtentwicklung ist ohne vitale Stadtteile nicht denkbar', so Brusis. In seinem Handlungsprogramm Vitale Stadt setzt das Land auf die Förderung der Stadtteilzentren. So wurden allein in Nippes von 1980 bis 1992 rund 9,7 Millionen Mark Landesförderung für die Wohnumfeldverbesserung ausgegeben. Weitere 1,8 Millionen Mark flossen in die Umgestaltung des Wilhelmplatzes. In diesem Jahr hat das Land 1,2 Millionen Mark für den Ausbau des Kulturzentrums Altenberger Hof vorgesehen, von dem sich Brusis selbst ein Bild machte. 'Der Altenberger Hof ist der Gürzenich von Nippes' lobte die Ministerin.“

18. 9. Im Millowitsch–Theater an der Aachener Straße hat das Lustspiel *Liebesgrüße aus Nippes* Premiere. Das Stück in 3 Akten schrieb Peter Millowitsch. Er legte die Handlung nach Nippes, weil Nippes für ihn nach der Südstadt der typischste Kölner Stadtteil ist.

20. 9. Der 42m hohe Backsteinschornstein auf dem ehemaligen Eisenbahngelände wird gesprengt.

Der Anfang der 20er Jahre errichtete Bahnhof Nippes hat seit vier Jahren als Station an der Bahnstrecke Köln–Neuss ausgedient.

23. 9.

Oben: Die Trasse der Hochbahn am Niehler Kirchweg. Nördlich von ihr (links im Bild) verläuft die Grenze zwischen den Stadtteilen Niehl und Nippes. Südlich (rechts im Bild) wird zukünftig nach einer ersten Ausbauphase der Niehler Gürtel als vierspurige Schnellstraße enden.

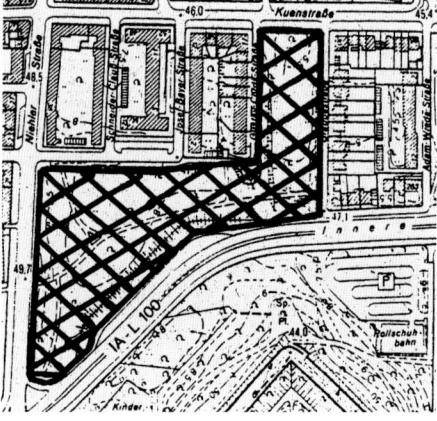

Oben: Wohin man in Köln schaut –Satellitenschüsseln. Auch in Nippes findet man sie an Balkonen und auf Dächern.

Links: Auf Anregung des Autors beschloß die Bezirksvertretung Nippes am 6.3.97 einstimmig die Benennung der Parkanlage zwischen der Inneren Kanalstraße, Niehler Straße, Auerstraße, Gustav-Cords-Straße, Kuenstraße und Grabbestraße nach Lis Böhle.

5. 10.

Die Läufer und Läuferinnen beim ersten Köln–Marathon sind nach 31 Kilometern auf der Neusser Straße in Nippes unterwegs. Für diese Strecke brauchte der führende Läufer etwa 1 Stunde und 38 Minuten.

1.–
14. 10.

Der Kaufhof feiert *70 Jahre Kaufhof in Köln–Nippes*. Gäste am 4.10. sind u. a. Marie Luise Nikuta, et Fussisch Julche, die 3 Colonias sowie Peter und Willi Millowitsch.

4. 11.

Im Gegenlicht: das Einkaufszentrum Nippes, Neusser Straße, auch „Nipphattan" genannt.

Bezirksvorsteher Bernhard Henrici feiert sein 10jähriges Amtsjubiläum. Oberbürgermeister Norbert Burger und viele andere Gäste gratulieren bei einer kleinen Feier. **15. 10.**

Else Knappertz, geb. Horion, stirbt im Alter von 84 Jahren in Nippes. Sie war neben Paula Zapf eine der beiden Frauen, die während der Nazizeit die Jungfrau im Kölner Dreigestirn darstellten. Else Knappertz hatte ihren Auftritt im Jahr 1939. **5. 11.**

Mathias Nießen stirbt nach langer schwerer Krankheit mit 74 Jahren. **10. 11.**

Das Sanitätshaus C. O. Dittmann, Neusser Straße 300, feiert sein 65jähriges Bestehen. Nach dem 2. Weltkrieg begründete die Familie ihr Geschäft in Nippes. **15. 11.**

„*Die beste Leberwurst der Welt kommt aus Nippes*" – Schlagzeile eines Flugblattes der seit 32 Jahren in Nippes ansässigen Metzgerei Stock, Neusser Straße 269. **November**

Das 1950 in Nippes eröffnete Fachgeschäft Radio Nord schließt für immer seine Türen. **November**

Else Berrisch, 35 Jahre Wirtin im Lokal *Ahl Eck*, Merheimer Straße, geht in den Ruhestand. **November**

Eine neue Begegnungsstätte mit dem Namen *Impuls* eröffnet die Pfarrgemeinde St. Marien zusammen mit dem Caritas–Verband im Pfarrheim an der Turmstraße/Thüringer Straße. **November**

15 Jahre *Dynamo Blücherpark*. Die Jungs aus Nippes spielen immer noch Fußball im Blücherpark. Von der Anfangsriege sind noch dabei: Walter Lange, Rainer Buttkereit und Reinhold Kruse. **12. 12.**

Der Stadtteil Nippes hat 31.881 gemeldete Bewohner. Gegenüber 1990 sank die Zahl der Einwohner um 951. Der seit Jahren zu beobachtende Trend der Abnahme der Bevölkerungszahl setzt sich in diesem Jahr fort. **31. 12.**
Der Anteil der AusländerInnen liegt bei 23,4% bzw. 7.473 Personen. Davon kommen 3.558 aus der Türkei, 823 aus dem ehemaligen Jugoslawien, 772 aus Italien, 760 aus Griechenland und 101 aus Spanien.
Die Quote der Sozialhilfeempfänger liegt bei 7,2%; die Arbeitslosenquote bei 16,1%.
742 Alleinerziehende wohnen in Nippes, davon sind 130 Männer.
Die 17.622 Nippeser Haushalte verteilen sich auf 1–Personen–Haushalte mit 9.727, 2–Personen–Haushalte mit 4.469, 3–Personen–Haushalte mit 1.840, 4–Personen–Haushalte mit 1.117 und 5–Personen–Haushalte und mehr mit 469.
Der PKW–Bestand am 1.7.97 betrug 10.389; das bedeutet 382 Autos je 1.000 volljährige Einwohner.

1998

13. 1.
Die neue Solaranlage auf dem Dach des Evangelischen Kindergartens, Gustav–Nachtigal–Straße, sorgt für warmes Wasser in den Leitungen.

21. 1.
Die neuen Schutzstreifen für Fahrradfahrer auf der Neusser Straße werden der Öffentlichkeit vorgestellt.

7. 2
„Redakteur Sehmuz Güzel gibt ein Seminar im Rahmen des Projektes Freie Universität mit dem Thema *Türkische Arbeiterbewegung*. Vedat Türkali spricht über das Thema *Kunst–Politik*. Ort der Veranstaltung: Neusser Str. 216.“

10. 2.
Die Evangelische Kirchengemeinde setzt sich für ein Bleiberecht kurdischer Flüchtlinge und einen Abschiebestopp in die Türkei ein. Sie nimmt 20 kurdische Flüchtlinge auf und unterstützt damit die landesweite Initiative *Kein Mensch ist illegal*.

12. 2.
Die Bezirkskonferenz zur Verbrechensbekämpfung in Nippes beschließt gemeinsame Streifengänge von Polizei und Mitarbeitern des Ordnungsamtes. U–Bahnstationen sollen sicherer werden. Die Beamten sollen insbesondere auch kontrollieren, ob in Gaststätten und Spielhallen illegales Glücksspiel oder Prostitution stattfindet.

14. 2.
„33jähriger stürzte beim Fensterln ab. Beim Versuch, in die Wohnung seiner Freundin an der Siebachstraße zu gelangen, versagten die Kräfte eines jungen Mannes. Noch bevor er sein Ziel im 1. Stock erreichte, konnte er sich nicht mehr an einem Seil halten und stürzte zu Boden.“

24. 2.
Der närrische Dienstagszug beginnt in Weidenpesch und fährt durch Nippeser Straßen.

„Jitz weed op de Trumm geklopp!“ *Der Zug vor der Hofburg des Nippeser Dreigestirns, Neusser Str. 340.*

„Angetrunkener Clown stahl Nubbel aus Nippeser Kneipe an der Lohsestraße.“   25. 2.

Kölns Oberbürgermeister Norbert Burger setzt den ersten Spatenstich für das neue Nippeser   16. 3.
Rathaus/Bezirksamt auf dem Gelände Neusser Straße, Ecke Niehler Gürtel an.

Die Bezirksvertretung beschließt mit den Stimmen der SPD und der CDU bei einer Enthal-   19. 3.
tung und gegen die Stimmen der Grünen den Ausbau des Niehler Gürtels zwischen Merheimer Straße und Niehler Kirchweg.

Die zwischen 1957 und 1959 errichtete Siedlung an der Mauenheimer Straße heißt jetzt *In-*   März
vestra Wohnpark Nippes. Die neue Eigentümerin führt Modernisierungs– und Erweite-
rungsarbeiten durch. Den Gebäuden mit Flachdächern wird ein weiteres Geschoß aufge-
setzt.

Der 97 Jahre alte *Radclub Durch 01* aus Weidenpesch veranstaltet zum wiederholten Male   26. 4.
das Internationale Rundstreckenrennen *Rund in Köln–Nippes*. Die Rennstrecke führt über
die Neusser Straße, Kempener Straße und Viersener Straße.

17. 5.

Das Entree von Nippes. Auch in diesem Jahr gedeiht die unter Denkmalschutz stehende Roßkastanie an der
Auerstraße prächtig. Aber bei diesem Standort ist die Frage: Wie lange noch?

17.5.

Der Luftschutzbunker aus dem 2. Weltkrieg an der Kevelaerer Straße.

17.5.

Die Brücke Neusser Straße im Inneren Grüngürtel an der Inneren Kanalstraße.

16.6.   Auch in Nippes, wie schon in anderen Kölner Stadtteilen, soll eine Jobbörse eingerichtet werden. Hier werden Arbeitslose und Unternehmer zusammentreffen können.

Juli   Die ersten Mieter ziehen in die neu errichtete Seniorenresidenz *Christian Runkel* an der Neusser Straße 404, Ecke Niehler Kirchweg, ein.

19. 9.

Zeigt die Ampel mit rot und grün bereits die Sieger der Bundestagswahl an? Noch werben Bündnis 90/Die Grünen und die FDP auf der Neusser Straße um jede Stimme.

19. 9.

Der werktägliche Markt auf dem Wilhelmplatz lockt immer ein zahlreiches Publikum an.

Das Jugendzentrum *Offene Tür Werkstattstraße* feiert sein 30jähriges Bestehen. Die gute Seele des Hauses, genannt Schlapp, erinnert sich: „*Früher waren die Jugendlichen viel politischer. Demonstriert wurde gegen Atomkraft, Aufrüstung und Sozialkürzungen.*"

19. 9.

Die *KKG Nippeser Bürgerwehr 1903 e. V.* nimmt in New York an der 41. Steubenparade teil.

20. 9.

27. 9.	Die Bundestagswahl bringt das Ende der Ära Kohl. Die SPD erringt die meisten Stimmen. In Nippes kann die SPD bei den Zweitstimmen (Partei) 45,1% und bei der Erststimme (Wahlkreisabgeordneter) 52% auf sich vereinigen; Bündnis 90/Die Grünen 22,1% bzw. 17,8%, die CDU 21,3% bzw. 23,8% und die FDP 5,3% bzw. 2,3%. Die Republikaner erhalten bei der Zweitstimme 0,8% der abgegebenen gültigen Stimmen.
29. 9.	Der Rat der Stadt Köln beschließt die Restaurierung der historischen Grünanlage *Alhambra* an der Inneren Kanalstraße zwischen Escher Straße und Merheimer Straße. Sie soll wieder in ihren Originalzustand versetzt und so zu einem Schmuckstück der Nippeser Außenanlagen werden. Die Bezirksvertreter in Nippes hatten den Plänen zugestimmt.
September	Die United Nippes Studios (U.N.S.) erhalten den Jugendkulturpreis NRW für den Film *Jonas Wagner*. Gedreht wurde er von Jugendlichen und jungen Erwachsenen der Evangelischen Kirchengemeinde Köln-Nippes.
1. 10.	Der Erzbergerplatz verwahrlost zunehmend. Mit seinem Zustand und der Verbesserung befaßt sich Bezirksvertretung in ihrer Sitzung. Die Verwaltung wird mit den dringenden Arbeiten beauftragt.
5. 10.	Am *Tag der offenen Moschee* konnten auch die islamischen Gebetshäuser (Camii) in Nippes von allen Interessierten besucht werden.
8. 10.	Ein Großbrand im Eckhaus Kempener Straße/Wilhelmstraße führt zu einem Großeinsatz der Feuerwehr. Vier Verletzte sind zu beklagen.
11. 10.	Der 2. Köln–Marathon führt auch in diesem Jahr durch den Stadtteil. An der Neusser Straße, gegenüber dem *Golde Kappes*, befindet sich eine Verpflegungsstation.
24. 10.	Die *Turn– und Fechtgemeinde 1878 Köln–Nippes e.V.* feiert ihr 120jähriges Bestehen.
1.11.	Die Vinzentinerinnen eröffnen in der Gocherstraße das *Haus Rosalie Rendu*. Das Wohnprojekt für obdachlose Frauen bietet 7 Einzelzimmer und 4 Plätze in einer Notunterkunft.

111 Jahre Köln–Nippes!   1. 4.

Der Eingemeindungsvertrag

Erstmalig befaßte sich der Gemeinderat Longerich mit dem Eingemeindungswunsch der Stadt Köln in seiner Sitzung vom 11.2.1887. Entsprechend der Vorgehensweise in der Kölner Stadtverordnetenversammlung in dieser Angelegenheit bildete man nun auch hier eine Kommission, die sich mit der weiteren Bearbeitung des Kölner Wunsches beschäftigen sollte. Ihr gehörten an: die Nippeser Fabrikanten Clouth und Kretzer, der Nippeser Arzt Dr. Kremer und die Herren Schlesinger, Weiler und Fischer. In der Sitzung vom 2.8.1887 wurde die Eingemeindung von Longerich und Nippes in Köln bei zwei Gegenstimmen dem Grundsatz nach beschlossen. Der zwischen den Kommissionen ausgehandelte Inhalt des Eingemeindungsvertrages wurde in der Gemeinderatssitzung vom 10.10.1887 einstimmig angenommen.

Vertrag.

Zwischen der Stadt Köln, vertreten durch ihren Oberbürgermeister Becker und der Landgemeinde und Bürgermeisterei Nippes, vetreten durch ihren Bürgermeister Eich, wird hiermit unter Zustimmung der Stadtverordneten–Versammlung von Köln und des Gemeinderathes von Nippes, nach Anhörung der dortigen Gemeinde–Versammlung, sowie unter Vorbehalt Allerhöchster Genehmigung nachstehender Vertrag geschlossen:

§ 1.

Die beiden Gemeinden Köln und Nippes treten zu einer einzigen, unter einer Verwaltung stehenden Stadtgemeinde Köln zusammen. Es werden mithin alle Einwohner des erweiterten Stadtbezirks, soweit in den nachstehenden Paragraphen nicht etwas Abweichendes bestimmt ist, hinsichtlich aller Rechte und Pflichten, welche mit der Gemeindeangehörigkeit verknüpft sind, sowie rücksichtlich der Benutzung der beiderseitigen Gemeindeanstalten einander gleichgestellt. In Folge der Vereinigung erlangen die Einwohner der Bürgermeisterei Nippes die städtischen Rechte.

§ 2.

Das sämmtliche Vermögen beider Gemeinden wird bei der kommunalen Vereinigung in Aktiven und Passiven zu einem einzigen Ganzen verschmolzen. Die erweiterte Stadtgemeinde tritt somit in alle privatrechtlichen Befugnisse und Verpflichtungen der Gemeinde Nippes als deren Rechtsnachfolgerin ein. Hierdurch werden jedoch die besonderen Bestimmungen von Stiftungen nicht berührt.

§ 3.

Mit dem Tage der Vereinigung übernimmt die Stadtverwaltung von Köln die Verwaltung der Gemeindeangelegenheiten in der Bürgermeisterei Nippes, sowie die dem Gemeindevorstand daselbst zugewiesenen staatlichen Obliegenheiten. Vorausgesetzt ist hierbei, daß mit der Vereinigung die Polizei–Verwaltung in Nippes in demselben Umfange, wie dies in Köln der Fall ist, auf den Staat übergeht. Die Stadtverwaltung von Köln tritt in alle diejenigen Rechte und Pflichten ein, welche nach Gesetz oder auf Grund besonderer Rechtstitel der Gemeindeverwaltung von Nippes zustehen bzw. obliegen.

§ 4.

Die in Köln bestehende Einrichtung des Gemeindewesens, sowie die daselbst geltenden Ortsstatuten, Reglements und Gemeindebeschlüsse, insbesondere die Bestimmungen über Wahlcensus, Kanalanlage und Wasserleitung, erhalten in dem Nippeser Bezirk Wirksamkeit, soweit nachstehend nicht etwas Abweichendes bestimmt wird. Der Oberbürgermeister von Köln wird die zum Zwecke der Einführung erforderlichen Anordnungen treffen und verlieren mit dieser Einführung die entsprechenden, jetzt in Nippes geltenden Bestimmungen ihre Kraft. Ausgenommen von der sofortigen Einführung bleiben die Kölner Vorschriften über die Einrichtung des Beerdigungs–, Armen–, Feuerlösch– und Einquartirungswesens. Es wird somit vorläufig in diesen Verwaltungszweigen die bisherige Einrichtung beibehalten. Die Vorsitzenden der betreffenden Kommissionen werden jedoch durch den Oberbürgermeister von Köln ernannt.

§ 5.

Behufs Vertretung des Nippeser Bezirks wird die Zahl der Stadtverordneten von Köln um zwei Mitglieder erhöht. Für das erste Mal werden diese zwei Stadtverordneten von dem Gemeinderathe in Nippes aus diesem gewählt. Die nähere Bestimmung darüber, wie lange deren Amtszeit dauert, welche Abtheilungen wählen sollen etc. bleibt späterer ortsstatutarischer Regelung durch die erweiterte Stadtgemeinde vorbehalten. Hierbei soll jedoch die Vorschrift maßgebend sein, daß solange immer zwei der von der vereinigten Stadtgemeinde zu wählenden Stadtverordneten ihren Wohnsitz in dem jetzigen Nippeser Bezirk haben müssen, bis in ersterer überhaupt Bezirkswahlen eingeführt werden.

§ 6.

Den beiden Stadtverordneten aus Nippes wird eine entsprechende Betheiligung an den städtischen Kommissionen eingeräumt werden.

§ 7.

Die Stadtgemeinde Köln übernimmt die Verpflichtung, den gesetzlichen Ansprüchen des jetzigen Bürgermeisters von Nippes auf sein Diensteinkommen vom Tage der Vereinigung beider Gemeinden an Genüge zu leisten, falls nicht zwischen ihm und der Stadtgemeinde Köln ein anderweitiges Uebereinkommen getroffen wird. Unter Diensteinkommen wird dabei Alles mit der Stelle verbundene Einkommen verstanden abzüglich der davon zu machenden Aufwendungen. Die zur Zeit der Vereinigung im Dienste der Bürgermeisterei Nippes stehenden Gemeindebeamten, soweit sie nicht bei Uebernahme der Polizeiverwaltung vom Staate mit übernommen werden, sowie die dortigen Lehrer gehen von diesem Zeitpunkte ab mit dem Gehalte bzw. Pensionsansprüche, sowie zu den Anstellungsbedingungen, welche sie zur Zeit der kommunalen Vereinigung haben, in den Dienst der Stadt Köln über. Ob, wann und unter welchen Bedingungen auf die genannten Beamten und Lehrer die Kölner Gehaltsregulative Anwendung finden, bleibt späterer Regelung vorbehalten.

§ 8.

Auch nach der Vereinigung wird in Nippes wenigstens ein Standesamt und bis auf Weiteres auch eine Steuerhebestelle verbleiben. Außerdem wird die Stadt Köln bei der Königlichen Regierung die Anstellung eines königlichen Steuerempfängers in Nippes beantragen, um diesem, wie in Köln üblich, die Erhebung der Kommunalsteuern übertragen zu können. Ob und welche sonstigen örtlichen Verwaltungsstellen daselbst bestehen bleiben bzw. eingerichtet werden, bleibt der späteren Organisation der Gesammtverwaltung des erweiterten Stadtbezirks Köln vorbehalten.

§ 9.

Um dem vorhandenen Bedürfnisse der Entwässerung der Ortschaft Nippes thunlichst abzuhelfen, verpflichtet sich die Stadt Köln nachstehende Straßen unterirdisch zu entwässern:

1. die Florastraße von der Mülheimer– bis zur Neußerstraße.
2. die Mauenheimerstraße von der Neußer– bis zur Klosterstraße ab Simon–Meister–Straße in Richtung Mauenheim
3. die Kirchstraße von der Mauenheimerstraße bis zur Eisenbahn.
4. die Longericherstraße von der Bahnhofstraße bis zum Hospital (Vinzenz–) einschließlich.
5. die Eisenbahnstraße von der Siebachstraße bis zur Eisenbahn.
6. die Neußerstraße vom Steinweg bis zu der nach der Kretzer'schen Fabrik führenden Straße.
7. die Wilhelmstraße von der Neußer– bis zur Niehlerstraße.
8. die Radialstraße von der Wilhelm– bis zur Franziskastraße.
9. die neue Schulstraße von der Radial– bis zur Niehlerstraße.
10. die Franziskastraße von der Radial– bis zur Niehlerstraße.
11. die Heinrichstraße von der Neußer– bis zur Niehlerstraße.
12. die Niehlerstraße von der Franziskastraße bis zu dem nach der Brauerei Feldschlößchen führenden Weg.
13. der Steinweg von der Neußer– bis zur Siebachstraße.
14. die Siebachstraße von Haus Nr. 4 bis zur Eisenbahn.
15. die Escherstraße von der Bahnhofstraße bis zu Haus Nr. 52.
16. die Bahnhofstraße von der Longericher– bis zur Escherstraße.
17. die Südstraße von der Schul– bis zur Bahnhofstraße.
18. die Domstraße von der Eisenbahnstraße bis zur Bahnhofstraße.

Die Entwässerung der einzelnen Straßen tritt jedoch erst ein, wenn dieselben dem öffentlichen Verkehre übergeben und in das Eigenthum der Gemeinde übergegangen sind. Vorausgesetzt wird ferner hierbei, daß

a. die Herstellung des Kölner Hauptsammelkanals, welcher die Nippeser Kanalisation an der Florastraße aufnehmen soll, die Zustimmung der zuständigen Behörden findet, eventuell daß
b. eine provisorische Ausmündung der Nippeser Kanalisation in den Rhein an der Frohngasse ohne Reinigung des Kanalinhaltes höheren Orts genehmigt wird. Unter diesen Voraussetzungen wird die Ausführung der Kanalisation der Ortschaft Nippes in dem angegebenen Umfange Seitens der Stadt Köln, sofern ihr nicht von Dritten unüberwindliche Hindernisse bereitet werden, sofort nach der Vereinigung in Angriff genommen und baldmöglichst und spätestens innerhalb einer Frist von vier Jahren fertiggestellt werden.

§ 10.

Die Ortschaft Nippes wird unter denselben Voraussetzungen möglichst bald und spätestens in derselben Frist von den Kölner Werken mit Wasserleitung versehen.

§ 11.

Wegen der großen Ungleichheit der Kommunalsteuersätze in den zu vereinigenden Gemeinden, sowie mit Rücksicht darauf, daß in Köln die beiden untern Stufen der Klassensteuer zu Gemeindeabgaben nicht herangezogen sind, außerdem als Aequivalent für die

Erlangung der Theilnahme- und Benutzungsrechte an den mannigfachen Kölner Wohl-
thätigkeits- und sonstigen städtischen Anstalten, sowie endlich als Ersatz für die großen im
Interesse der Einwohner von Nippes in den nächsten Jahren zu machenden Aufwendungen
gewährt die Gemeinde Nippes der Stadt Köln das Recht, die Gemeindesteuern in dem Nippeser Bezirk in der Höhe und in dem Umfange, wie sie für das Etatsjahr 1887/88 festge-
stellt sind, nämlich einhundert Prozent der Staat-, Grund-, Gebäude- und Gewerbesteuer, sowie zweihundert fünf und zwanzig Prozent der Klassen-, klassifizirten
Einkommen- und Forensensteuer, für eine Uebergangszeit von zehn Jahren, vom Tage der
Vereinigung ab, fortzuerheben. Es bleiben somit in dem Bezirke von Nippes sowohl die beiden untern Stufen der Klassensteuer und die Gewerbetreibenden, als auch diejenigen Kölner Bürger, welche in Nippes gemeindesteuerpflichtig sind, zur Zahlung der oben bezeichneten Zuschläge verpflichtet. Dagegen wird, wenn durch Veränderung der Gesetzgebung
die erweiterte Stadtgemeinde entlastet werden sollte, dieser Vortheil den Einwohnern von
Nippes entsprechend zu Gute kommen. Spätestens nach der Uebergangszeit von zehn Jahren tritt in dem Nippeser Bezirk dieselbe Kommunalbesteuerung ein, wie sie dann in Köln
sein wird.

§ 12.

Die Schulgeldfreiheit, sowie der bisherige Satz der Hundesteuer bleiben in Nippes bestehen
und dürfen solange nicht angehoben werden bzw. erhöht werden, als daselbst die jetzigen
Steuern nach § 11 zu zahlen sind. Die Abgaben von öffentlichen Lustbarkeiten werden bis
zur späteren ortsstatutarischen Regelung beibehalten, während mit dem Tage der Vereinigung die Schulgeldzuschläge der Nippeser Schüler der stadtkölnischen höheren Bildungs-
anstalten für die Zukunft in Wegfall kommen.

§ 13.

Die Stadt Köln wird eine Einziehung der Pferdebahnlinie Nippes–Flora nicht und eine Verlegung derselben nur dann gestatten, wenn ein entsprechender Ersatz geschaffen wird.

§ 14.

Der Gemeindevorstand von Nippes ertheilt die Zusicherung, daß er sich vor der Vereinigung aller Maßnahmen enthalten wird, welche der Finanzlage der Stadt Köln Nachtheil
bereiten oder die Verhältnisse auf Grund deren die vorstehenden vertragsmäßigen Abma-
chungen eingegangen sind, verändern könnten.

§ 15.

Die Vereinigung der beiden Gemeinden Köln und Nippes soll am 1. April 1888 eintreten.

Köln, den 29. Oktober 1887.   Nippes, den 19. Oktober 1887.
Der Oberbürgermeister   Der Bürgermeister
gez. Becker.   gez. Eich.

Die neue Numerierung an der Neusser Straße im Jahr 1889

Viele Gemeinden vor den Toren der alten Stadt Köln lagen an den großen Ausfallstraßen, den alten Landstraßen und Chausseen, so z. B. Bayenthal an der Bonner Straße, Ehrenfeld an der Venloer Straße, Nippes an der Neusser Straße. Mit dem Wegfall der alten kommunalen Grenzen und der Einbeziehung der Orte in das neue Kölner Stadtgebiet im Jahr 1888 gab es nun mehrfach die gleiche Hausnumerierung. Zum Beispiel gab es an der Neussser Straße in Köln das Haus mit der Nummer 1 und 46 genauso wie in Nippes an der Neusser Straße. Um hier Klarheit zu schaffen, erfolgte im Jahr nach der Eingemeindung eine neue Numerierung auch an der Neusser Straße in Nippes. Im Kölner Adreßbuch von 1891 ist sie erstmals übernommen. Bis heute hat sich an der Numerierung von 1889 nicht viel geändert.

Neusser Straße Westseite ab Kanalstraße		Neusser Straße Ostseite ab Kanalstraße	
Alt	*Neu*	*Alt*	*Neu*
–	101–169	–	102–180
1	171	2	182
3	173	Garten/Lager	184–188
5	fällt fort	4	190
5a, 7, 9	fällt fort	6	192
Baustelle	175–177	**Heinrichstraße**	
11	179		
Baustelle	181	8	194
11 b	183	10	196
11 c	185	12	198
11 d	187	12 a	200
Baustelle	189	Garten	202–204
13	191	14	206
15	193	Fabrik	208
15 a	195	Baustellen	210–214
17	197	16	216
Baustelle	199–211	Baustellen	218–222
19	213	18	224
19a	215	20	226
21–29	fällt fort	22	228
31	217	Acker	230–240
33	219	**Wilhelmstraße**	
35	221		
37	223	8	242
39	225–229	Baustelle	244
39 a	231	28 a	246
39 b	233	**Blumenstraße**	
41	235		
43	237	28b	248
45	239	30	250
47	241	32	252
47 a	243	34	254
47 b	245	36	256
49	247	36a	258
51	249	38	260
		40	262

Neusser Straße Westseite	
Alt	Neu
53	251
53 a	fällt fort
55	253
57	255
59	257
59 a	259
59 b	261
61	263
63	265
65	267
Baustelle	269
67	271
69	273
71	275
73	277
75	279
77	281

Elisabethstraße

79	283
81	285
83	287
85	289
87	291
89	293
91	295

Einheitstraße

93	297
95	299
97	301

Mauenheimer Straße

Baustellen	303–325
99	327
101	329
Garten	331–335
103	337
105	339
107	341
Garten	343–345
111	347
113	349
115	351
117	353
119	355
121	357
123	359
Baustelle	361
125	363
125a	365
127	367
129	371
131	381
131a	383

Niehler Kirchweg

Neusser Straße Ostseite	
Alt	Neu
42	264
44	266
46	268
46a	270
48	272
50	274
52	276
Baustellen	278–282
54	284
56	286

Florastraße

6a	288
Baustellen	290–304
58	306
Baustelle	308
60	310
Baustelle	312
62	314
Baustellen	316–322
64	324
66	326
68	328
70	330
Neubau	332
72	334
74	336
76	338
78	340
80	342
82	344
84	346
86	348
88	350
90	352
Ackerland	354
92	356
94	358
Ackerland	360–366
98	368
Schützenplatz	370
100	372
102	374
104	376
Ackerland	378
106	380
108	382
–	384–388

Niehler Kirchweg

Die Straßenumbenennungen im Jahr 1891

Die Eingemeindung von 1888 hatte zur Folge, daß nun im neuen Kölner Stadtgebiet zahlreiche Straßennamen mehrfach vorhanden waren. Die Veränderung der Straßennamen wurde im Jahr 1891 vollzogen. Die neuen Straßennamen erschienen erstmals im Kölner Adreßbuch von 1893.

Alt	Neu
Bahnhofstraße	Hartwichstraße
Blumenstraße	Nelkenstraße
Centralstraße	Nohlstraße
Domstraße	Knechtstedener Straße
Eisenbahnstraße	Sechzigstraße
Elisabethstraße	Thüringer Straße
Heinrichstraße	Schenkendorfstraße
Kirchstraße	Simon−Meister−Straße
Longericherstraße	Merheimer Straße
Mittelstraße	Dormagener Straße
Mühlenstraße (neue Schulstraße)	Gellertstraße
Peterstraße	Lohsestraße
Radialstraße	Eichstraße
Schulstraße	Werkstattstraße
Steinweg	Holbeinstraße
Sträßchen	Xantener Straße
Südstraße	Zonser Straße
Weyerstraße	Bergstraße

Bibliographie Nippes

*(Die Auflistung des Schrifttums erfolgt chronologisch.
Sie erhebt keinen Anspruch auf Vollständigkeit.
Verwendete Abkürzungen: KLA – Kölner
Local-Anzeiger, KStA – Kölner Stadt-Anzeiger, KR –
Kölnische Rundschau, RhV – Rheinische Volkswacht,
WdB – Westdeutscher Beobachter.)*

Zur Erinnerung an das Fest der
Einweihung der evangelischen Kirche in
Nippes
Theodor Voswinckel, 1889

Zur Entwicklung des Vorortes Nippes
KStA, 14.11.1898

Verein für Volksbildung Köln-Nippes
*Festschrift zur Feier des 25 jährigen Bestehens am
16.4.1899*

Männer-Gesang-Verein Liedertafel
Köln-Nippes
*Festbuch zum 25 jährigen Stiftungs-Fest am 1.
und 2. Juli 1899*

Nippes und seine berühmte Kirmes vor
60 Jahren
Sonntagsbeilage KStA, 28.8.1904

Festschrift zu der am 16.4.1904
stattfindenden Feier des 30 jährigen
Bestehens des Vereins für Volksbildung
in Köln-Nippes

Denkschrift zur Feier des 25 jährigen
Bestehens der evangelischen
Pfarrgemeinde Nippes
Pfarrer Voswinckel in Cöln-Nippes, 1906

Aus der Geschichte des Vorortes Nippes
Beilage zum KStA, 8.7.1906

„Nippes". Eine Plauderei
Colonia, Sonntagsbeilage KLA, 12.12.1909

„Nippes"
Colonia, Sonntagsbeilage KLA, 17.7.1910

Die Köln-Nippeser Bau- und
Spargenossenschaft in den ersten Jahren
ihres Bestehens
*Bericht über die Entwicklung der ältesten Kölner
Baugenossenschaft, 1910*

Nippeser Industrie in früherer Zeit
KStA, 14.12.1911

Franz Clouth Rheinische
Gummiwarenfabrik GmbH,
Coelln-Nippes
*Denkschrift zum 50-jährigen Bestehen der Firma
1862–1912*

Dank- und Gedenkworte zur
Erinnerung an den am 1.4.1915
erfolgten Abschied des Herrn Pfarrer
Theodor Voswinckel von seiner
Nippeser Gemeinde
1915

Fünfzig Jahre Quartett-Verein
Köln-Nippes
*Festschrift zur Jubiläumsfeier Sonntag,
12. Oktober 1919*

Köln-Mauenheim
Peter Paul Trippen, KStA, 2.7.1921

Köln-Mauenheim
Peter Paul Trippen, RhV, 9.7.1921

Köln-Mauenheim
Peter Schreiber, RhV, 13.8.1921

Die ehemalige Herrlichkeit Mauenheim.
Ein Beitrag zur Geschichte von Nippes
*Peter Paul Trippen, Unterhaltungs-Beilage RhV,
11.2.1922*

Gründungsgeschichte der Kölner
Vororte, 2. Nippes
*Karl Jahnke, Unterhaltungsbeilage KStA,
22.3.1922*

Festschrift herausgegeben vom
Vorstande aus Anlaß des 50 jährigen
Bestehens des Kölner Verein für
Volksbildung E.V., vormals Verein für
Volksbildung Köln-Nippes E.V.
1874–1924

Festschrift zum 50 jährigen Jubelfest der
Schützengesellschaft Köln–Nippes e. V.
Juni 1926

50 Jahre Männer–Gesang–Verein
Köln–Nippes e. V.
Festschrift Pfingsten, 5.–11. Juni 1927

Mauenheim einst und jetzt
KLA, 29.10.1927

Die alte Herrlichkeit Mauenheim
Peter Paul Trippen, KStA, 14.11.1927

Mauenheim einst und jetzt – Eine
Heimatschrift
Hg. Peter Schreiber, Vorwort vom 18.12.1927

Zur Eröffnung des Erweiterungsbaus des
St. Vinzenz–Hospitals Köln–Nippes am
25.1.1828
Festschrift

Festschrift zur 50 jährigen Jubelfeier der
Katholischen Bürgergesellschaft in
Köln–Nippes am 14.10.1928

Städtisches Realgymnasium
Köln–Nippes – Festschrift zum
25 jährigen Bestehen der Anstalt
(1903–1928)

Lebende Stadt – Beschaulicher Gang
durch Nippes
KLA, 19.5.1929

Deine Gemeinde und Du
*Jubiläumsschrift (50 Jahre) der Evangelischen
Kirchengemeinde Köln–Nippes, 1931*

Von Mavenheimb zu Mauenheim
WdB, 23.1.1934

Festschrift zum 75 jährigen Bestehen der
Fa. Franz Clouth, Rheinische
Gummifarenfabrik AG Köln–Nippes
1937

75 Jahre
Reichsbahn–Ausbesserungswerk
Köln–Nippes 1862–1937

Nippes – eine Industriestadt von
Bedeutung
WdB, 27.9.1938

Nippes
*in: Kleine illustrierte Geschichte der Stadt Köln,
Theodor Bützler, Bachem Verlag 1947, S. 97 ff.*

Nippes – lebensfroher Kölner Norden
KStA, 17.12.1949

Festschrift zum 100 jährigen Bestehen
der St.–Marien–Kirche in Köln–Nippes
*Vorwort von Hermann Hinsenkamp vom
18.12.1949*

Festschrift zum 25–jährigen Jubiläum
der Großen Karnevals–Gesellschaft
Närrische Insulaner e.V. Köln–Nippes
Gegr. 1927,
1952

50 Jahre Gymnasium Köln–Nippes
Festschrift, 1953

Festschrift zum 75 jährigen Stiftungsfest
der Turn– und Fechtgemeinde 1878
Köln–Nippes e. V.
1953

50 Jahre Große Nippeser KG 1903 e. V.
Närrische Bürgerwehr
Festschrift zur Jubiläums–Sitzung, 1953

50 Jahre Katholische Volksschule
Ossendorfer Straße Köln–Nippes
Festschrift, 1954

30 Jahre Närrische Insulaner e. V.,
1927–1957
Festschrift

Festschrift zum 50 jährigen Jubiläum am
8.12.1957 zur Vollendung der
wiederaufgebauten St. Josephkirche
Köln–Nippes und zur Konsekration des
neuen Altars

Kölner Nordstadt
Kölner Stadt-Rundschau, 28.3.1958

Festschrift zur Eröffnung der
katholischen Pfarrgemeinde St. Heinrich
und Kunigund
Vorwort vom 22.3.1959

Nippes
*Kurt Otto, in: Neue Rheinzeitung vom 9.5., 11.5.,
12.5., 13.5., 14.5. und 15.5.1959*

Nippes
in: KR vom 9.12. und 12.12.1959

Festschrift zum 50jährigen Jubiläum
von Spiel und Sport 1912 Köln–Nippes
e.V.
1962

100 Jahre
Bundesbahnausbesserungswerk
Köln–Nippes, 1862–1962
Festschrift

Wagnis, Arbeit, Erfolg – 100 Jahre
Clouth
Festschrift, 1962

Mauenheim einst und jetzt
*Ein Beitrag zur Geschichte von Köln–Nippes, 2.
erweiterte Auflage, verfaßt von Peter Schreiber,
1962*

St. Hildegard in der Au
Festschrift, 1962

50 Jahre Kirchenchor an St. Bonifatius
Festschrift, 1964

Festschrift zum 50jährigen Jubiläum St.
Bonifatius Köln–Nippes
1964

Nippes
in: Jung Köln, Heft 6, März 1965

75 Jahre Sparkasse der Stadt Köln,
Filiale Nippes
Festheft, 1967

Kirchenchor St. Cäcilia, St. Josef,
Köln–Nippes
Festschrift zum 60jährigen Bestehen, 1968

75 Jahre Edith–Stein–Schule
Festschrift, 1971

Festschrift zum 60jährigen Stiftungsfest
der Spiel und Sport 1912,
Köln–Nippes e. V.
1972

Nippes blieb lange Zeit ein
unentdecktes Neuland
Verlagsbeilage des KStA, 6.12.1973

100 Jahre St. Sebastianus
Schützenbruderschaft e. V.,
Köln–Nippes
Festheft, 1976

Geschichte vor der Haustür – Nippes
*Artikelreihe im KStA ab 28.4.77 von
Georg K. Berres*

Merkwürdig – dieses Nippes
Heinz Held, in: Köln, September 1977

St. Heinrich und Kunigund. 125 Johr
uns Kirch. 1852–1977.
Festschrift, Fritz Camp, 1977

70 Jahre Kirchenchor St. Joseph
Köln–Nippes
Festschrift vom 26.11.1978

Festschrift zur 75 Jahrfeier des
Gymnasium Nippes
1978

Wink e. V. , Jahresbericht
1979

Nippeser Bilderbogen
Wolfgang Klein, 1979

Nippes
Achim Stopp, in: Stadt–Revue, Juni 1980

Festschrift zum 28. Stiftungsfest des
DJK Grün–Weiss Nippes e. V.
1981

Nippes – Wirtschafts– und
sozialgeografischer Strukturwandel in
einem innerstädtischen Vorort seit dem
2. Weltkrieg
*Examensarbeit am Geographischen Institut der
Uni Köln, Norbert Schmidt, 1981*

Nippes
in: Stadtbuch Köln 1982/83

Nippes
in: Köln – Denkmälerverzeichnis, 12.5, Stadtbezirke 5 und 6 (Nippes und Chorweiler), 1982

Nippes gestern und heute
Eine Geschichte des Stadtbezirks und seiner Stadtteile, 1983

100 Jahre Kirchweih St. Marien (1882–1982)
Festbuch, 1983

10 Jahre katholischer Kindergarten St. Hildegard, Franz–Clouth–Straße
Festheft, 1984

Festschrift 25 Jahre Veedelsverein Neppeser Ahr–Schwärmer e. V. 1959–1984

100 Jahre Katholische Arbeitnehmerbewegung Köln–Nippes
1985

Nippes in Köln
Beschreibung eines deutschen Habitats, Ines und Rolf Vente, 1986

Loß mer jet durch Neppes jon. Ein Streifzug durch die Geschichte
Stadtteilarchiv Köln–Nippes e. V., 1987

Loß mer jet durch Neppes jon. Ein Spaziergang
Stadtteilarchiv Köln–Nippes e.V., 1987

Sechzig Morgen Land für die Bahn in Nippes
100 Jahre Eingemeindung, Artikelserie im KStA, 12.5.1988

Seit 100 Jahren Köln–Nippes
Sonderbeilage des KStA, 16.6.1988

Nippes
in: Großstadt im Aufbruch – Köln 1888, Ausstellungskatalog, HAStK, 1988

Blickwinkel Nippes – Szenen eines Stadtteils
Texte – Zeichnungen – Fotografien, Emons Verlag, 1988

25 Jahre Katholische Hauptschule Bülowstraße Köln–Nippes
Festschrift, 1989

„Dä Wing es joot ...“ Wie Nippes und die Kölner Nachtschwärmer an die (Wein–) Flasche kamen
in: KÖLLEFORNIA, Nr. 8, 1990

Nettes Nippes
in: Prinz, 8/1990

Hier bin ich zu Hause – Nippes
Sonderveröffentlichung des KStA, 14.11.1991

Auf dünnem Eis – Meine Kindheit in den zwanziger Jahren
Helene Rahms, Scherz Verlag, 1991

90 Jahre Musik in Nippes am Städt. Gymnasium Blücherstraße
Festbuch, 1993

Köln–Mauenheim – Ein Geschichtsbild in Bildern und Geschichten
Geschichtswerkstatt Mauenheim, 1993

115 Jahre Turn– und Fechtgemeinde 1878
Ein Verein im Wandel der Zeit, Festschrift, 1878–1993

Das Schuljahr 1992/93 im Gymnasium Köln–Nippes Blücherstraße
Jahresbericht, 1993

Bilderstöckchen ... auch ein Stadtteil
Heinz–Detlev Dunkel, 1994

Stadt & Ökologie in Nippes
Köln–Information, Natur & Kultur e. V., 1994

Stadt & Ökologie, Ein Rundgang durch Nippes
Köln Information, Natur & Kultur e. V., 1994

125 Jahre Männerchor Köln–Nippes 1869 e. V.
Festschrift, 1994

Gentrification und Lebensstile

dargestellt am Beispiel Köln–Nippes, Jörg Blasius, 1994

Stände, Stempel, Alte Steine

Beiträge zur Nippeser Geschichte, Archiv für Stadtteilgeschichte Köln–Nippes e. V., 1994

Toni Steingass – Sein Leben, seine Lieder

Musikverlag Toni Steingass, 1995

Atelierstandort Nippes – Ehemaliges Bundesbahn–Ausbesserungswerk

Die Künstler vom BAW Nippes, Mai 1995

Nippes: Vom Bauerndorf zur Industriesiedlung

in: Sparkassen–Journal der Stadtsparkasse Nippes, Nr. 1, 1995

Nippes – Bemerkenswertes und Unterhaltsames aus einem Kölner Stadtteil
Band 1: Der Erzbergerplatz und der „Schillplatz"

Reinhold Kruse, 1995

Nippes – Bemerkenswertes und Unterhaltsames aus einem Kölner Stadtteil
Band 2: Glückliche Jahre, Kindheitserinnerungen von Lis Böhle

Hg. v. Reinhold Kruse, 1995

40 Jahre Carl–Sonnenschein–Haus,

Festschrift, 1996

Nippes. Die Entstehung eines Dorfes

in: Nippeser Nachrichten, August 1996

Nippes – vom Dorf zum Stadtteil

in: Nippeser Nachrichten, Dezember 1996

...De Fahn erus! – Köln–Nippes im Nationalsozialismus

Archiv für Stadtteilgeschichte Köln–Nippes e. V., 1997

Nippes Annodazumal

Folge 1 einer Artikelserie, Reinhold Kruse, in: Kölner Wochenspiegel, März 1997, Ausgabe Nippes, Riehl, Niehl. (Bei Redaktionsschluß für dieses Buch im November 1998 liegt Folge 20 vor)

Nippes – Bemerkenswertes und Unterhaltsames aus einem Kölner Stadtteil
Band 3: Nippes – wat es dat eijentlich?

Reinhold Kruse, Emons Verlag Köln, 1997

125 Jahre St. Vinzenz Hospital Köln–Nippes

Festschrift, 1997

Wir und unser Veedel: Nippes

Artikelserie im KStA, 22.7.1997

Multikulturell geprägte Stadtteile – Analyse und Vergleich

mit Köln–Nippes, Hausarbeit in Soziologie an der Uni Dortmund, 1998

Epochen und Episoden meines Lebens

Josef Schumacher, 1998

Nippes – Bemerkenswertes und Unterhaltsames aus einem Kölner Stadtteil
Band 4: 111 Jahre Köln–Nippes, Eine Chronik mit Photos, Fakten und Verzällcher

Reinhold Kruse, Emons Verlag Köln, 1998

Personenregister

Für die freundliche Überlassung der Bilddokumente und die Einräumung des Veröffentlichungsrechtes bedanke ich mich nochmals bei den Eigentümern.

(Angegeben ist die Seitenzahl und die Position: oben=o, unten=u, links=l und rechts=r, Mitte=M.

Weitere Abkürzungen:
HAStK=Historisches Archiv der Stadt Köln, KLA=Kölner Lokal-Anzeiger, KR=Kölnische Rundschau, KStA=Kölner Stadt-Anzeiger, KW=Kölner Wochenspiegel, RhM=Rheinischer Merkur, SR=Sozialistische Republik)

Sammlung Peter Ditgen   44 o, 51, 60, 68 r, 88 o

Sammlung Alfons Everz   118 u, 119 o

Sammlung Bernd Harter   188, 190, 192 o, 193 o, 194, 197, 199, 200 o, 201 o, 204, 210 M,

Sammlung Agathe Hartfeld   174 o

Sammlung Rosalie Kallisch   195 u

Sammlung Wolfgang Klein   41, 44 u, 45, 47, 53, 56, 57 r, 58, 59, 67 l, 77, 82, 120 u

Sammlung Lieselotte Klein   103 o

Sammlung Hans und Hilde Krähmer   94 u, 100 u, 103 u, 110, 118 o-r, 152 o, 153 M, 170 o-l, 174 u

Sammlung Hans Lange   159 u, 166 u, 170 o-r

Sammlung Karl Nick   105

Sammlung Margit Nünke   157 o-l, 163

Sammlung Günter Rangeard   189, 191, 209 u

Sammlung Herbert Teutsch   122 o, 123 o, 160, 161 o

Sammlung Richard Wagner   205 u

Sammlung Wilfried Wirtz   91

Archiv Bahn AG   117

Archiv Fa. Clouth   66 o, 70 u, 131, 154, 171

Archiv Wim Cox   123 u, 128, 140 o, 153 o, 158 u, 165, 170 u, 177 u

Archiv Jugendhilfe Köln e.V.   211, 213

Archiv Die Grünen   208 o, M, 214

Archiv Lee Miller   136

Archiv KKG Nippeser Bürgerwehr 1903 e.V.   98 u, 118 l, 125 o, 159 o, 169 o, 178 o

Archiv Radio Nord   120 o, 127, 152 u, 153 u, 161 u, 164, 172 o-l, 172 o-r, 186, 193 u

Archiv Spiel und Sport Nippes 12   88 u

Archiv Stadtsparkasse Köln   149, 179

HAStK   141, 142, 147 u, 148 o

Stadtverwaltung Köln   192 M, u, 196, 198 o, 202, 218

Deutsche Staatsbibliothek, Berlin   11

Köln. Festschrift, 1888, hg. Dr. Lent   15/16, 29

Cologne intime, Chargesheimer/Schmitt-Rost, Greven Verlag Köln, 1957, 157 u, 158 o

KLA   25, 27

KR   139, 143, 167 (Wirtz), 168 (Horster),

RhM   28, 34 u, 35 u

KW   176 o, 205 o (Roth)
SR   107

KStA   19, 20, 21, 23, 24, 26, 32, 35, 43, 46, 49, 50, 55, 63, 64 o, 67 r, 69, 71, 72, 74 o, 78, 80, 81 o, 83, 87, 89 l, r-o, 91, 92, 93, 94 o-r, 95, 96 r, 97 u, 98 o, 100 o,

112, 129, 147 o, 152 o, 157 o-r, 162, 164 o-r, u, 165, 169 u, 172 M-l, 172 u, 176 u (Spielmans), 180, 182 (Benno-Josef Wiersch), 195 o (F. W. Holubovsky), 201 u (Tschimmel)

Archiv Reinhold Kruse   22, 30, 31, 34 o, 36, 37, 38 o, 38 u, 39, 40, 41, 42, 43, 57 l, 61, 64 u, 65, 66 u, 68 r, 70 o, 73, 74 u, 75, 79, 81 u, 86, 89 r-u, 90, 94 o-l, 96 l-u, 97 o, 99, 101, 102, 104, 106, 108, 109, 114, 115, 116, 119 u, 121, 122, 124, 125 u, 126, 130, 132, 135, 137, 138, 140 u, 144, 145, 146, 148 u, 149 u, 150, 151, 155, 156, 166 o, 173, 175, 177 o, 178 u, 181, 184, 185, 187, 198 u, 200 u, 203, 206, 207, 208 u, 209 o, 210 o, u, 212, 215, 219, 221, 222, 223, 224, 225, 226, 227, 228, 229, 230, 231, 232, 233, 234, 235, 236, 237, 238, 239, 240, 241, 242, 243

Reinhold Kruse
Der Erzbergerplatz und der
»Schillplatz«
Edition Nippes, Bd. 1
Broschur
103 Seiten, 54 Abbildungen
DM 22,00
ISBN 3-924491-91-7

Lis Böhle
Glückliche Jahre
Kindheitserinnerungen
Edition Nippes, Bd. 2
Broschur
104 Seiten
DM 19,80
ISBN 3-924491-92-5

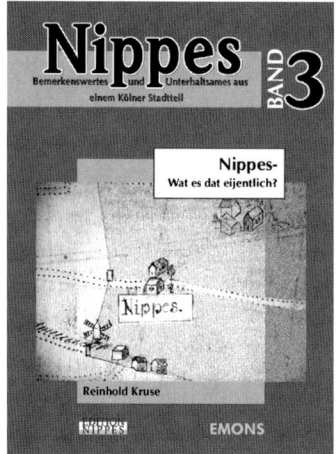

Reinhold Kruse
Nippes–
Wat es dat eijentlich?
Edition Nippes, Bd. 3
Broschur
112 Seiten, 24 Abb. und
zahlreiche Dokumente
DM 22,00
ISBN 3-924491-93-3

Weitere Bände sind in
Vorbereitung.
Zum Beispiel:

Nippes per pedes –
der Stadtteilführer

Der Nippeser Volksgarten

Die Mauenheimer Höfe
durch 6 Jahrhunderte

Der Nippesweg – Straßen und
Plätze erzählen ihre Geschichte

Die Nippeser
Eisenbahngeschichte